Gerda und Rüdiger Maschwitz · Gemeinsam Stille entdecken

Gerda und Rüdiger Maschwitz

Gemeinsam Stille entdecken

Übungen für Kinder und Erwachsene

Kösel

Illustrationen der Kapiteleingangsseiten im zweiten Teil des Buches:
Eva Amode, München

ISBN 3-466-36430-2
©1995 by Kösel-Verlag GmbH & Co., München
Printed in Germany. Alle Rechte vorbehalten
Druck und Bindung: Kösel, Kempten
Umschlag: Elisabeth Petersen, Glonn
Umschlagfoto: Ursula Markus, Zürich

1 2 3 4 5 · 99 98 97 96 95

Gedruckt auf umweltfreundlich hergestelltem Werkdruckpapier
(säurefrei und chlorfrei gebleicht)

Inhalt

Zum Anfang 11

1. Teil: Stille verändert unser Leben 15

Der Weg in der Stille: Von innen nach außen – von außen nach innen . 17

Gemeinsam die Stille entdecken 20

> Erfahrung, Beziehung und Teilhabe *22* – Am Anfang ist alles eines – Eins in Allem *24* – Die geistliche Dimension des Lebens *30*

Was in der Stille wachsen kann 31

Drei Möglichkeiten, Stille zu (er)leben 34

Der Aufbau der thematischen Kapitel 36

> Zur Anrede des Lesers und der Leserin in den Übungen *37*

Im Alltag Stille entdecken 37

> Stille ist etwas Alltägliches *37* – Achtsamkeit und Zeit haben *37*

Wegweiser zur Stille – einige Anregungen 40

Anmerkungen zu den Stille-Übungen / Vorbereitungen / Erläuterung der Übungswege 42

> Raum und Ort *42* – Materialienkiste *43* – Überblick über die Übungsformen *43*

Etwas über Rituale 46

Auf einen Blick 48

2. Teil: Die Übungen 49

Wege zu gelassener Lebendigkeit.
Zwischen Überspannung und Entspannung 50

Hinführung 51

Im Alltag Stille entdecken 52

Wie geht es mir eigentlich? *52* – Und wie geht es dir? *52* – Angemessen handeln *52* – Öfter mal innehalten und tief durchatmen *53* – Ansprechen, was uns nicht losläßt *53*

Ausführliche Übungen 53

Recken und Strecken *53* – Für kleine Morgenmuffel – ein rhythmischer Morgengruß *54* – *Partnerübung: Entspannung für Arme und Beine 55* – Reisen mit dem FaFeFiFoFu – Phantasiegeschichten *58*

Rituale – den Rhythmus leben 59

Abschlußgeschichte 60

Sehen, was ich sehe – Hören, was ich höre.
Wahrnehmung und Konzentration 63

Hinführung 64

Im Alltag Stille entdecken 65

Ausführliche Übungen 67

Den eigenen Augen trauen *67* – Die Welt mit Kinderaugen sehen – eine Übung für Erwachsene *68* – Entdeckungen mit einem Bild von M.C. Escher *69* – Die Sinne wecken *71* – »Vertraute Wege« – Anleitung zur besseren Wahrnehmung durch Visualisieren *73*

Rituale – den Rhythmus leben 75

Was hast du heute erlebt, geschmeckt, gefühlt, gerochen? *75* – Zeit füreinander haben *76*

Abschlußgeschichte 76

Leise die Natur entdecken 79

Hinführung 80

Im Alltag Stille entdecken 81

Wetter *81* – Spaziergänge *81*

Ausführliche Übungen 82

Ein Mandala in der Natur gestalten *82* – Mandalas in der Natur entdecken *83* – Feuer, Wasser, Erde, Luft *84* – Der Spaziergang – Ein Gesteck entsteht *86* – Eine Schöpfungsimagination – eine Traumreise (eine geistliche Übung) *87*

Rituale – den Rhythmus leben 88

Abschlußgeschichte 90

Stille in deiner Stadt 93

Hinführung 94

Im Alltag Stille entdecken 94

Ausführliche Übungen 99

Kimspiele *99* – Eine Yogaübung (Ausflug in der Stadt) *100* – Musikalische Bilder – Phantasiereisen nach Musik *104* – Eine geistliche Übung – Aus der Menge in die Stille *105*

Rituale – den Rhythmus leben 106

Einmal in der Woche 30 Minuten Stille erleben *106* – 5 Minuten Stille am Tag *107* – Der Jahreszeitentisch *107*

Abschlußgeschichte 107

Ich bin – Wer bin ich? – Ich bin wer! 111

Hinführung 112

Im Alltag Stille entdecken 113

Das kann ich *113* – Mich ansehen *114* – In andere Rollen schlüpfen *114* – Fotos *115*

Ausführliche Übungen 116

Kontakt zu mir finden *116* – Ich bin bei meinem Namen gerufen *118* – Mir Raum geben im Mandala *119* – Meine Stärken – meine Schwächen *123* – Ich töne – ich trommle – ich klinge *125*

Rituale – den Rhythmus leben 126

Ich bin und ich werde *126* – Geburtstage *126* – »Kinder brauchen Märchen« *127* – Mandalas malen *127*

Abschlußgeschichte 128

Geborgenheit suchen 131
Hinführung 132
Im Alltag Stille entdecken 132
   Geborgenheit erinnern – Übung für Erwachsene *132* – Anregungen für den
   Alltag *133*
Ausführliche Übungen 135
   Nischen- und Höhlenspiele *135* – Getragen werden *135* – Bei Gott bin ich
   geborgen *137*
Rituale – den Rhythmus leben 140
Abschlußgeschichte 141

Vertrauen – Zutrauen – Mut 143
Hinführung 144
Im Alltag Stille entdecken 145
   Einige Anregungen *145*
Ausführliche Übungen 148
   Meinen Kopf in deinen Händen wiegen *148* – Getragen, getragen,
   was immer wir wagen! *150*
Rituale – den Rhythmus leben 152
Abschlußgeschichte 153

»Du siehst nur mit dem Herzen gut«.
Mitgefühl – Mitleiden – Barmherzigkeit 157
Hinführung 158
Im Alltag Stille entdecken 159
Ausführliche Übungen 162
   Eine Rose für die Bettlerin: Geben und die Würde schenken *162* – Eine Übung für
   unterwegs *163* – Arbeit mit einem Märchen *165* – Das Märchen »Die Sterntaler«
   165 – Der verlorene Sohn – ein Bild von Marc Chagall *168*
Rituale – den Rhythmus leben 170
   6-Wochen-ohne *171*
Abschlußgeschichte 171

Von guten Mächten wunderbar geborgen 173

Hinführung 174

Im Alltag Stille entdecken 175

Ausführliche Übungen 176

Engelbilder *176* – Da tritt ein Engel ein – Maria begegnet dem Engel *178* – Übung: Dem Engel Gestalt geben *179* – Jakob – wie Himmel und Erde sich berühren *180*

Rituale - den Rhythmus leben 181

Abschlußgeschichte 182

Gott begegnen 185

Hinführung 186

Im Alltag Stille entdecken 187

Gott im Alltag entdecken *187* – Jeder Mensch ein Ebenbild Gottes *187* – Spuren Gottes *187* – Gott in der Schöpfung entdecken *188*

Ausführliche Übungen 188

Psalm 23 als Gebärde *189* – Gott, umhülle uns mit deinem Segen *191* – Schau eines Bildes *193*

Rituale – den Rhythmus leben 195

Abschlußgeschichte 197

Leiden, Sterben und das Leben neu entdecken 203

Hinführung 204

Im Alltag Stille entdecken 206

Im Alltag Leben und Sterben, Leid und Erfüllung entdecken *206*

Ausführliche Übungen 208

Dem Schmerz Ausdruck verleihen *208* – Abschied nehmen *209* – Alles hat seine Zeit *210* – Die Übung des Dankes *210* – Das Leben feiern – eine Osterkerze gestalten *212* – Das Leben pflanzen *212*

Rituale – den Rhythmus leben 213

Danken *213* – Abschied nehmen im Alltag *213*

Abschlußgeschichte 214

Träume, Visionen und Hoffnungen 217

Hinführung 218

Im Alltag Stille entdecken 219

Träume in der Nacht *219* – Träume als Wandlungsprozesse *219* – Tagträume *220* – Traumzeit und Jetztzeit *220* – Vom Wert der Wünsche *221*

Ausführliche Übungen 222

Ein Bild lädt zu Traumreisen ein *222* – Sich Träume mitteilen *223* – Träume verändern die Welt *223* – Geistliche Übungen *225*

Rituale – den Rhythmus leben 227

Hoffnungsträume leben *227* – Angstträumen Ausdruck/Gestalt geben und sie akzeptieren *227* – Traumtagebuch *228*

Abschlußgeschichte 228

Frieden, Schalom – Streiten und Versöhnen 231

Hinführung 232

Im Alltag Stille entdecken 232

Ausführliche Übungen 234

Gibt es keinen anderen Weg? *234* – Friede auf Erden – zufrieden sein *236* – Was ist unser Frieden? *238* – Gemeinsam singen, hoffen, Frieden teilen *239*

Rituale – den Rhythmus leben 241

Familienkonferenz *241* – Kreis der Versöhnung *241* – Gemeinschaft spüren *242* – Kreis der guten Wünsche *242* – Fürbitte *243*

Abschlußgeschichte 243

Zum Ausklang 247

Den Drachen anlächeln – ein Märchen 248

Literaturempfehlungen 253

Bildnachweis 254

Zum Anfang

Liebe Leserin, lieber Leser!

Wir freuen uns, daß Sie mit Kindern gemeinsam die Stille entdecken wollen. Vielleicht sind Sie noch ein wenig unsicher, auf was Sie sich damit einlassen. Hinter dem Stichwort Stille verbergen sich ja eine Fülle von Möglichkeiten. Und genau dazu im positiven Sinne möchten wir Sie einladen: in der Stille die Lebendigkeit und den Reichtum unseres Lebens zu entdecken.

Wenn nun Stilleerfahrungen im Vordergrund dieses Buches stehen, dann bedeutet dies nicht, daß einzig und allein Stille für die Kinder und für uns wichtig ist. Wir gehen nur von der Erfahrung aus, daß uns heute Stille am meisten fehlt, und daß gerade sie uns zu den Wurzeln unseres Lebens führen kann.

Wir schreiben bewußt uns, denn dies gilt nicht nur für die Kinder, sondern auch für die Erwachsenen. Deshalb liegt in den Stilleübungen eine große Chance, das Miteinander von Eltern und Kindern neu zu gestalten. Ein Schwerpunkt des Buches ist es daher zu zeigen, daß die Entdeckung der Stille einlädt, *generationenübergreifende Erfahrungen* zu machen.

Uns ist dabei bewußt, daß Kinder und Erwachsene in verschiedenen Lebensphasen sind, daß ihre Macht und Ohnmacht, ihre Entwicklungsebenen und -möglichkeiten und vieles andere mehr sich unterscheiden. Doch in einer offenen und vertrauensvollen Begegnung in der Stille liegt die Chance der *gemeinsamen Erfahrungen trotz aller Unterschiedlichkeit.*

Damit wird bereits deutlich, daß das bewußte Erleben von Stille in gewissem Sinne Gegenerfahrung zum gängigen Alltagsgeschehen sein kann, obwohl – wie wir Ihnen zeigen möchten – die Chance zur Stille in vielen Situationen unseres Alltages gegeben ist. Dies mit Kindern zu entdecken, scheint uns besonders wichtig und hilfreich. Denn die Kinder bei uns erleben heute – wie wir es in unserem Buch »Stille-Übungen mit Kindern« (Kösel-Verlag) ausführlich dargestellt haben – eine Welt, die sie mit Eindrücken, Wissen und Anforderungen derart überschwemmt, daß sie manchmal den Boden unter den Füßen verlieren. Wir erleben sie dann als unruhig und ängstlich, sich an den Erwachsenen klammernd oder an das, was sie (an Spielsachen, Kleidung, Status und Geld der Eltern) besitzen, oder als aggressiv und rücksichtslos. Sie sind wie unsichere Schwimmer, die den Boden unter den Füßen verloren haben. Vielleicht hilft Ihnen dieses Bild, die Kinder ein wenig zu verstehen. Stille kann ihnen das Vertrauen in den Grund und ihre eigenen Fähigkeiten geben.

Noch eine zweite Chance der Stille-Übungen möchten wir in diesem Buch stärker hervorheben. Immer wieder erzählen uns Erwachsene, wie schwer ihnen geistliches Leben fällt und wie wichtig es ihnen gleichzeitig ist. Sie erzählen, daß sie sich als Kinder mit ihren religiösen Erfahrungen und Fragen allein gelassen fühlten, daß ihnen die üblichen Antworten mehr Türen zumachten als öffneten. Es blieb das Gefühl: »Was ihr mir von Gott erzählt, kann nicht alles sein«. Heute entdecken sie viele neue Seiten ihres Glaubens und möchten, daß

ihre Kinder ohne die selbst erfahrenen Schattenseiten von Religion aufwachsen. Stichworte sind dafür oft: Bestrafung, Schuldgefühle, Leibfeindlichkeit, keine Zärtlichkeit, Angst, Unverständnis …

Zwei Beispiele mögen dies verdeutlichen:

… Während einer Übung in der Eutonie erfährt eine Frau, daß ohne jedes Zutun ihr Atem geschieht und der Atem jede Zelle ihres Leibes durchströmt. Sie beschreibt diese Erfahrung als ein religiöses Ereignis. Ich füge zu ihrer Erfahrung hinzu, daß im hebräischen »ruach« und im griechischen »pneuma« sowohl Atem als auch Hauch, (heiliger) Geist, Kraft und Energie bedeutet. Eine Weile herrscht Schweigen, dann kommen leise Tränen, und die Frau sagt: »Warum hat mir dies keiner früher gesagt? Als Kind hatte ich ähnliche Erfahrungen, und ich habe sie immer für falsch gehalten und dabei war es Gottes Atem, Gottes Geist. Warum erfahre und verstehe ich dies erst jetzt?«

… In einer Imagination zu Psalm 23 »Gott ist mein Hirte« nehme ich die Grundbilder des Psalms auf. Ich biete an, auch durch das finstere Tal zu gehen. Ein Mann erfährt dabei noch einmal frühere schmerzhafte Erfahrungen und seelische Verletzungen. Indem er sie durchschreitet, sie im anschließenden Malen Gestalt werden läßt und sich selbst im Malen und in Worten ausdrückt, geschehen Befreiung, Lösung und Schritte des Heilwerdens. In dieser Phase seines Lebens entdeckt er die heilende Kraft seelischer Bilder und ist verwundert, daß sie in der Bibel vorkommen. Ihm erschließen sich fast schlagartig viele Geschichten neu. Leicht vorwurfsvoll sagt er zu mir: »Warum hat mir dies keiner früher gesagt. Ich habe christlichen Glauben immer als Mahnung und Vorwurf erlebt, Gott war für mich nur ein Oberaufseher und ich erlebte nichts Heilsames.«

»Warum hat mir dies keiner früher gesagt?« Dieser Satz war für uns die Ermutigung und beschrieb für uns die Aufgabe, auch *die religionspädagogische Ebene der Stilleübungen* stärker bewußtzumachen.

Wir wünschen uns, daß es unseren Kindern nicht so ergeht, sondern daß wir mit ihnen nach Wegen und Möglichkeiten suchen, zentrale Aussagen des Glaubens wie Vertrauen und Liebe so zu erleben, daß sie glaubwürdig und echt sind. Sicher merken wir bei dieser Vermittlung auch unsere eigenen Grenzen.

Es bleiben Unsicherheit und eine oft unklare und schwer benennbare Sehnsucht nach erfülltem, gegründetem Leben. In gewissem Sinne sind wir so gemeinsam mit den Kindern auf der Suche. Doch wenn Glaube ein fortwährender und grundlegender schöpferischer Prozeß ist, dann können Menschen verschiedenen Alters diesen Weg auch gemeinsam gehen. Sie werden dabei Unterschiedliches entdecken.

Dieses Buch ist also

• ein Buch für Erwachsene,
• ein Buch für Kinder *und*
• ein Buch für Erwachsene und Kinder gemeinsam.

Es lädt ein zum Nachsinnen, Ausprobieren, Entdecken und Gestalten. Manche Übungen sind nur für die Erwachsenen gedacht, doch sie führen immer wieder zu Möglichkeiten, in denen Kinder und Erwachsene durch die Entdeckung der Stille auf vielerlei Ebenen miteinander ins Spiel kommen. Solch eine spielerische Begegnung braucht manchmal einen Schonraum, ein Innehalten mitten im Alltag. Gönnen Sie sich diese Zeit! Im Schonraum sind wir freier von den Ansprüchen, die wir selbst und andere an uns stellen. Doch die Erfahrungen fließen zurück und fördern uns im Alltag, lassen uns gelassener und ehrlicher mit dem Alltäglichen umgehen. Letztlich ist die sanfte und beharrliche Veränderung des eigenen Alltags die Chance, in einem vertrauensvollen und konfliktfähigen Miteinander sinnvolles Leben zu gestalten.

Lassen Sie uns dazu im *ersten* Teil einige Voraussetzungen für gemeinsame Erfahrungsräume schildern, und sie dann im *zweiten* Teil zu thematischen Begegnungen und Erfahrungen aus und in der Stille anregen. Vielleicht werden einige Themen Sie überraschen, doch wir sind sicher, daß Kinder sich selbst mit schwierigen und ernsten Themen viel öfter beschäftigen, als Erwachsene es vermuten und selbst aushalten. Also: ein gesegnetes, waches und vertrauensvolles Miteinander!

Wir danken all den Menschen, die an diesem Buch bewußt und unbewußt teilgehabt haben. Viele Erfahrungen von Kindern und Erwachsenen sind eingeflossen in unsere Lebenserfahrung und damit in unsere Ausführungen. Wir sind für diese Offenheit und Teilhabe nicht nur dankbar, sondern wissen um das besondere Vertrauen.

Wir sind froh und danken Friederike und Gela, Annette und Bärbel dafür, daß sie die Manuskripte gelesen haben und uns mit ihren Rückmeldungen halfen. Norbert und Marc herzlichen Dank für ihre Vertonungen.

Wir danken zuletzt Winfried Nonhoff, der mit Geduld, Ermutigung und Gelassenheit auf unser Manuskript wartete.

Hetzenholz, im April 1995

Gerda und Rüdiger Maschwitz

1. TEIL:
STILLE VERÄNDERT
UNSER LEBEN

Der Weg in der Stille:
Von innen nach außen – von außen nach innen

Vor Ihnen liegt eine Spirale, die von der Mitte zu einem offenen Ende führt – oder ist es eine Spirale mit einem offenen Zugang und einem Ziel in der Mitte? Beide Sichtweisen, beide Wege sind möglich.

Vielleicht mögen Sie einen Moment bei der Spirale verweilen. Welchen Weg sucht sich Ihr Auge?

(Fotokopieren und vergrößern Sie die Spirale und lassen Sie die Kinder mitmachen.)

Wenn Sie jetzt Stifte nehmen, um die Spirale farbig zu gestalten, wo beginnen Sie?

Probieren Sie aus, was Ihnen im Moment mehr liegt, von innen nach außen oder von außen nach innen zu gehen.

Welche Gedanken verbinden Sie mit den beiden Richtungen?

(Vielleicht ist es gut, hier schon einmal anzumerken, daß es beim Erleben einer Stilleübung kein richtig oder falsch gibt. Es hat immer etwas mit mir zu tun. Und so verschieden wie wir sind, können auch unsere Erfahrungen sein.)

Die Spirale kann uns helfen zu verstehen, wo sich Kinder und Erwachsene auf dem Weg in die Stille begegnen.

Kinder beginnen ihr Leben in großer Verbundenheit mit allem, was sie umgibt. Sie brauchen Schutz und Nähe, aber auch die Auseinandersetzung mit der ganzen Vielfalt des Lebens, um zu selbständigen Menschen zu werden. Sie suchen Kontakte, untersuchen die Umwelt und erproben sie und auch sich selbst. Ihre Grundrichtung geht nach außen. Gleichwohl haben Kinder Stille und das Lauschen nach Innen nötig. Es gibt ihnen ein Stück Geborgenheit wieder und läßt sie spüren, daß nicht alles von ihrer eigenen Kraft abhängt. Die Entdeckung der Stille ist für Kinder ein Angebot, das ihnen hilft, von innen heraus die Fülle ihres eigenen Lebens zu entwickeln. Deshalb gehören Formen der Umsetzung, Malen, Gestalten, Bewegen, Aussprechen für sie ganz wesentlich dazu.

Sie merken, uns geht es niemals um die Frage, wie bekomme ich ein braves oder stilles Kind! Ein stilles Kind – im Sinne von ruhiggestellt – ist selten ein glückliches, mit sich zufriedenes Kind. Wir dürfen den Ausdruck von Lebensfreude (hüpfen, singen, springen, lachen …) eines Kindes nicht nach seiner Lautstärke beurteilen oder mit einer Störung oder gar mit einem mutwilligen und bösartigen Verhalten verwechseln. Wenn Kinder fröhlich und singend durchs Haus und über die Felder ziehen, in Kirchen den Klang der Stimme entdecken, fröhlich lachen und laufen, finde ich dies nicht nur herrlich, sondern entdecke darin das Leben.

Behinderte Kinder haben mich auf diese ursprüngliche Fähigkeit wieder hingewiesen und mich mit einbezogen. Ich sah die vergebliche Mühe von pädagogischen Begleitern, die behinderten Kinder in einem Krankenhaus zur Ruhe zu bewegen. Sie zogen munter, lachend und schwätzend durch die Station, um ein Mädchen zu besuchen. Natürlich gingen die Türen auf, natürlich rief manch einer »Ruhe« und brauchte sie sicher auch, aber mit diesen Kindern verschwand die Friedhofsruhe aus dem Krankenhaus. Es war nicht mehr ein Krankenhaus, sondern ein Lebenshaus, und in einem Lebenshaus wird man gesund.

Die Begegnung mit der Stille soll Kinder auch nicht zu einer falsch verstandenen Innerlichkeit führen. Dies ist auch der Grund, warum wir nicht gerne von meditativen Übungen sprechen. Wir möchten mit Kindern nicht im engeren Sinne meditieren, sondern die Stille entdecken. Für uns war es selbstverständlich, daß unsere Töchter nie an Meditationsseminaren für Erwachsene teilnahmen. Sie konnten mittanzen, Mandalas gestalten, Yoga und Eutonie üben, aber wir haben ihnen Stille nie als kontinuierlichen Übungsweg angeboten. Stille und Schweigen waren selbstverständliche Teile des Alltags, genauso wie Toben und Lautsein, Streiten und Versöhnen, Musik machen und Musik hören, Bücher und Tiere, Schule und Freizeit … Wenn Sie dieses Buch lesen, die Vorschläge ausprobieren, mit Ihrem Leben füllen und verändern, ja, wenn Sie es für sich dann neu schreiben, dann laden wir Sie immer zu einer Stille ein, die Ihnen neue Aspekte des Lebens eröffnet, und gerade deshalb ist Stille nicht immer mucksmäuschen leise, sondern gefüllt mit prallem Leben.

Ein Taizé-Lied »Confitemini dominum« drückt dies mit einem deutschen Text aus:

»Aus der Fülle deiner Güte leben wir, Gott, Tag für Tag, Halleluja.«

Erwachsene begegnen der Stille anders als Kinder. Eltern und viele andere Er-wachsene auch sehnen sich nach einer Zeit, in der sie einfach nur Mensch sein dürfen, frei von allen Ansprüchen. Sie fühlen sich zerrissen zwischen all den Anforderungen in Beruf, Freundschaft, Familie und den eigenen Interessen; sie sehen in der Stille die Chance, sich selbst

Gemischter Chor 4-stimmig

Text: Taizé; deutscher Text unbekannt. Musik: Jacques Berthier

wiederzufinden. Sie möchten »die Seele baumeln lassen«, »die Hände in den Schoß legen«, »den Körper wie auf weichem Waldboden ablegen« dürfen, »den Geist ausruhen«. Für viele Erwachsene heißt deshalb Stille erst einmal, Zeit für sich selbst zu haben.

Im zweiten Schritt kann aus der Suche nach Stille eine Bewegung nach innen werden. Wir können dann sagen: Die Erwachsenen wollen in der Stille zu einer größeren und echteren Lebenswirklichkeit finden. Hier beginnt Meditation – die eigene Mitte und die Mitte des Lebens wird erahnt. Dieser Weg führt von außen nach innen und kann in seiner Konsequenz auch nur alleine gegangen werden.

Und trotzdem ist es möglich, daß sich Kinder und Erwachsene, die auf zwei so unterschiedlichen Wegen in ihrem Leben sind, im gemeinsamen Erleben der Stille begegnen.

Gemeinsam die Stille entdecken

Wir haben viele Menschen gefragt, an was sie sich erinnern, wenn sie an Stille in ihrer Kindheit denken. Meist waren die Gefragten selbst überrascht, was ih-

nen alles einfiel, und welche Bedeutung längst vergessene kleine Begebenheiten für sie hatten. Auffallend war, wie oft diese Erfahrungen mit ihnen lieben Menschen verbunden waren. So erinnerte sich eine Frau daran, daß sie oft samstags nach dem Füttern der Tiere mit ihrer Oma in der offenen Heuluke stand, über das Land schaute und den Glocken zuhörte, die den Abend einläuteten. Eine andere erlebte noch einmal die vielen Spaziergänge mit ihrem Vater nach, bei denen sie ohne Worte eine tiefe Verbundenheit gespürt hatten. Ein anderer dachte an das Gefühl absoluter Eingebundenheit in die Natur, die er mit seinem Vater am Ziel der ersten gemeinsamen Bergwanderung erlebte.

Es ließen sich noch viele Beispiele aufzählen. Wenn wir dem nachspüren, können wir entdecken, daß jede/r von uns seine Erfahrungen mit Stille hat. Und diese Erfahrungen prägen unsere Vorstellungen davon, wie und was wir in der Stille erleben möchten und was nicht. Bevor wir Ihnen mit vielerlei Übungen Anregungen auf dem Weg in die Stille geben, möchten wir Sie deshalb einladen, an Ihre eigenen Erfahrungen mit Stille anzuknüpfen. Dies ist eigentlich schon eine Stilleübung. Nehmen Sie daher das Wort Einladung ernst und bedenken Sie, ob der jetzige Zeitpunkt geeignet ist, im Rückblick auf Ihre Erfahrungen Ihrer eigenen Geschichte zu begegnen.

Wenn Sie möchten, halten Sie im Lesen eine Zeit inne und streifen ein wenig durch Ihre Erinnerung. – Fallen Ihnen Momente, Erlebnisse, Begegnungen ein, in denen Sie Stille in wohltuender Weise erlebt haben? – Sind vielleicht auch Erlebnisse aus Ihrer Kindheit dabei? – Schauen Sie noch ein wenig näher hin, gibt es Menschen, die Sie dabei begleitet haben? – Auch wenn ich nach wohltuenden Erfahrungen fragte, kann es sein, daß Ihnen nicht nur positive Beispiele erlebter Stille eingefallen sind: von Angst bis Einsamkeit... Dies kann in der Stille immer wieder geschehen, ohne daß wir darüber erschrecken müssen. Wenn es Ihnen möglich ist, schauen Sie sich Ihre Erfahrungen an und sehen Sie, was diese für Ihren Umgang mit den Kindern und das gemeinsame Erleben bedeuten.

Dieser Blick zurück ermutigt uns in besonderer Weise, gerade in der Stille eine Chance generationenübergreifender Erfahrungen zu sehen. Üblich ist dies heute nicht: In unserem Alltag begegnen sich die Menschen außerhalb der Familien selten unabhängig von ihrer Altersgruppe. Wir sind es gewohnt, daß sich Kinder mit Kindern und Erwachsene mit Erwachsenen zusammentun. Und wo es anders ist, wie in der Schule oder im Beruf, gibt es ein eindeutiges Beziehungsverhältnis: Kinder lernen durch Erwachsene, Erwachsene lehren bzw. unterrichten. Erst in den letzten Jahren rückte das generationenübergreifende Lernen wieder mehr in den Vordergrund. Sicher haben da Familien, so klein sie auch geworden sind, eine besondere Chance. Gemeinsam mit groß und klein etwas zu erleben und zu lernen, bereichert nicht nur den Lernweg, es verändert ihn auch. Erwachsene, die mit Kindern lernen, werden auf Macht verzichten müssen, um an persönlicher Echtheit und Autorität zu gewinnen. Kinder werden so frühzeitig lernen, daß Autorität grundsätzlich hinterfragbar ist und daß ihre Würde genauso wichtig ist wie die Würde eines Erwachsenen.

Dies sind Erfahrungen, die für uns grundsätzlich mit Stille-Übungen verbunden sind und zu denen wir mit diesem Kinder-Erwachsenen-Buch hinführen möchten. Solches zu lernen, erscheint uns auch deshalb notwendig und sinnvoll, weil es auf zentrale Lebensfragen nicht (mehr) einfache, zu verallgemeinernde Antworten gibt, die wir als Erwachsene unhinterfragt an die Kinder weitergeben können. Vielmehr gilt es, diese Antworten für Kinder und Erwachsene neu zu entdecken. Dabei müssen die Erwachsenen nicht unbedingt die Eltern sein. Es gibt Zeiten im Leben, in denen die Beziehungsmöglichkeiten zwischen Kindern und Eltern schwer und aus vielen Gründen unbefriedigend sind. Was hindert uns, die Beziehungen zu einem anderen Zeitpunkt neu zu gestalten? Warum können Opa und Tante nicht an Stilleerfahrungen teilhaben? Vielleicht können sie diese sogar viel unbefangener aufnehmen und weitergeben.

Erfahrung, Beziehung und Teilhabe

Gehen wir noch ein wenig ausführlicher den Besonderheiten des generationenübergreifenden Miteinander nach. »Stille entdecken« geschieht im alltäglichen Beziehungsgeflecht. Was für das Erleben der Stille gilt, gilt übertragen auch für andere gemeinsame Lebensbereiche.
Dieses Miteinander erfordert für viele Menschen eine neue Art des Lernens.

Wir möchten dies an drei pädagogischen Grundbegriffen verdeutlichen, die auch für die Stillearbeit sehr wichtig sind: nämlich Erfahrung, Beziehung und Teilhabe.
– Stille-Übungen sind Angebote, die Erfahrungen ermöglichen und bewußtmachen. Sie sprechen Kinder und Erwachsene als ganze Menschen an: Kraft und Energie, Herz und Seele, Verstand und Phantasie werden gleichermaßen benötigt.
– Wo Stille-Übungen gemeinsam erlebt werden, wird die Beziehung untereinander wichtig. Freiwilligkeit und Verantwortung, Vertrauen und Offenheit gehören zur Stille und müssen ihren Raum in der Beziehung haben.
– Manche Erfahrung hängt davon ab, an was ich als Kind teilhaben darf oder auch nicht. Wir möchten mit den Stille-Übungen auch zu einer eigenständigen und verantwortlichen Entwicklung (der Kinder) anstiften, die den religiösen Lebensbereich einbezieht.

Die folgenden Überlegungen möchten wir mit der schrittweisen Entwicklung eines Mandalas begleiten. So erschließt sich das Geschriebene noch einmal in anderer Weise.

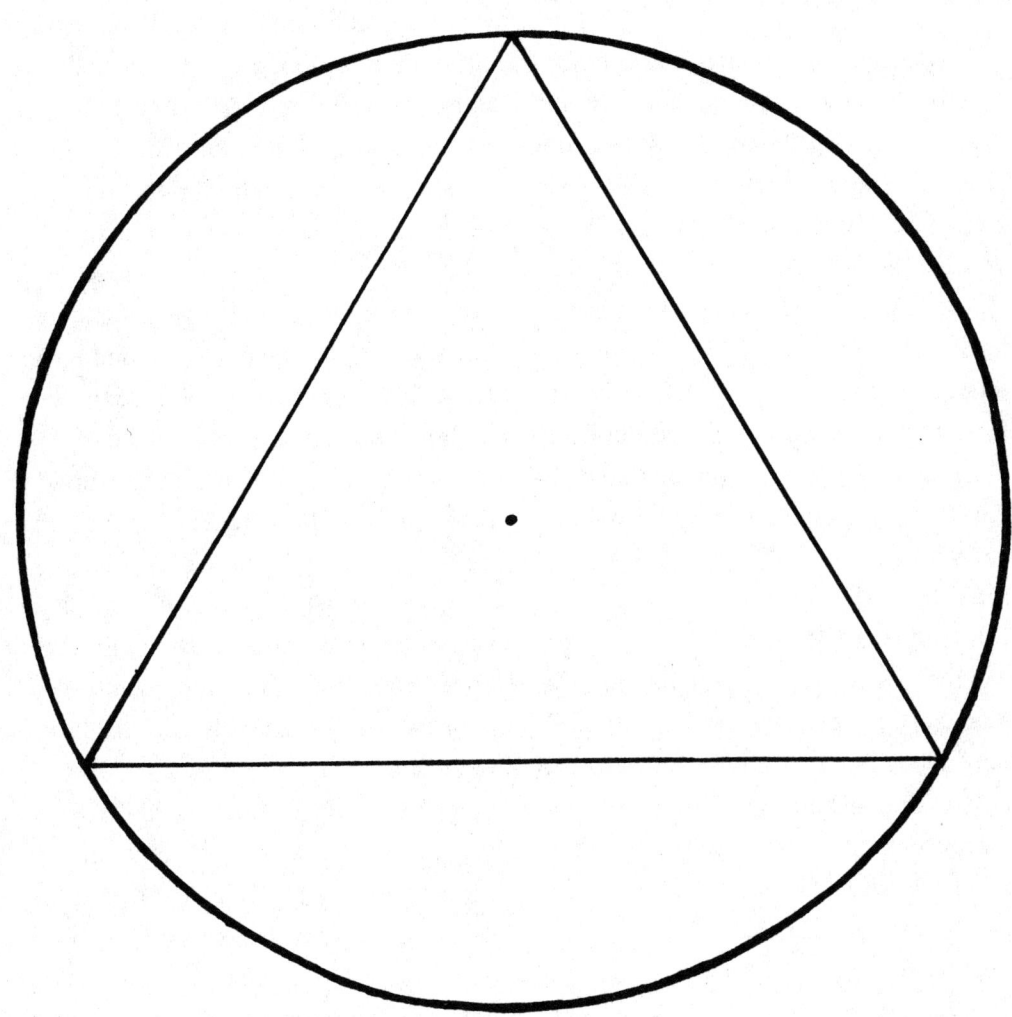

Mandala 1

Am Anfang ist alles eines –
Eins in Allem

Die Erfahrung

Von klein auf, eigentlich schon von Mutterleib an, lernen wir durch Erfahrung, die Welt und uns zu begreifen. Was uns geschieht, nehmen wir wahr, und unser Körper lernt und speichert es in Form von Körperbewußtsein. So ist über den Körper auch unbewußte bzw. vorbewußte Erfahrung erinnerbar. Ein solches Erinnern erleben wir manchmal in der Stille, vor allem auch in den Körperübungen. Nach und nach kommt die bewußte gedankliche Verarbeitung hinzu. Somit ist *Erfahrung* mehr als Denken und Wissen. Sie schließt beides ein.

Ein einfaches Beispiel: Es ist schön, wenn ein Kind sagen kann, daß ein Kaninchen ein ganz weiches Fell hat. Es muß aber einmal ein Kaninchen wirklich gestreichelt haben, um zu wissen, was dieses »weich« für es selbst bedeutet. Kinder müssen Gelerntes in die eigene Erfahrung übersetzen.

Vieles an Wissen ist nichts anderes als verallgemeinerte Erfahrung. Mag es im wissenschaftlichen Bereich richtig sein, daß nicht jeder wieder alles entdecken kann und braucht, so ist es im zwischenmenschlichen und religiösen Bereich notwendig, daß Regeln, Erfahrungen und Werte nicht einfach gesetzt werden. Auch Kinder haben das Recht, die vorgegebenen Werte, Regeln und Strukturen in Frage zu stellen und mit der eigenen Erfahrung in Beziehung zu setzen. Dazu müssen sie jedoch eigene Erfahrungen machen dürfen. So hilfreich es ist, daß andere ähnliches erfahren haben wie ich, so begrenzt ist doch der Wert der Lebenswege anderer. Die Vor-Erfahrung anderer kann bei der Reflexion meiner eigenen Erfahrung helfen, letztlich aber nimmt sie eigene Erfahrungen und damit eigene Antworten nicht ab. Die Begegnung mit der Stille ist für viele so wohltuend, weil sie zu allererst konkrete Erfahrungen vermittelt, in denen Kinder und Erwachsene sich selbst erproben und entdecken können. Stille schenkt die Erfahrung »Ich bin«.

Leider wird oft übersehen, daß zur Erfahrung auch Verantwortung gehört. Liegt diese am Anfang noch ganz bei den Eltern, so wächst das Kind nach und nach in die eigene Verantwortung hinein. Die Freiheit, ja und nein zu sagen, ist Ausdruck dieser Verantwortung.

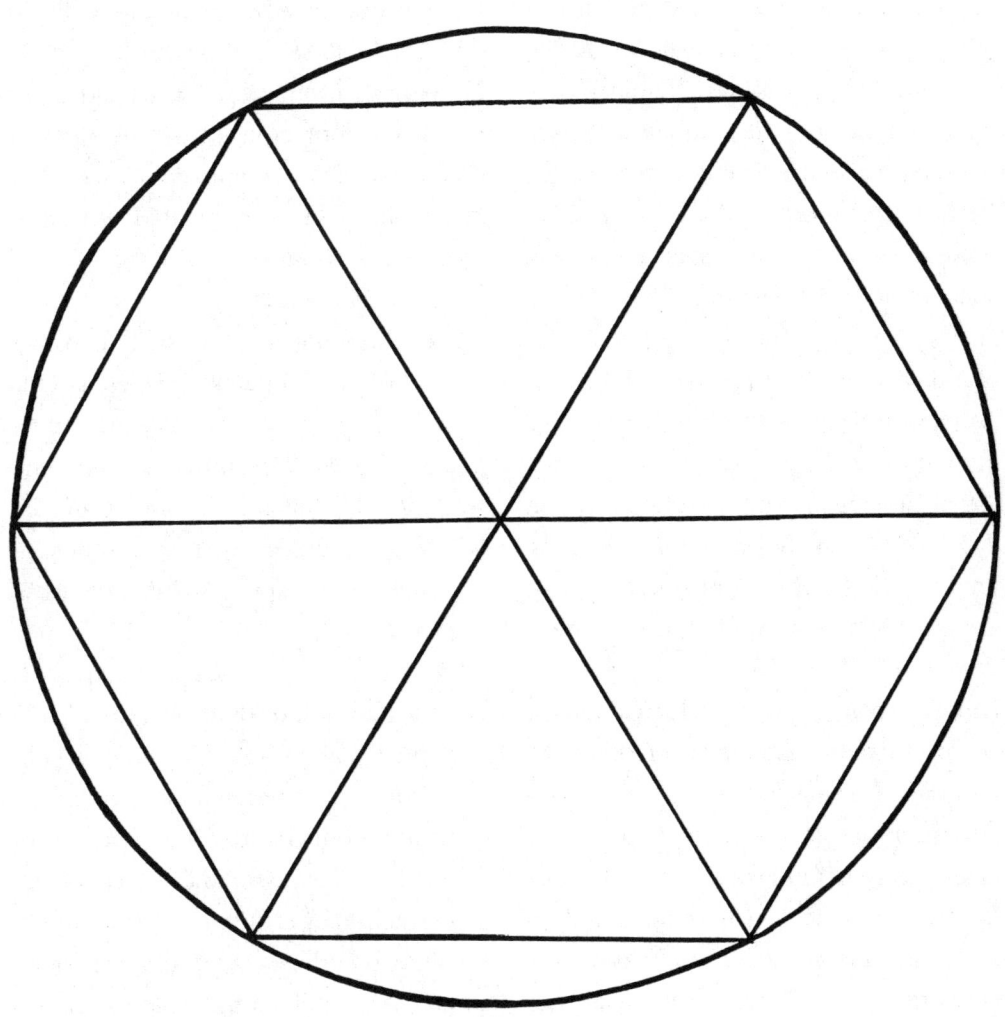

Mandala 2

Die Beziehung

Jeder Mensch kann Erfahrungen alleine machen. Das Mandala, das diesem Kapitel zugeordnet ist, setzt die Erfahrungen einzelner Menschen (Dreiecke) in Beziehung. Durch die gemeinsame Ausrichtung auf eine Mitte ergeben sich Berührungspunkte und Kontakte. Erstaunlicherweise engt dies nicht ein, sondern verbindet mehrere Personen zu einem Ganzen. Im Ausgestalten des Mandalas merken Sie, wieviel Einzigartigkeit trotz und wegen des Rahmens möglich ist. Gleichzeitig sind alle Personen umgeben und geschützt durch den Kreis, also die Beziehung, die sie umgibt. Die Eltern als auch der geistige Grund des Lebens sind damit einbezogen.

Kinder leben schon vor der Geburt in einem Beziehungsgeflecht. Die ersten Prägungen geschehen in einem Beziehungsraum, der Kindern keine oder kaum Entscheidungsfreiheit läßt. Die Beziehung zwischen Eltern und Kindern ist so in hohem Maße durch die Verantwortung der Erwachsenen für die Kinder geprägt. In dem Wunsch, das Beste für die Kinder zu wollen, merken wir dann manchmal nicht, daß wir die Kinder mit unseren (bewußten und un-

bewußten) Lebenswünschen festlegen und prägen wollen.

Natürlich prägen wir einander in Beziehungen immer. Aber wenn ein Vater in der 1. Klasse sagt, ab heute lernt mein Kind für den Numerus clausus und damit an die Übernahme seiner Arztpraxis denkt, ist dies der unangemessene Lebenswunsch des Vaters und ein Mißbrauch des Kindes.

Apropos Mißbrauch:

Vielleicht wundern Sie sich, daß wir dieses Wort gebrauchen. Doch gerade weil in der Stille vertrauensvolle Beziehungen etwas Wesentliches sind, und weil viele Übungen Erfahrungen aus der Körperarbeit einbeziehen, ist es notwendig, auch über deren möglichen Mißbrauch zu reden.

Bitte achten Sie deshalb darauf:
- Kinder haben in Beziehungen das Recht, »Ja und Nein« zu sagen.
- Kinder können nicht die Lebenswünsche, Bedürfnisse und Perspektiven Erwachsener erfüllen.
- Nähe und Distanz, d.h. Zärtlichkeit und Abstandhalten werden von den Kindern bestimmt.
- Wenn Kinder erotische Momente in Erwachsenen wachrufen, beginnt der Mißbrauch des Kindes, wenn der Er-

wachsene sich nicht sofort zurück-
nimmt.
– Spaß, Freude einerseits und Lust (Erotik und Sexualität) andererseits sind
grundverschieden. Ein Kind wird immer mißbraucht, wenn es den Lustge-
winn eines/r anderen fördert.

Manchem Leser und mancher Leserin
mag dies zu streng vorkommen. Wir
denken, daß dies eher noch behutsam
gesagt ist. In der Seminararbeit, der Be-
ratung und unserer Lebenserfahrung begegnen wir Mißbrauch und damit mas-
sivster Lebenseinschränkung und Le-
bensverLust zu häufig, als daß wir dies
bagatellisieren können.
Diese Grenzen wahrzunehmen, schafft
Klarheit in unserer Beziehung zu den
Kindern. Indem wir uns unsere eigenen
Grenzen bewußtmachen, werden wir frei
für nicht vereinnahmende Zuwendung
und Zärtlichkeit. Wo Offenheit gelebt
wird, entsteht ein partnerschaftliches
Lernfeld, in dem Erwachsene Kinder
»nicht besitzen wollen«.
Solche Partnerschaft mit Kindern ist
grundsätzlich möglich, wenn Partnerschaft bedeutet, daß auch Konflikte ausgetragen werden können. Doch wo anders als in einer Partnerschaft können
Konflikte ausgetragen, Verschiedenhei-

ten ausgehalten werden, ohne daß sich
Menschen in ihren Beziehungen dauernd
in Frage stellen?
Diese offene und kritische Partnerschaft
wird im Erleben der Stille wichtig und
gefördert. Sie hilft Kindern und Erwachsenen, ihre unterschiedlichen Seiten anzunehmen und auch die verschiedenen
Sichtweisen der anderen nicht als Anfrage oder gar als Bedrohung, sondern
als Bereicherung ihrer Person zu erleben.

Die Teilhabe

Aus der Beziehung zwischen den Kindern und Erwachsenen erwächst die *Teilhabe.* Kinder haben immer Teil am Leben der Erwachsenen, aber es ist ein
Unterschied, ob sie das erleiden oder
mitgestalten können, und ob es Bereiche
gibt, aus denen sie grundsätzlich ausge-
grenzt werden. Wo Armut und Not herr-
schen, ist Teilnahme an allen Lebensbe-
reichen oft keine Frage. Je mehr wir aber
besitzen, desto stärker können wir entscheiden, woran Kinder teilnehmen sol-
len/dürfen und woran nicht. Dies muß
nicht immer klar erkennbar sein. Viele
Kinder meinen, daß sie das »sogenannte
Leben« schon recht gut kennen. Sie erleben die Welt scheinbar so, als ob sie
teilhaben dürften. Wir haben diese Art

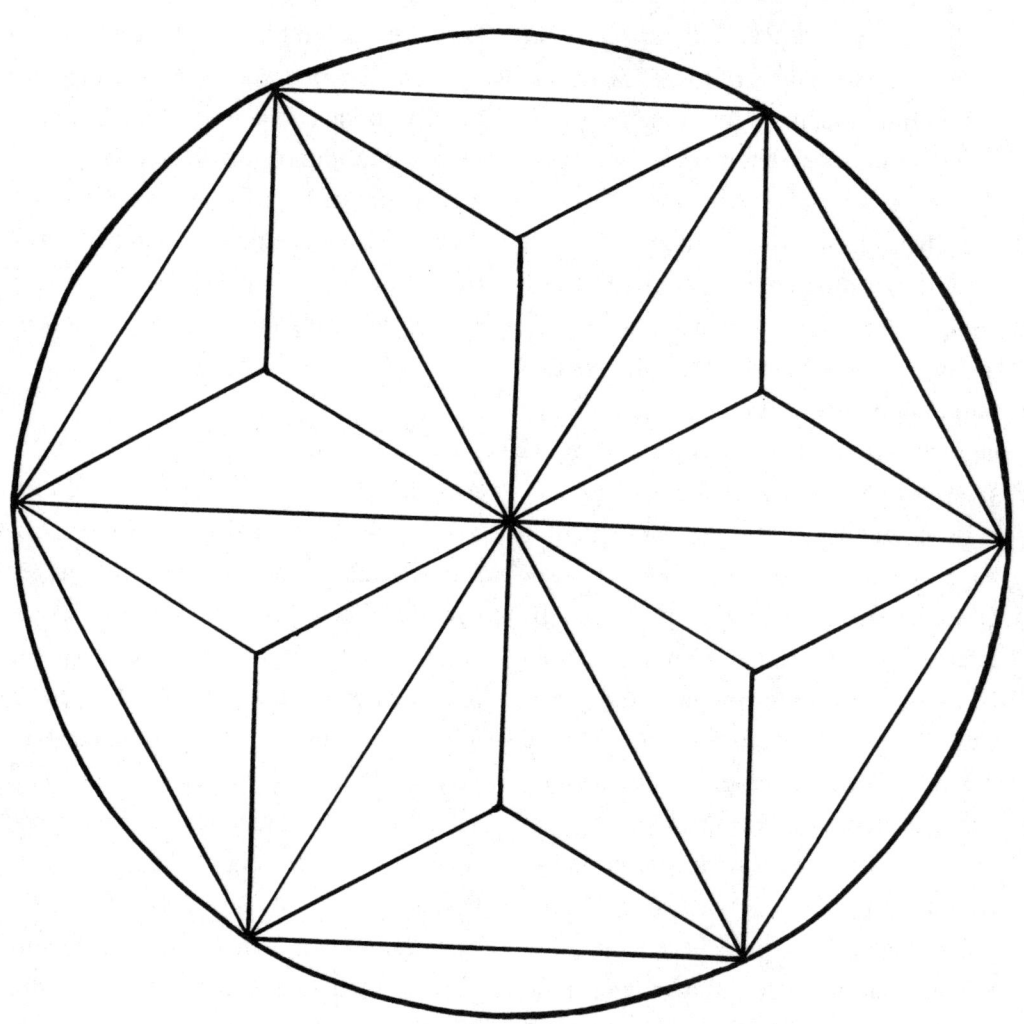

Mandala 3

der Teilhabe deshalb »Als-ob-Teilhabe« genannt. Diese kann sehr verschieden aussehen:

- Z.B. behandeln manche Eltern ihre Kinder so, als ob sie bereits Erwachsene wären. Sie bekommen ähnliche Kleidung, dürfen z.B. dasselbe im Fernsehen anschauen, kaufen sich alles. Uns begegnen kleine Erwachsene, die nicht mehr heranwachsen, sondern fertig wirken. Ihr »inneres Kind« hat keine Chance, sich eigenständig zu entwickeln.
- Die andere »Als-ob-Teilhabe« geschieht durch die Medien. Kinder erleben Krieg, Mord, Tod, Sex, Betrug, Natur, Kultur als Bestandteil des Lebens, ohne wirklich betroffen zu sein. So wird Krieg und Mord möglich, »als ob« nichts geschehe. Oder: Sex wird zur permanenten Ware. Zärtlichkeit wird nicht hautnah vermittelt, da so etwas über keinen Bildschirm geschickt werden kann. Natur wird eingegrenzt auf das, was im Film zu sehen ist. Oft ersetzt der Film echten Kontakt zur Natur.

Diese »Als-ob-Teilhabe« braucht als Korrektur und Gegenüber ehrliche Beziehungen, mit Konflikten, Enttäuschungen, gefüllter Liebe und Vertrauen. Stille-Übungen suchen nach echter Teilhabe, die eigene Erfahrungen ermöglicht.

Manchmal trauen wir Kindern etwas nicht zu oder finden keine rechte Gelegenheit, sie an bestimmten Erfahrungen teilhaben zu lassen. Doch manche verpaßte Teilhabe ist nicht nur eine verpaßte Chance, sondern auch kaum wiederholbar. Wer z.B. an Stille nicht teilhat, wird die allgemeine Hektik und den Lärm für normal erachten. Auch neigen wir dazu, die Teilhabe der Kinder auf die hellen Seiten des Lebens zu beschränken. Teilhabe ist gerade in Grenzsituationen, wie Trauer und Tod, Krankheit und Angst, für viele Menschen schwierig. Dies muß nicht dazu führen, daß Kinder am Tod bzw. an der Geburt eines Menschen nicht teilhaben dürfen. Gerade Trauer und Leid sind stille Prozesse, die intensiv prägen, die Menschen als Erfahrung in sich aufbewahren. Wir müssen nach Wegen suchen, die angemessene Teilhabe eines Kindes an solchen Geschehnissen zu ermöglichen.

Was angemessen ist, läßt sich jeweils nur konkret klären. Ein ermutigendes Beispiel von Teilhabe möchten wir weitergeben: In einer Familie mit drei Kindern zwischen 5 und 9 Jahren erkrankte die Mutter an Krebs. Begleitet durch ihre Eltern, erlebten die Kinder – bewußt –

die Krebskrankheit ihrer Mutter und deren Tod. Es gab Flucht und Rückzug, Nähe und Zärtlichkeit, Tränen und Zukunftsangst: Was mache ich ohne meine Mami? Diese Kinder wurden nicht mit allem belastet, aber mit ihnen wurde wahrhaftig umgegangen. Sie wurden auch nicht irgendwann vor die Fakten des Todes gestellt, sondern sie hatten Anteil am letzten Atemzug des Menschen, der sie in den ersten Atemzug des Lebens geboren hat. In ihrer Trauer war sehr viel Trost und Liebe zu spüren.

Partnerschaftliche Teilhabe nimmt all dies wahr und sucht innerhalb der eigenen Möglichkeiten immer wieder nach neuen Formen, Verantwortung und Wagnis, Zutrauen und Zumutung gegeneinander abzuwägen.

Ausreichende Erfahrungsräume, gelungene Beziehungen und ehrliche Teilhabe am Leben helfen den Kindern und uns, unsere eigene Persönlichkeit zu entdecken.

Das Mandala zu diesem Kapitel lädt Kinder und Erwachsene ein, dies zu gestalten. Es ist eine Fortschreibung des ersten Mandalas. Es regt an, daß wir Menschen, bei aller notwendigen Differenzierung, die eigene Mitte entdecken, bewahren und fördern. Sichtbar wird, daß sich durch das Beschreiben der eigenen Mitte aus den alten (Lebens- und Bezichungs-)Mustern heraus, Veränderungen/Wandlungen ergeben und neue Strukturen entstehen.

Im Alltag steht vieles einem solchen Entwicklungsweg entgegen, deshalb müssen wir nach Alternativen suchen.

Wir laden Große und Kleine ein, sich in ihrer Beziehung, in ihrem Miteinander zu entdecken und sich zu vertrauen. Dabei sind die alltäglichen Beziehungen unsere Ausgangspunkte. Hier beginnen auch die Stille-Übungen, sie setzen bei Grundthemen des Alltags an.

Die geistliche Dimension des Lebens

Die geistliche Dimension des Lebens wird in den Mandalas immer mit einbezogen, denn die Mandalas enthalten diese Ebene von ihrer Struktur her. Es ist der Kreisgrund, der alles trägt, die Mitte, von der alles ausgeht. Das nächste Mandala fügt daher in einem weiteren Schritt eine Betonung der schon vorhandenen Mitte hinzu. Wir möchten Sie vertiefend einladen, die geistliche Ebene des Lebens in Ihre Gegenwart einzubeziehen. Dabei gilt dasselbe wie für die zwischenmenschlichen Ebenen: Das geistliche

Leben bedarf der Erfahrung, der Teilhabe und der Beziehung.

Gott läßt sich nicht denken, ausdenken. Gott begegnet uns in der Erfahrung. Am deutlichsten wird dies im Leben Jesu von Nazaret. Er erfährt, daß Gott eins mit ihm ist. Das ganze Neue Testament möchte uns diese Einheitserfahrung beschreiben und nahebringen. Jesus selbst sucht immer wieder Bilder und Gleichnisse, die Gottes Welt zugänglich machen. Alles was wir in Jesus über Gott erfahren, ist nichts anderes als die Beschreibung einer Liebesgeschichte, in der Gott dem Menschen nachgeht, nachläuft und Zeichen seines Vertrauens in die Welt setzt. Gottes Geist, Gottes Atemhauch, ist gegenwärtig, diese fortwährende (= ewige) Teilhabe und Berührung Gottes mit uns sind vielen Menschen nicht bewußt. Es fehlt uns an geistlichen Erfahrungen. Doch es ist notwendig, daß Grundfragen christlichen Glaubens wieder spürbar werden:

– Bin ich geliebt, angenommen und akzeptiert, ohne daß ich dafür irgend etwas tun muß?
– Gibt es einen Sinn meines Lebens, der über mich hinaus geht, oder muß/darf/soll ich mir selbst genug sein?
– Habe ich das Vertrauen so erfahren, daß mich nichts vom Urgrund des Lebens trennen kann?

Kinder kennen diese Fragen oft, ohne sie benennen zu können. Sie leben von und aus diesen Erfahrungen. Sie besitzen manchmal (noch) eine Grunderfahrung von Geborgenheit, die sie am Leben erhält, obwohl sie verletzt, gefährdet oder gar lebensmüde sind. Es tut ihnen gut, wenn sie in ihren Erfahrungen ernst genommen werden und daran anknüpfen können. Stilleerfahrungen vertiefen diese geistliche Erfahrung und verbinden sie mit unserem Alltag, wenn wir diesen Fragen Raum geben und ihnen vorurteilsfrei begegnen.

Dieses Buch möchte Erwachsene und Kinder ansprechen und auch einladen, religiöse Dimensionen (wieder) zu entdecken. Viele Anregungen dieses Buches nehmen geistliche Themen auf. Auch hier bleibt immer die Freiheit: Gehen Sie mit sich und den Kindern und den Themen so um, daß Sie gemeinsam oder allein sich dem nähern, was im Augenblick wohltuend ist.

Was in der Stille wachsen kann

In der Stille kann unsere gemeinsame Mitte lebendig werden und uns lebendig machen. Dies finden Sie in der Gestalt

Mandala 4

des vierten Mandalas ausgedrückt. Es sieht fast aus wie eine Blume. Der Vergleich der Entdeckung der Stille mit einer Blume hat mir schon oft geholfen, sie ein wenig besser zu verstehen. Wie eine Blume braucht sie ein Samenkorn (das in uns allen liegt) und geeignete Bedingungen (von denen wir in diesem Buch ein wenig erzählen), um zu wachsen. Am Anfang ist sie vielleicht ganz unscheinbar und von anderen Gewächsen kaum zu unterscheiden, doch wächst sie nach und nach heran und *kann* ganz verschiedene Blüten haben.

Wir betonen das Wörtchen kann, denn Stille sollte nicht für ein Ziel benutzt werden, z.B. Unser Kind soll ruhiger werden. Dies wird mißlingen. Die enttäuschte Mutter ist uns immer noch vor Augen, die eine Woche lang ihrem Jungen Entspannungsgeschichten zum Einschlafen vorlas und resigniert feststellte, der Junge hätte sich nicht verändert. Vielleicht hätte sie nur etwas *Geduld* gebraucht.

Sehen Sie Stille als eine Chance und freuen sich an dem, was wächst!

Blüten, die wachsen können:
  Echtheit
  Vertrauen
  Aufmerksamkeit/Achtsamkeit
  Mitgefühl – Barmherzigkeit
  Konzentration
  Verantwortung
  Lebendigkeit
  Angemessene eigene Spannung
  Liebe zu Kleinem und Großem
  Staunen und Neugier
  Gelassenheit
  Einsicht in eigene Grenzen
  und Behinderungen/Fehler
  Verzichten können
  Loslassen – Freigeben
  Ausgeglichenheit
  Zufriedenheit

Vielleicht kann das Blütenbild für Sie eine Art Tagebuch der Stilleerfahrung werden. Erstellen Sie für alle, die mit Ihnen auf dem Weg zur Stille sind, eine Fotokopie des Mandala und füllen Sie nach und nach die Blütenblätter mit dem, was Sie alle für sich entdecken. Vielleicht ist es nur ein Blatt, vielleicht wachsen zwei, drei Blumen aus der Stille.

Alle Erfahrungen in der Stille brauchen Zeit, so wie eben Blumen auch Zeit zum Wachsen brauchen. Und wie bei den Blumen geht es auch mit der Stille weiter. Sie werden es merken: Immer, wenn etwas aufblüht, wird es aus Ihnen herausleuchten und die anderen erfreuen. Was Sie in der Stille entdecken, wirkt sich auf alles um Sie herum aus. Vielleicht möchten Sie auch dies in einem Mandala gestalten. Schauen Sie dann bitte ganz ans Ende des Buches. Dort finden Sie die letzte Ausgestaltung des Mandalas, das uns hier durch die Einleitung begleitet hat. Aus dem geschlossenen Kreis der Erfahrung blühen viele Blätter, leuchten viele kleine Lichter hinaus in die Welt, stecken andere an mit ihrem Blühen und Leuchten.

Wenn Sie uns fragen, was denn aus der Stille erwächst, so wünschen wir Ihnen vor allem dieses vielfältige Leuchten!

Drei Möglichkeiten, Stille zu (er)leben

Wenn wir manchmal gefragt werden, welche Stille*übungen* haben Sie denn mit Ihren Kindern gemacht, so fällt die Antwort für viele ungewohnt aus:

Vieles war eher Zufall: Da lagen Mandalas, und die Kinder haben gefragt, was das ist und sie mit Freude ausgemalt; wir haben Muscheln gesammelt und sie gemeinsam zu einer Spirale und anderen Mustern gelegt; Gerda hat Yoga geübt, und unsere Töchter wollten mitmachen; wir haben Geschichten und auch Traumreisen erzählt, und die Kinder haben sich abends immer wieder neue gewünscht; wir praktizieren für uns Meditation, und die Kinder nehmen, wenn sie wollen, am Abendgebet teil. Gezielte Übungen standen nie im Vordergrund, aber manchmal gab es einen Anlaß, das eine oder andere gemeinsam auszuprobieren. Doch ist die Erfahrung von Stille immer ein wichtiges Element in unserem Zusammenleben gewesen.

Wenn wir nochmals genauer hinschauen, können wir drei Wege unterscheiden, die uns zur Stille geführt haben:

- Der erste Weg ist eigentlich der Ausgang für alles: Es geht darum, die vielfältigen Chancen der Stille im ganz *alltäglichen Miteinander* wahrzunehmen. Wir haben Momente der Stille aus der Situation heraus angenommen, ganz ohne eine gezielte Absicht.

– Der zweite Weg besteht in *konkreten Angeboten/Übungen* der Eltern mit den Kindern. Dafür brauchen wir etwas Gespür, wann ein Angebot, und dann welches, richtig ist. Nach den ersten gemeinsamen Erfahrungen kann der Wunsch dazu auch von den Kindern kommen.

– Als drittes können sich sowohl aus den Erlebnissen des ersten als auch des zweiten Weges und aus Zufällen *gemeinsam Rituale* entwickeln, die die Stille pflegen. Diese entstehen da, wo Eltern oder Kinder ein gezieltes Interesse haben, etwas wieder zu erleben.

Ich möchte Ihnen die Unterschiede an einem Beispiel deutlich machen:

– Stellen Sie sich einen gemeinsamen Sommerspaziergang vor. Sie sind eine Zeitlang gegangen und langsam werden alle müde. Pause ist angesagt. Sie suchen ein schönes Plätzchen zum Ausruhen. Nach einer Zeit sitzen und liegen alle da und keiner redet mehr. Alle sind eingetaucht in das Summen und Flirren um sie herum, in das Berührtwerden von Wind und Sonne. Vielleicht nur für eine Minute, vielleicht auch drei, fünf und mehr. Irgendwann fängt einer wieder an zu reden, reckt sich, steht auf, nach und nach werden alle wieder munter – schön war's, bestätigen Sie sich vielleicht gegenseitig.

– Wieder ein Sommerspaziergang. Pause – jeder macht irgend etwas. Mutter hatte es sich etwas abseits bequem gemacht und genoß die Wärme und die Ruhe. Das Stimmengewirr der anderen war wie der Teil eines Liedes, der dazugehörte. Als die Kinder sie suchen, lädt sie sie ein, sich noch ein paar Minuten bei ihr auszuruhen. Eines kuschelt sich an sie, eines legt sich ein wenig seitwärts ins Gras, eines sitzt ein wenig unentschlossen am Baum. Mit wenigen Worten nimmt die Mutter die Kinder mit in ihre Stimmung hinein: Spürt ihr das Gras, wie weich es ist? – Ist es nicht schön, die Sonne am ganzen Körper zu spüren? – Wenn ihr die Augen schließt, könnt ihr mit den Sonnenstrahlen spielen. – Hört einmal das Summen und Schwirren der kleinen Tiere und den Wind in den Bäumen. Es ist wie eine Melodie. Könnt ihr sie hören? – Dann ist ein Moment der Stille, bis jemand sich deutlich bewegt, redet und damit die Stimmung wieder verändert.

Wenn Sie Erwachsene nach ihren Erinnerungen befragen, werden Sie staunen, wie prägend solche kleinen Erlebnisse sind.

Oder:

– Ein anderer Ausflug. Wieder ist nach einem Stück des Weges eine Pause willkommen. An einem schönen Platz wird der Rucksack ausgepackt und gepicknickt. Danach sitzen die Eltern zusammen, dösen, reden, schweigen, während die Kinder die Umgebung erkunden und sich allerlei Spiele einfallen lassen. Irgendwann sind sie wieder alle da, und als die Eltern weiter wollen, protestieren die Kinder: »Erst eine Geschichte, Papa.« Also setzen und legen sich alle noch mal gemütlich hin, und der Vater erzählt eine Geschichte von den Wesen, die an dieser Stelle des Weges leben. Die Geschichte klingt in einem Moment der Stille nach. Dann sind alle bereit, weiterzugehen. Beim ersten Mal war es vielleicht Zufall, die Situation hatte den Vater animiert, eine Geschichte zu erzählen. Beim zweiten Mal haben die Kinder danach gefragt, beim dritten Mal hat der Vater es mit einem Augenzwinkern angeboten, und nun gehört es einfach dazu. Kein größerer Ausflug ohne eine Geschichte, die die Atmosphäre des Rastplatzes noch mal ganz dicht erleben läßt.

Und irgendwann werden die Kinder sagen: »Ach ne, heute nicht. Laß uns weitergehen.« Oder: »Darf ich heute eine Geschichte erzählen?«

Der Aufbau der thematischen Kapitel

Diese drei eben dargestellten Möglichkeiten haben wir dem praktischen Teil des Buches zugrunde gelegt, so daß sich in den folgenden thematischen Kapiteln diese Gliederung ergab:

1. *Hinführung zum Thema.*
2. *Stille in Situationen des Alltags entdecken – Ideen und Anregungen.*
3. *Übungen für Pausen im Alltag – jeweils zwei bis vier ausführliche Übungen, davon hat eine meist einen geistlichen Schwerpunkt.*
4. *Rituale – den Rhythmus leben – Ideen für immer wiederkehrende Stilleerfahrungen.*
5. *Eine Abschlußgeschichte oder Imagination.*

Wir haben uns nicht immer ganz konsequent an diese Form gehalten, doch sie hilft uns und Ihnen sicherlich auch, klarer und einfacher mit diesem Buch umzugehen.

Nun möchten wir Ihnen noch einige grundlegende Anregungen und Hinweise zu den Stichworten »Alltag«, »Übungen« und »Rituale« geben. Bitte nehmen Sie nur das auf, was Sie anspricht. Es ist selbstverständlich, daß Sie Ideen und Übungen verändern können, dürfen und müssen.

Zur Anrede des Lesers und der Leserin in den Übungen

Wenn Sie das Buch durchblättern, wird Ihnen auffallen, daß die Anrede zwischen Sie und Du, Ihr und Euch wechselt. Wir haben uns zu dieser Mehrgleisigkeit der Anrede entschieden, da wir uns vorstellen können, daß nicht nur Erwachsene, sondern auch ältere Kinder und Jugendliche das Buch in die Hand nehmen, darin blättern und nach Anregungen suchen. Deshalb haben wir den hinführenden und erläuternden Teil, der sich eher an Sie als Erwachsene richtet, in der förmlichen Anrede gehalten. Da, wo es um Übungen geht, finden Sie in der Regel das vertraulichere und kindgemäße Du. So können die Übungen die Kinder direkt ansprechen und für Sie als Erwachsene hat dies den Vorteil, daß Sie die Übungen leicht übertragen können.

Im Alltag Stille entdecken

Stille ist etwas Alltägliches

Die Suche nach Stille im Alltag steht im Mittelpunkt des praktischen Teiles dieses Buches. Auch ohne unser Zutun erfahren wir im ganz normalen Alltag viel Stille – wir müssen sie nur wahrnehmen. Das ist die ganze Schwierigkeit und damit auch die ganze Übung – im Alltäglichen so aufmerksam zu sein, daß wir die kleinen Momente, die uns zur Stille hinführen, wahrnehmen und uns einladen lassen, darin zu verweilen, und sie nicht gleich mit dem nächsten Eindruck verwischen.

Achtsamkeit und Zeit haben

Eine kleine Geschichte

Eine Schloßführung. In einer dichten Gruppe schieben sich Erwachsene und Kinder von einem Raum zum nächsten, lauschen auf die Erklärungen des Führers. Hier ein besonderer Baustil, da ein wichtiges Bild, dort ein Gegenstand mit großer Geschichte. Plötzlich merkt eine Mutter, daß ihr Kind fehlt. Wo ist es geblieben? Wann hat sie es zuletzt gesehen? Sie entschuldigt sich und läuft den Weg zurück. Zwei Säle, eine Treppe, noch zwei Räume – da sieht sie es. Es sitzt auf dem Holzboden vor einem kleinen buntverglasten Fenster und läßt das Sonnenlicht Bilder auf Gesicht und Arme malen. »Guck mal, wie schön«, strahlt es die Mutter an.

Wie würden Sie reagieren? Das Kind hat etwas gesehen, was den anderen nicht wichtig war, nur ihm. Und es fühlte sich so glücklich dabei, daß es keine Angst hatte, alleine zu sein. Das Kind hat einen Ort der Stille für sich entdeckt.

Und davon gibt es viele. Die Schlüsselworte, um sie zu entdecken, heißen *Aufmerksamkeit* und *Zeit*. Ich will dies ein wenig näher beschreiben. Aufmerksamkeit oder – ein Wort, das ich lieber gebrauche – *Achtsamkeit* verbindet sich für mich mit einer bestimmten Weise, alles, was geschieht, zu sehen: Achtsamkeit beinhaltet, daß ich das, was ich sehe, achte, für Wert halte, daß ich auch kleine und kleinste Dinge ernst nehmen will. Kinder tun dies oft noch viel mehr als wir Erwachsene. Je kleiner sie sind, desto mehr ist alles neu für sie und deshalb interessant und bestaunenswert. Am Anfang zeigen wir den Kindern noch viel, damit sie die Worte lernen und wissen, was was ist. Irgendwann schleicht sich dann das: »Ach, das kennst du doch schon. Komm weiter!« ein. Kinder finden vieles interessant: jedes Tierchen, den Dreck im Straßengraben, das Muster auf dem Bürgersteig, den Vogel vor ihnen, den Matsch unter ihnen ... – und können darüber staunen und dabei verweilen. Es gibt sicher viele Gründe, das eine oder andere Mal einzugreifen – aber lassen Sie sich doch auch manchmal anstecken und lernen Sie von den Kleinsten, wieder zu staunen. Wenn Kinder spüren, daß Ihnen solche kleinen Entdeckungen wichtig sind, kommen sie damit zu Ihnen. Und umgedreht lassen sie sich dann auch gerne auf das aufmerksam machen, was Sie entdecken.

Oft lernen die Kinder aber schnell, den Satz von oben umzudrehen und Ihnen zu entgegnen: »Äh, kenn' ich doch schon. Ist doch nichts Neues.« Wirklich nicht? Es gibt nichts Lebendiges, das sich nicht verändert. Wenn wir das begreifen, können wir gemeinsam genauer hinschauen und wieder staunen lernen. Was hat das alles mit Stille zu tun? fragen Sie jetzt vielleicht.

Stellen Sie sich doch einmal das kleine Kind vor dem bunten Fenster vor. Oder besser noch, wenn Sie es können, versetzen Sie sich in das Kind hinein. – Halten Ihre Arme in das bunte Sonnen-

*licht, legen sich auf diesen kleinen Aus-
schnitt sonnenbestrahlten Holzfußbo-
dens. – Schließen die Augen und drehen
vorsichtig den Kopf und spüren die
wechselnden hellen und dunklen Stellen,
spüren die Wärme des Sonnenlichtes.
Die geführte Gruppe ist weg, der große
Raum ist still. – Vielleicht nicht ganz
still. Vielleicht hat er noch seine eigenen
Geräusche. Lauschen Sie ein wenig. –
Da hören Sie die Mutter, schauen sie an
und sagen: ...*

Konnten Sie ein wenig von dem erahnen,
was diese Situation dem Kind geschenkt
hat?

Stille im Alltag entdecken meint dies:
Die kleinen Momente wahrnehmen, die
uns etwas schenken wollen.

Und dafür brauchen wir neben der Achtsamkeit Zeit, wenigstens soviel, um einen
Moment innezuhalten, um das, was wir
sehen, wirklich zu sehen, das, was wir
spüren, wirklich zu spüren, das, was wir
hören, wirklich zu hören ... Zeit, so lange
zu verweilen, wie der Eindruck uns hält.
Das hört sich wahrscheinlich ganz selbstverständlich an. »Mache ich doch immer«, werden Sie sagen. Vielleicht, ja,
ich wünsche es Ihnen.

Meine Erfahrung ist, daß wir vieles übersehen oder daß wir das, was wir sehen,
nur mit dem Verstand wahrnehmen.
Doch dies wäre nur eine Ebene.

Haben Sie sich schon einmal gefragt,
warum sich ein kleines Kind über ein
Gänseblümchen am Wegrand so freuen
kann? Warum eine Seifenblase so faszi-
nierend ist? Warum eine bestimmte
Landschaft, ein bestimmter Ausblick ihnen gefällt? Warum ein schlafender
Säugling uns zu Tränen rühren kann?
Warum ein Sonnenuntergang in den Bergen oder am Meer manchmal so unver-
geßlich bleibt?

Wir laden Sie ein, über den ersten Eindruck hinaus zu verweilen – und vielleicht spüren Sie, daß es oft noch mehr
zu entdecken gibt, als Sie schon vorher
wissen.

Lassen Sie sich von den Kleinigkeiten
beeindrucken. Verweilen Sie und lassen
Sie sich berühren. Und vielleicht wird
es *in* Ihnen ein wenig stiller.

Wo dies geschieht, auch inmitten von
Lärm und Hektik, entdecken Sie die ei-
gentliche Stille – Stille in uns – unsere
Stille. Diese Stille ist nicht machbar, sie
fällt uns in Augenblicken des Verweilens
einmal mehr, einmal weniger intensiv
zu.

Gerade deshalb sind Sie eingeladen, das
Verweilen zu üben und zu verstärken
und so aufmerksam durch den Alltag zu

gehen. Wir können von den Kindern lernen, indem wir ihr Verweilen ernst nehmen, und die Kinder können von uns lernen, wenn wir sie an unseren Entdeckungen teilnehmen lassen.

Wegweiser zur Stille – einige Anregungen

Ein Beispiel: Wir gingen mit unseren Töchtern spazieren. Eine Weinbergschnecke zog gemächlich über den Weg. Gerda hielt inne, weil die Schönheit der Schnecke sie faszinierte. Unsere Töchter staunten und freuten sich, so eine schöne Schnecke hatten sie schon lange nicht mehr gesehen. Rüdiger wollte das Tier beobachten. Die Töchter wollten die Schnecke fotografieren. Alle redeten los – und die Schnecke verkroch sich in ihr Haus. Da begann eine Übung des Wartens und der Stille. Zu frühe Rufe, Erschütterungen, das Hinfallen des Fotoapparates – all das erforderte Geduld, bis die Schnecke endlich wieder aus dem Haus kam und in voller Größe weiterzog.

Aus einer alltäglichen Begegnung ist eine Stilleerfahrung gewachsen. Die Schnecke hat uns erzogen.

In unserem Beispiel war das Wahrnehmen der Schnecke der Grund für verschiedene Empfindungen, die uns gemeinsam anregten, still zu werden und zu verweilen. Wir Menschen haben alle unser eigenes Echo auf eine Situation. So regt eine Schnecke sicher nicht jedes Kind zum Staunen an, aber wenn ein Kind darüber staunt, können wir mit ihm dabei verweilen.

In den thematischen Kapiteln finden Sie aus verschiedenen Blickwinkeln Anregungen, wie Sie Möglichkeiten und Chancen der inneren Stille auch im Alltag entdecken können.

Unabhängig davon möchten wir Ihnen hier einige Wegweiser mit auf den Weg geben, die uns immer wieder helfen, Chancen der Stille in unserem Alltag wahrzunehmen. Solche Wegweiser können z.B. das Gefühl von Freude, von innerer oder äußerer Harmonie, von Staunen oder die Wahrnehmung von Schönheit und Stille sein. Grundsätzlich kann sich überall da, wo uns etwas innerlich berührt, eine Tür zur Stille auftun.

Dabei können diese Empfindungen ganz verschiedene Anlässe oder Gründe haben. Es tut gut, den obengenannten Wegweisern ein wenig nachzuspüren und sich an Situationen zu erinnern, die diese Empfindungen ermöglichten:

Freude:

Erinnern Sie sich an Situationen, in denen Sie sich gefreut haben? Worüber freuten Sie sich? Konnten Sie Ihre Freude zeigen, teilen? Fällt Ihnen eine Situation ein, in der Ihr Kind sich gefreut hat? Hat es seine Freude zeigen, mit-teilen können?

Innere Harmonie:

Fallen Ihnen Momente ein, in denen Sie für sich das Gefühl hatten »Alles stimmt«? Momente, wo Sie sich mit Ihrem Kind, Ihrer/m Partner/in, einer Freund/in in einer kaum nennbaren Weise verbunden fühlten?

Äußere Harmonie:

Erinnern Sie sich an Ihr Gefühl, wenn Sie ein Kind versunken im Spiel sehen, wenn ein Kind schläft. Oder denken Sie an eine schöne Landschaft. Oder an einen Sportler, einen Künstler, der ganz in seinem Tun aufgeht.

Staunen:

Worüber können Sie staunen? Über die täglichen Veränderungen Ihres Kindes? Die Weisheit in manchen seiner kurzen Bemerkungen? Über das Frühlingsgrün an den kahlen Winterästen oder das sich Schließen der Blüten am Abend? Über die technischen Leistungen der Menschheit, die Möglichkeit, zum Mond zu fliegen? Die Vorstellung, daß die Erde nur einer von zig Millionen von Planeten im Weltall ist?

Schönheit:

Schönheit ist sicherlich ein weiter Begriff. Aber wo sie uns berührt, kann sie uns helfen innezuhalten. Erinnern Sie sich an die vielfältige Schönheit der Natur oder auch an die Schönheit eines Kunstwerkes, eines Bildes oder eines Konzertes?

Stille:

Dies ist eigentlich der schwierigste Wegweiser. Denn Stille kann so vielerlei sein. Vielleicht erinnern Sie sich an Stille, die mehr abschreckend als einladend war, bedrückend, ängstigend, verletzend. Heilsame Stille ist oft so flüchtig, daß wir sie kaum wahrnehmen. Ein Moment – und schon ist sie vorbei. Es sind oft die kleinen Pausen – z.B. nach einem guten Gespräch, beim Innehalten in einer Arbeit, beim Ausruhen nach einer Anstrengung – wo wir sie entdecken können. Erinnern Sie sich an solche Momente?

Nehmen Sie die Wegweiser als Anregungen, Ihren Alltag neu wahrzunehmen. Und erinnern Sie sich: Stille Entdecken geschieht gerade in einer ständigen Beziehung, wie der zwischen Eltern und Kindern, nicht so sehr durch besondere Übungen, sondern viel mehr durch ein bewußtes Erleben des Alltags.

Anmerkungen zu den Stille-Übungen / Vorbereitungen / Erläuterung der Übungswege

Manchmal ist es schön, ganz bewußt etwas Besonderes auszuprobieren. Dies nennen wir dann eine Übung, weil wir uns dafür extra Zeit nehmen und diesen gemeinsamen Versuch auch immer wiederholen können.

Zwar brauchen Kinder und Erwachsene für die Entdeckung der Stille nicht viel. Dennoch ist es hilfreich, vorher über einige Dinge nachzudenken, um nicht immer wieder neu organisieren zu müssen:

- *Raum, Ort,*
- *Materialienkiste,*
- *Musik und Tonträger,*
- *Übungswege.*

Raum und Ort

Die Entdeckung der Stille aus der Situation heraus bedarf keines besonderen Raumes. Anders ist es bei manchen Übungen. Wenn Sie z.B. zusammen eine Körperübung auf dem Boden machen wollen, brauchen Sie etwas Platz. Kaum jemand hat zu Hause einen leeren großen Raum, der sich jederzeit benutzen läßt.

Aber denken Sie einmal nach: Wie sieht es mit dem Flur oder dem Gästezimmer aus, ist der Partykeller benutzbar, läßt sich das »Wohnzimmer« schnell umgestalten, oder gibt es noch eine ausbaubare Ecke auf dem Dachboden. Vielleicht haben Sie noch andere Ideen.

Natürlich ist es nicht einfach der leere Raum. Es kommt auf die Stimmung des Raumes mit an. Ein Partyraum besitzt eine andere Grundstimmung als ein Wohnzimmer. Welchen Raum Sie auch wählen, gestalten Sie ihn miteinander so, daß er zur Ruhe hinführt. Vielleicht reicht ein Blumenstrauß, eine Kerze auf einem Seidentuch in der Mitte, oder eine Schale mit Blüten, Steinen und Wasser. Sie merken, hier beginnt bereits die Übung. Gestalten Sie den Raum gemeinsam und probieren Sie aus, was Sie zur Stille einlädt. Gewöhnen Sie sich alle daran, einen vorbereiteten Raum in Ruhe zu betreten. Ein solcher Raum wird allen gut tun. Stellen Sie ruhig einmal das Telefon leise und vergessen Sie das nachfolgende Fernsehprogramm.

Aber – wie gesagt – Stille braucht selten einen bestimmten Raum. Überall ist Platz, auch in der kleinsten Hütte. Zum Beispiel können Sie zu Phantasiereisen auch an einem Tisch sitzen oder es sich im Bett gemütlich machen. Auch ein

Garten bietet Raum für Stille. Nicht nur für Yoga oder andere Bewegungen ist dort Platz, vielleicht gibt es auch eine Bank, eine Nische, wo es sich sitzen und ruhen, schauen und träumen läßt.

Materialienkiste

Die meisten Materialien, die Sie benutzen und einbeziehen können, haben Sie wahrscheinlich zu Hause. Einige Dinge, die wir aufzählen, überraschen Sie vielleicht. Die Stichworte sagen Ihnen, wofür das Material unter Umständen gebraucht wird:
– Papier Din A3 und Din A4,
– gute Wachsmalkreiden, z.B. von Jaxon, zum Malen,
– Bunt- oder Aquarellstifte (eventuell Filzstifte),
– gute Deckfarben, zum Mischen geeignet,
– buntes Papier zum Falten / Origami,
– Kartonpapier zum Aufkleben von Materialien,
– Schere, Kleber,
– gebrauchte Tennisbälle für Körperübungen,
– je eine Decke pro Person,
– Ton, Knete oder ähnliches zum Gestalten,
– eventuell Fotopapier und Entwickler für Fotocollagen,
– Kerze, ein schönes Tuch, ca. 90x90 cm, Vase, Steckschwamm für die Mitte,
– eventuell Tusche und Tuschmalpinsel zum Schreiben und Skizzieren,
– Kassettenrekorder oder CD-Player für Übungen mit Musik.

Dies sind nur Vorschläge. Einige Dinge, wie etwa die Decken, lassen sich schnell und immer neu herbeiholen. Buntstifte und ähnliches werden oft gebraucht. Vielleicht haben Sie für solche Gebrauchsmittel ein Kistchen bzw. Köfferchen zur Verfügung. Bitte bedenken Sie, daß es Unruhe bedeuten kann, wenn sich vier Leute z.B. einen kleinen Kreidemalkasten teilen sollen; andererseits brauchen Sie auch nicht unbedingt pro Person einen Malkasten.

Überblick über die Übungsformen

Dieses Buch erläutert die verschiedenen Übungsformen, die in den Kapiteln angesprochen werden, nicht ausführlich, sondern führt sie nur soweit aus, wie es zum Verständnis der Übungen notwendig ist. Deshalb wollen wir hier einen kleinen Überblick über die einbezogenen Übungsformen geben:

Eutonie

Eutonie heißt wörtlich Wohl-Spannung. Einfache Übungen führen den Menschen jeweils zu der eigenen angemessenen Spannung hin. Eutonie ist kein Entspannungstraining, sondern ein Übungsweg, auf dem Menschen zu ihrer Spannung im Alltag finden. Materialien, wie Tennisbälle oder Bambusstäbe, sind dabei Hilfsmittel. Wesentlicher als die Materialien sind die eigene Aufmerksamkeit und die bewußte Wahrnehmung des Körpers bei den Übungen. Körperliche Voraussetzungen gibt es keine, jeder Mensch übt so, wie er oder sie ist.

Yoga

Yoga, so wie wir ihn üben, ist die Bewußtwerdung der eigenen Persönlichkeit durch die Übung des Körpers. Yoga lädt mit seinen bildhaften Übungen zur Bewegung ein. Im Üben und Wahrnehmen des eigenen Körpers wachsen Selbstvertrauen, Konzentration und Freude an den eigenen Möglichkeiten. Yoga ist kein Leistungssport, bei dem es darauf ankommt, wer besser ist. Die Klarheit der Übungen gibt den Kindern die Chance, auch unabhängig von den Erwachsenen zu üben und so bei sich zu sein.

Mandalas

Schauen Sie ein gotisches Kirchenfenster, eine Blüte oder eine Sonnenblume oder die Kreise an, wenn ein Stein ins Wasser fällt. All dies sind Mandalas – Bilder mit einer Mitte. Manchmal führen sie zur Mitte hin, manchmal führen sie von der Mitte nach außen. In diesem Buch sind einige Mandalas enthalten. Wir arbeiten gerne mit diesen in vielen Kulturen vorhandenen Bildern, da sie Ruhe und Versenkung fördern, Geist und Seele (mit-)ordnen und im klaren, vorgegebenen Rahmen eine Vielfalt von Gestaltungsmöglichkeiten geben.

Erfahrung mit Bildern

Im Buch verteilt finden Sie Übungen zu fünf abgedruckten Bildern. Das Sichhineinversetzen in ein gemaltes Bild oder ein Photo ist ein weiterer Zugang zu unserem inneren Erleben. Wie bei den gegenstandsbezogenen Übungen, geht es auch hier nicht um ein Beschreiben oder Erklären, sondern darum, mich von dem Dargestellten ansprechen zu lassen.

Phantasie- und Traumreisen, Imaginationen und Träume

Diese Stichworte bezeichnen verschiedene Möglichkeiten, mit inneren Bildern umzugehen. Die Bezeichnungen Phantasie- und Traumreisen werden oft sinngleich verwendet. In diesem Buch finden Sie Phantasiereisen, die einfach strukturiert und anschaulich sind. Es sind gelenkte Phantasiereisen, die den inneren Bildern einen Rahmen geben, der erst durch die eigene Phantasie und das innere Erleben richtig ausgefüllt wird. Solche Phantasiereisen sind uns wichtig, da sie die kreative und intuitive Seite unserer Persönlichkeit fördern. Imaginationen unterscheiden sich von Phantasiereisen dadurch, daß nur ein geringer (Themen-)Impuls gegeben wird. Dadurch ist der Raum für eigene Vorstellungen wesentlich offener, und wir können Bilder aus tieferliegenden Schichten unserer Psyche wahrnehmen. Dies ist, auch wenn es manchmal zunächst erschrickt, sehr heilsam, da so seelisches Erleben, bildhafte Vorstellungen und auch die Verarbeitung von Erfahrungen ermöglicht werden. Nacht-Träume entziehen sich ganz unserem äußeren Impuls, aber wir können sie uns genauso anschauen und gestalten wie andere innere Bilder.

Um mit Menschen aber Träume, Phantasien oder seelische Grundbilder zu besprechen oder gar durchzuarbeiten, bedarf es – nach unserer Ansicht – einer Ausbildung. Davon abgesehen wäre solch eine Vorgehensweise in einem persönlichen, familiären Rahmen unangemessen.

Gegenstandsbezogene Stille-Übungen

Die Vielzahl der Eindrücke, mit denen wir ständig leben, kann uns wie blind werden lassen, so daß wir sehen, ohne zu sehen. Wenn wir eine Blume, einen Stein, eine Feder oder ein Blatt ganz für sich alleine betrachten, können wir eine ganz neue Beziehung dazu gewinnen. Dabei hilft die Konzentration auf einen Gegenstand uns auch, zur Ruhe zu kommen. Dies gilt für Kinder und Erwachsene gleichermaßen. Erwachsene kann es zu einer längeren Stillezeit und damit zur gegenstandsbezogenen Meditation führen, bei Kindern verstärkt es neben der Konzentration und Ruhe das Einfühlungsvermögen und schafft Zugang zu inneren Bildern.

Tönen

Die Welt ist Klang. An manchen Stellen des Buches laden wir Sie ein, dem Klang Ihrer Stimme Raum zu geben. Die Stimme sucht selbst ihren Ausdruck, wir singen nicht, sondern wir tönen, d.h. wir lassen die Töne frei fließen.

Im Tönen fließen Atem-, Stimm- und Leibesübungen zusammen. Wir laden Sie ein, die Schwingungen des Klanges im Körper zu erleben und damit zu experimentieren. Falls dabei Obertöne entstehen, seien Sie nicht überrascht; Obertöne sind Töne, die mitschwingen, ohne daß Sie diese machen (müssen). Gestalten Sie den Klangraum miteinander, indem Sie aufeinander hören – versuchen Sie, Klang nicht zu *machen*. Klang *geschieht* aus der Gruppe.

Musik

Musik kann zur Stille und Ruhe hinführen, sie kann aber genauso gut ablenken. Es fällt uns nicht leicht, Musik zu benennen, die hilfreich für Stille ist, da jeder von uns andere Hörgewohnheiten hat. Wir gehen mit Musik auf Tonträgern sparsam um. Die meiste Musik zur Ruhe ist leicht (manchmal seicht) und verspricht Entspannung. Daher kann sie als Hintergrundmusik z.B. beim Malen und Gestalten oder zum Einschlafen hilfreich sein. Sie lädt aber durch die Entspannung genauso wie sogenannte meditative Musik oft zum Tagträumen ein. Dies ist

zwar etwas Ruhiges und Stilles, aber nicht jedem Menschen tut es gut. Manchmal träumen Kinder sich weg. Dies ist für ihre Phantasie und ihre Entwicklung normal, nur sollte es nicht zu einer Ersatzwelt werden.

Wir selbst kommen wieder intensiv auf klassische Musik (auch Gregorianik) und bestimmte Richtungen im Jazz zurück, da diese Musik offener ist, was die Resonanz unserer Empfindungen und innerer Bilder betrifft. Musik, die zur Stille führt, muß keine Musik ohne Spannungsbögen und Dissonanzen sein. Mit einigen Übungen regen wir Sie an, dem nachzuspüren: Dort finden Sie auch Musikhinweise.

Etwas über Rituale

»Was heißt ›fester Brauch‹?« sagte der kleine Prinz. »Auch etwas in Vergessenheit Geratenes«, sagte der Fuchs. »Es ist das, was einen Tag vom anderen unterscheidet, eine Stunde von den anderen Stunden …«
(Antoine de Saint-Exupéry, Der kleine Prinz, Karl Rauch Verlag, Düsseldorf, S. 97)

Diese Stelle im» Kleinen Prinzen« beschreibt in unnachahmlicher Weise, warum Rituale, verbindliche Regelmäßigkeiten, in unserem Zusammenleben wichtig sind. Rituale helfen, der Beliebigkeit zu widerstehen, die uns vormacht, daß alles jederzeit zur Verfügung steht. Sie erfüllen uns mit Vorfreude und lehren uns warten. Solche Rituale sind ein wichtiges Element in jeder Beziehung. Sie geben den Kindern Sicherheit und dadurch auch ein Stück Geborgenheit. Aber sie sind nicht unveränderlich. Wenn sie nicht mehr stimmig sind und zur Pflicht und Fessel werden, ist es Zeit, sie zu verändern oder ganz loszulassen.

Ich möchte Sie einladen, den ganzen Abschnitt der Begegnung zwischen dem Fuchs und dem kleinen Prinzen einmal unter einem anderen Blickwinkel zu lesen. Übertragen Sie ihn auf die Beziehung zwischen Ihnen und den Kindern, zwischen Ihnen und der Stille, zwischen den Kindern und der Stille.

Als der kleine Prinz auf seiner Wanderschaft dem Fuchs begegnet, wünschte er sich nichts mehr, als ihn zum Freund zu gewinnen. Der Fuchs stimmte ihm zu, dies würde er auch gerne, doch zuvor müsse der kleine Prinz ihn zähmen: *»Was heißt ›zähmen‹?« »Dies ist eine in Vergessenheit geratene Sache«, sagte der Fuchs. Es bedeutet ›sich vertraut machen‹.«*

Und dann erklärt er dem kleinen Prinzen, warum dies wichtig ist und wie er es zu machen habe:

»Ich möchte wohl, aber ich habe nicht viel Zeit«, antwortete der kleine Prinz. »Ich muß Freunde finden und viele Dinge kennenlernen.« »Man kennt nur die Dinge, die man zähmt«, sagte der Fuchs. »Die Menschen haben keine Zeit mehr, irgend etwas kennenzulernen. Sie kaufen sich alles fertig in den Geschäften. Aber da es keine Kaufläden für Freunde gibt, haben die Leute keine Freunde mehr. Wenn du einen Freund willst, so zähme mich!« »Was muß ich da tun?« fragte der kleine Prinz. »Du mußt sehr geduldig sein«, antwortete der Fuchs. »Du setzt dich zuerst ein wenig abseits von mir ins Gras. Ich werde dich so verstohlen, so aus dem Augenwinkel anschauen, und du wirst nichts sagen. Die Sprache ist die Quelle der Mißverständnisse. Aber jeden Tag wirst du dich ein bißchen näher setzen können…«

Am nächsten Morgen kam der kleine Prinz zurück. »Es wäre besser gewesen, du wärst zur selben Stunde wiedergekommen«, sagte der Fuchs. »Wenn du zum Beispiel um vier Uhr nachmittags kommst, kann ich um drei Uhr anfangen, glücklich zu sein. Je mehr die Zeit vergeht, um so glücklicher werde ich mich fühlen. Um vier Uhr werde ich mich

schon aufregen und beunruhigen; ich werde erfahren, wie teuer das Glück ist. Wenn du aber irgendwann kommst, kann ich nie wissen, wann mein Herz da sein soll ... Es muß feste Bräuche geben.«
»Was heißt ›fester Brauch‹?« sagte der kleine Prinz. »Auch etwas in Vergessenheit Geratenes«, sagte der Fuchs. »Es ist das, was einen Tag vom anderen unterscheidet, eine Stunde von den anderen Stunden. (…)« So machte denn der kleine Prinz den Fuchs mit sich vertraut.
(s.o., S. 92-97)

Lassen Sie diesen Abschnitt des kleinen Prinzen noch ein wenig in sich nachklingen. Um miteinander vertraut zu werden, braucht es die geduldige Annäherung, braucht es feste Bräuche oder Rituale und vor allem Zeit:
»Die Zeit, die du für deine Rose verloren hast,
sie macht deine Rose so wichtig.«

Auf einen Blick

✧ Stille ist ein Geschenk.
✧ Lassen Sie sich von der Stille einladen – laden Sie zur Stille ein.
✧ Ein liebevoll gestalteter Platz macht neugierig.
✧ Freiwilligkeit und Vertrauen schaffen eine geschützte Atmosphäre.
✧ Eine klare Beschreibung der Übung hilft, ja oder nein zu sagen.
✧ Vereinbaren Sie, wie lange die stille Zeit sein soll.
✧ Offenheit und Neugierde lassen neue Erfahrungen zu.
✧ Erfahrungen sind nie richtig oder falsch, sondern verschieden.
✧ Wiederholungen sind erwünscht und vertiefen.
✧ Was schön war, was mir gut getan hat, wiederhole ich gerne, denn jede Wiederholung ist ein neuer Anfang.
✧ Stille verändert den Alltag.

2. TEIL:
DIE ÜBUNGEN

Wege zu gelassener Lebendigkeit
Zwischen Überspannung und
Entspannung

Hinführung

Lange Jahre hat mich in, besser, nach den Eutonieübungen ein Bild von mir begleitet: Wenn ich mich nach einer Übung rundherum gut fühlte, sah ich mich wieder als Kind durch eine bunte Sommerwiese springen, erinnerte mich an die Freude und die sinnlichen Eindrücke der Wiese und fühlte die Lebendigkeit und Spannkraft in meinem Körper. Es ist für mich zu einem Bild von Eutonie, also guter, stimmiger Spannung geworden. Aus dieser Spannung heraus ist vieles möglich: aktiv zu sein, zu springen, sich zu bewegen, etwas zu tun – oder auch nur in der Wiese zu liegen, den Himmel zu sehen, die Schmetterlinge und Blumen und es sich einfach gut gehen zu lassen. Eine solche lebendige Spannung können wir wirklich am ehesten bei Kindern sehen, wenn es ihnen gutgeht. Ihr Körper und ihre Stimmung gehen dann mit ihrem Tun und Empfinden ohne Zögern mit. Sie gehen ganz in ihrem Spiel auf, werden müde und legen sich hin, tun sich weh und lassen ihren Schmerz zu, entdecken etwas Interessantes und vergessen den Schmerz wieder, brauchen Nähe und kuscheln sich an.

Wenn Sie ein wenig mit Meditation vertraut sind, kennen Sie vielleicht die folgende Zen-Geschichte: Die Schüler werden gefragt, was denn an ihrem Zen-Meister das Besondere sei. Und sie antworten – wenn er ißt, dann ißt er; wenn er schläft, dann schläft er und wenn er geht, geht er. Das ist alles? Das ist alles. Wissen Sie, was das Kind und den Zen-Meister verbindet? Es ist ihre Fähigkeit, ganz bei dem zu sein, was sie tun. Und das gibt ihnen eine große Freiheit, sich immer wieder neu zu orientieren. Wenn wir uns also um eine stimmige Grundspannung bemühen, schaffen wir so die Voraussetzung für ein lebendiges Leben und Erleben unserer Wirklichkeit.

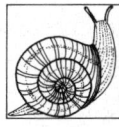

Im Alltag Stille entdecken

Dieser Abschnitt kann eine Einladung sein, unserem Körper mit seinen Mitteilungen mehr Aufmerksamkeit zu schenken. Denn unsere Stimmung drückt sich in unserer Spannung, in unserer Körperhaltung aus. Wenn wir uns so selbst besser kennenlernen, können wir in vielen Situationen gelassener reagieren und uns und anderen mehr gerecht werden.

Wie geht es mir eigentlich?

Nehmen Sie sich immer wieder einmal einen Moment Zeit, um sich selbst wahrzunehmen: Wie stehe, sitze, liege ich gerade? Was erzählt mir meine Haltung? Welche Spannung hat sich durch die Ereignisse des Tages in mir aufgebaut – ist sie hilfreich, meiner momentanen Situation angemessen? Welche Verspannungen trage ich mit mir herum, wie könnte ich sie loslassen? – Wie komme ich mit Unterspannung, Abgeschlafftsein, Antriebslosigkeit zurecht? – Was gäbe mir Antrieb, Motivation zu mehr Aktivität?

Und wie geht es dir?

Nehmen Sie auch Ihre Mitmenschen in diesem Sinne wahr. Wie kommt Ihr Kind aus der Schule? Welche Stimmung drückt seine Haltung, seine Bewegung aus. Wie können Sie es hilfreich darauf ansprechen. Nicht: Knall deine Sachen nicht so rum, setz dich gerade! – Sondern: Na, was war denn heute in der Schule los? Hast du dich über jemand geärgert? Oder: Du siehst ja total müde aus. War es heute besonders anstrengend?

Angemessen handeln

Die Wahrnehmung der eigenen Spannung und auch die der anderen, kann uns helfen, viel bewußter zu leben und in vielen Situationen angemessener zu handeln. Wenn Sie sich z.B. im Laufe des Vormittags über jemanden geärgert haben, trifft ein Teil dieses Ärgers vielleicht auch noch den Nächsten, dem Sie begegnen und der gar nichts dafür kann. Da kommt Ihr Kind zum Beispiel mit dem gleichen Elan wie immer zur Tür herein, und Sie sagen: »Mensch, du schaffst es noch, die Tür kaputt zu machen.« Ein anderes Mal sind Sie gut gelaunt und empfangen den gleichen Türschwung mit einem: »Schön, daß du da bist.« Ihre Stimmung hat die jeweilige Reaktion bestimmt und das anschließende Gespräch wird dementsprechend weitergehen. Das gilt natürlich auch umgedreht. Da herrscht Streit unter den Geschwistern, die Türen knallen, und schon haben auch Sie eine pampige Antwort abbekommen. Auch hier hilft die Wahrnehmung, und Sie können sich freundlich, aber bestimmt abgrenzen: Wenn ihr euch streitet, ist das eure Sache. Aber ich war nicht unfreundlich zu dir und möchte dann auch nicht, daß ich euren Streit abbekomme.

Öfter mal innehalten
und tief durchatmen

Wenn ich meine eigene Spannung wahrnehme, kann ich auch üben, sie bewußt zu verändern. Die nachfolgenden Übungen können z.B. helfen, bewußt Spannungen loszulassen. Oft ist es nur der Moment von Wahrnehmung und tiefem Durchatmen, der reicht, weniger verspannt, weniger ängstlich, weniger wütend zu sein. Dann bin ich viel freier in meinen Handlungsmöglichkeiten und kann tun, was mir und anderen guttut.

Ansprechen,
was uns nicht losläßt

Wenn es uns gutgeht, ist es keine Frage: Gute Laune, Freude und Glück können wir gar nicht genug teilen und an andere weitergeben. Aber muß das auch für die Stimmungen gelten, die mich belasten? Um meine Stimmung nicht beliebig weiter zu transportieren, hilft es mir, wenn ich das, was mich umtreibt, mit jemandem besprechen kann. Miteinander reden und vor allen Dingen zuhören, ohne zu urteilen oder gleich den anderen mit 1000 Tips zuzuschütten, ist die hilfreiche Übung im Alltag. Wir brauchen Zeit füreinander, wenn wir aus der Kette des Reagierens herauskommen wollen. Die Stille, das Innehalten im Alltag hilft uns dabei.

 *Ausführliche Übungen*

Recken und Strecken

Eine kurze Übung, die Sie jederzeit und (fast) an jedem Ort machen können, ist ein ausgiebiges Recken, Strecken und Gähnen. Die Wirkung ist um so größer, je mehr mit ganzer Aufmerksamkeit geübt wird. Dazu kann es helfen, ab und zu einmal die Übung ganz ausführlich zu machen, damit jeder spürt, worauf es ankommt. Am besten beginnen Sie die Übung im Liegen auf einem weichen Teppich oder einer Decke oder auch im Bett.

Anleitung:

– Legt euch hin und rollt euch in eure Lieblingsschlafstellung. Könnt ihr es genießen, für einen Moment so zu liegen? – Vielleicht mögt ihr ein bißchen dösen oder sogar einen kurzen Moment schlafen.

– Jetzt fangt ganz allmählich an, wach zu werden. Streckt ein wenig die Finger und laßt sie wieder los, – streckt die Füße und Beine – und laßt sie wieder los. – Laßt die Bewegungen immer ein wenig mehr werden, reckt die Arme über den Kopf und streckt dabei die Beine. – Vielleicht rollt ihr dabei von der Seite auf den Rücken oder den Bauch. Probiert es ein paarmal aus und rollt mit Absicht hin und her. – Nach dem Strecken habt ihr vielleicht Lust, euch noch einmal ganz klein zusammenzurollen – und dann auch wieder zu strecken. – Versucht einmal, aus dem Liegen verschiedene Dehnungen und Streckungen wie einen langsamen Tanz aneinanderzureihen. Das innere Gefühl führt euch und sagt euch, welche Bewegungen ihr braucht.

– Wenn es euch im Liegen reicht, rollt euch zum Abschluß noch einmal auf den Bauch, zieht dann Arme und Beine heran, so daß ihr langsam auf die Knie kommt. – Dann stellt die Füße auf, drückt euch hoch, so daß der Po in die Höhe zeigt und kommt langsam mit Rücken, Schultern, Armen und zuletzt mit dem Kopf nach oben.

– Und jetzt dehnt und streckt ihr euch im Stehen noch ein wenig durch. – Macht die Bewegungen langsam und mit Genuß, gähnt dabei so viel ihr Lust habt. – Vergeßt auch nicht, daß ihr euch über die Seite drehen und nach hinten und vorne beugen könnt. – Wenn es genug ist, laßt Kopf und Oberkörper nach vorne sinken und wie eine Glocke aushängen. Richtet euch dann ganz bewußt von den Füßen her auf und spürt, wie die Sonne in euch aufgeht.

**Für kleine Morgenmuffel –
ein rhythmischer Morgengruß**

(Im Stehen, jeder genannte Körperteil wird ausführlich bewegt, zum Schluß kräftig recken)

Guten Morgen, ihr Zehen (wackeln, spreizen) – wacht auf meine Füße, (abrollen über die Füße).

Weckt die Beine, die Knie – bestellt dem Bauch viele Grüße (Gewicht verlagern, erst ein Bein anheben, ausschütteln, mit dem Knie zum Bauch führen, dann das andere).

Bewegt den Po und die Hüften – kommt langsam in Schwung (Gewicht wieder auf beide Beine, Hüftkreisen),
so ein bißchen Bewegung hält uns doch jung (Hüftkreisen in die andere Richtung).

Guten Morgen, lieber Rücken, guten Morgen, meine Brust und mein Bauch (nach vorne beugen, hochkommen, nach nach hinten beugen, wieder zur Mitte kommen),

ach ja, Schultern und Arme, die hab ich ja auch (Schultern heben, loslassen, Arme ausbreiten, dehnen, erst zur einen, dann zur anderen Hand sehen).

Und zum Schluß noch der Kopf mit Ohren, Nase und Mund (Kopf drehen, Ohren und Nase zeigen, Mundwinkel zu einem Lächeln hochstreifen).

Macht die Augen weit auf, schaut, die Welt ist so bunt (über die Augen streichen, die Arme öffnen, stehen, als wolltet ihr die Welt umarmen).

Diese Übung kann auch am Tag zwischendurch helfen, den Kreislauf und die Stimmung wieder in Schwung zu bringen. Dann heißt es eben »Guten Tag«.

Partnerübung: Entspannung für Arme und Beine

Übungen wie die folgende sind kleine Geschenke im Alltag, die wir uns gegenseitig machen können. Nach zuviel Hausaufgaben, nach einem anstrengenden Tag, an einem verregneten Wochenende mögen sie genau das Richtige sein, was Ihnen Entspannung, Ausgleich und auch wieder Energie für Neues gibt.
Sie brauchen dafür soviel Platz, daß sich der/die eine von Ihnen bequem auf einer Decke hinlegen kann und der/die andere drumherum genügend Bewegungsfreiheit hat. Zur Entspannung ist ein fester Untergrund besser als ein weicher, da jede Veränderung des Untergrundes einen Muskelreflex auslöst und damit die Entspannung wieder aufhebt.

Anleitung:

Dies ist eine Übung, bei der die Rollen auch zwischen Großen und Kleinen gut wechseln können.
Macht zunächst aus, wer sich zuerst bzw. an diesem Tag entspannen möchte. Der- oder diejenige legt sich in Rückenlage auf die Decke. Laßt euch ein wenig Zeit, erst einmal im Liegen anzukommen.

Wenn ihr mögt, begleitet die ganze Übung mit einer ruhigen Musik (zum Beispiel George Winston, »December«, oder »Silkroad« von Kitaro, oder »Eine kleine Nachtmusik« von Mozart).

- Im ersten Teil geht es um die Entspannung der Arme. (Wer – vor allem von den Erwachsenen – Schwierigkeiten hat, flach auf dem Rücken zu liegen, kann die Beine aufstellen, oder mit einem dicken Kissen Knie und Unterschenkel hoch legen.) Wer liegt, kann, muß aber nicht, die Augen schließen.

- Setzt oder kniet euch auf eine Seite eures/r Partner/s/in und hebt den vor euch liegenden Arm einmal probeweise hoch. Prüft, wieviel Gewicht er hat, probiert aus, wo ihr den Arm unterstützen müßt, damit er nicht abknickt. Erzählt ruhig, was ihr als nächstes tun wollt. Sprecht aber im Verlauf der Übung immer weniger. Wenn ihr euch so mit dem Arm vertraut gemacht habt, legt ihn vorsichtig wieder nieder. Streift ihn mit beiden Händen von der Schulter zur Hand hin aus, so als ob ihr Wasser abstreifen würdet.

- Beginnt dann, Hand und Arm schrittchenweise zu bewegen und zu entspannen. – Nehmt die liegende Hand in eure Hand. Bewegt die Finger, einen nach dem anderen, vorsichtig, aber auch nicht zu zaghaft. – Bewegt dann die ganze Hand, spürt, welche Bewegungen gehen und welche nicht. Hebt die Hand sanft an und laßt sie ein wenig fallen. – Bezieht dann den Unterarm in die Bewegung ein. Unterstützt den Arm an der Hand und am Ellenbogen. – Wenn das gutgeht, hebt den ganzen Arm an und bewegt ihn aus dem Schultergelenk heraus. Seid bei den Bewegungen vorsichtig und achtet darauf, wieweit der/die Liegende wirklich euch machen läßt. Lieber weniger und entspannt, als große Bewegungen mit Unterstützung oder gar im Widerstand zum Liegenden.

- Vielleicht steht ihr jetzt neben dem/der Liegenden und könnt den Arm wie bei einer Gummipuppe bewegen. – Laßt die Bewegungen ganz langsam ausklingen und legt zum Schluß den Arm behutsam ab. Jetzt braucht der/die Liegende ein wenig Zeit zum Nachspüren, um den Unterschied zwischen den beiden Armen, den beiden Seiten wahrzunehmen. Und ihr braucht auch eine kleine Verschnaufpause.

- Dann wechselt auf die andere Seite und probiert, wie sich der andere Arm bewegen läßt. Dies muß nicht genauso sein wie beim ersten. Laßt euch Zeit, diese Seite wieder ganz neu zu entdecken. Mit genügend Zeit zum Nachspüren kann die Übung ausklingen.

– Wenn ihr noch Lust habt, könnt ihr zum Abschluß noch folgendes anschließen: Stellt euch dicht neben den/die Liegende/n, oder breitbeinig darüber. Faßt beide Arme an den Handgelenken an und bewegt sie gleichzeitig, solange wie es euch beiden Spaß macht. Laßt große und kleine Bewegungen wechseln und achtet darauf, daß der/die Liegende wirklich entspannt bleiben kann. Legt zum Schluß die Arme vorsichtig ab und streicht sie nochmals kräftig aus.

2. Teil:

In Fortsetzung der vorangegangenen Übung könnt ihr die Füße und Beine lockern und entspannen:

– Wieder liegt eine/r in Rückenlage bequem auf dem Boden und der/die Aktive sitzt oder kniet »zu den Füßen«. Schaut euch die Beine und Füße an und stellt euch zunächst einmal innerlich die Bewegungsmöglichkeiten vor.

– Dann beginnt, indem ihr zunächst einen Fuß am Fußgelenk anhebt und

spürt, wie schwer so ein Fuß und ein Teil des Beines ist. Wiegt den Fuß ein wenig in eurer Hand. Streicht dann über den Fußrücken und versucht, Zehen und Fuß vorsichtig zu bewegen.

– Achtet auf möglichen Widerstand und gebt immer wieder Raum, neu loszulassen. – Laßt die Bewegungen größer werden und dehnt sie langsam auf das ganze Bein aus. Dehnt und bewegt das ganze Bein von der Ferse aus. Entdeckt, welche Bewegungsmöglichkeiten das Bein aus dem Knie- und welche es aus dem Hüftgelenk hat. Seid so mutig in euren Bewegungen wie ihr spürt, daß der/die Liegende es gut zulassen kann. – Werdet nach und nach wieder kleiner in den Bewegungen und legt zum Schluß das Bein wieder sorgfältig ab.

– Laßt dem/der Liegenden Zeit zum Nachspüren und zum Vergleich der beiden Beine. Ruht euch auch aus.

– Wiederholt dann die Übung am zweiten Bein.

– Streicht zum Abschluß beide Beine nochmals aus.

– Vielleicht bei einer Wiederholung, wenn ihr die Übung schon kennt, könnt ihr auch beide Beine gleichzeitig bewegen. Hier tut ein sanftes Dehnen aus den Fersen, ein vorsichtiges

Drücken und ein Schaukeln des ganzen Körpers von den Füßen aus besonders gut. Laßt euch viel Zeit.
- Legt euch beide zum Abschluß noch
ein paar Minuten in einer für euch
bequemen Haltung hin. Wenn ihr
mögt, hört dabei Musik.

Eine mögliche weitere Fortsetzung dieser Übung findet ihr in dem Abschnitt
»Vertrauen«.

Reisen mit dem FaFeFiFoFu – Phantasiegeschichten

Reisen mit dem FaFeFiFoFu sind eine
besondere Form der Phantasiereisen, die
zum aktiven Mitmachen der Kinder/Zu-
hörer einladen. FaFeFiFoFu ist der Sam-
melname für drei verschiedene Zauber-
fahrzeuge, mit denen wir an jedes belie-
bige Ziel unserer Phantasie reisen können. Es gibt das *Fa* –, das Zauberauto,
das überall hinkommt, wo es festen
Grund unter den – wie auch immer ge-
arteten – Rädern hat. Dann gibt es das
FaFeFi – das Zauberschiff, das in jedem
flüssigen Element schwimmen kann,
auch unter Wasser, durch Rohre, Wurzeln, Adern. Und als drittes das *FaFe-
FiFoFu* – das Zauberflugzeug, das für

alles, was mit Luft und Raum zu tun hat,
zuständig ist.
Für die Reisen mit allen drei Fahrzeugen
gibt es ein paar Grundregeln. Zunächst
ist es wichtig, daß alle wissen, daß diese
Reisen in absoluter Sicherheit geschehen. Kein Schiff wird untergehen, kein
Auto verunglücken, jedes Raumschiff
zurückkehren.
Es beginnt mit der Entscheidung für das
jeweilige Reisegefährt, entweder ist dies
durch die bestimmte Geschichte vorge-
geben oder wir erfinden auf Wunsch eine
neue. Dann wird das Fahrzeug laut her-
beigerufen, dies kann ruhig lebhaft sein.
Mit dem Satz: »Da sehe ich es kommen.
Es hält an und lädt alle ein, einzusteigen.
Sucht euch den Sitz aus, wo ihr am
liebsten sitzen wollt« wird die Einladung
ausgesprochen, sich bequem hinzusetzen
oder zu legen. Dann muß das Fahrzeug
gestartet werden. Dazu regen wir an,
einen oder mehrere Vokale zu tönen.
Dieses Lautmalen wird zum aktiven Mo-
tor unseres Fahrzeuges. Jedes Fahrzeug
bezieht seine Energie aus dem Summen
und Tönen der Kinder. Je kräftiger und
je mehr Zusammenklang entsteht, desto
weiter kann das Fahrzeug fahren. Wenn
die Kinder das Vibrieren der Töne im
Körper deutlich spüren, klingt es aus,
und die Reise beginnt.

Die Kinder folgen den Anregungen der Geschichte, versuchen, sich hinein zu sehen, zu hören, zu fühlen. Es gibt kleinere oder größere Pausen, die sie mit ihrer Phantasie alleine ausgestalten. Der äußere Verlauf bleibt aber in der Hand des Reiseleiters, des Erzählers. Wenn zuviel Unruhe entsteht, wird das Fahrzeug langsamer, und eventuell müssen wir auch einmal vorzeitig landen oder gar umkehren. Dann beginnt die Reise ein anderes Mal von vorne.

Vielleicht erzählen Sie zuerst einmal, was ein FaFeFiFoFu ist und probieren das Rufen und Tönen aus. Dann kann es losgehen zur ersten Reise.

Am Ende dieses Kapitels finden Sie die Reise zum Riesen »Gernegroß«, im Kapitel »Natur« »Die Suche nach der Krake Isidor« und im Kapitel »Stadt« einen Flug zum Mond.

 ### *Rituale – den Rhythmus leben*

Es geht uns gut, wenn in unserem Leben Aktivität und Ruhe in einem ausgewogenen Verhältnis stehen. Oft ist es aber so, daß wir so viel zu tun haben, daß wir kaum Ruhe finden: »Eigentlich müßte ich ja noch …« Oder wir sind so müde, daß wir auch keine Ruhe finden. Oder wir langweilen uns, weil wir nichts zu tun wissen. Es ist also recht unterschiedlich, wie wir Ruhepausen erleben können. Die Frage für mich ist, wie können wir mit unseren Ruhezeiten bewußter umgehen. Wir planen unsere Aktivität, warum nicht auch die Ruhezeiten? Mir hat es einmal geholfen, mir den Unterschied zwischen den Worten »abschalten« und »ausspannen« deutlich zu machen. *Ausspannen,* das hieß die Ochsen oder die Pferde nach getaner Arbeit frei zu machen, sie in den Stall zu bringen und ihnen mit Futter versehen Zeit zur Erholung zu geben. Ausspannen heißt, mir Zeit zur Erholung zu gönnen, ich sein zu dürfen. *Abschalten:* Radio, Fernsehen, alle technische Geräte kann man abschalten, dann erlischt ihre Funktion und sie sind nutzlos, bis sie wieder angeschaltet werden. Wie fühlen wir uns, wenn wir abschalten? Welchen Sinn erfahren wir dann? Manchmal kommt es mir vor, als ob diese zwei Worte viel über unsere Einstellung zur Ruhe erzählen. Ich möchte Sie einladen, bewußt Ruhephasen in ihren Alltag einzubinden und Ihren ganz eigenen Wert zu entdecken.

– Es gibt kaum noch allgemeingültige Regeln, die uns helfen Aktivität und Ruhe auszubalancieren. Wir haben keine traditionelle Mittagssiesta, keinen Fünfuhr-Tee, weder Feierabend noch Sonntag können unseren Aktivitätsdrang stoppen. Wir müssen eigene Regeln finden. Trotzdem mag das Gebot »Du sollst den Ruhetag heiligen« Anregung sein, über den eigenen Umgang mit freier Zeit, Nichtstun, Muße nachzudenken. Wäre es für Sie denkbar, den Sonntag – in der Strenge des jüdischen Sabbatgebotes – mit Gottesdienst und »Nichtstun« zu verbringen? Wie gestalten Sie Ihren Sonntag?

– Wo gibt es für Sie Ruhepausen? Können Sie sich (eine bestimmte) Zeit am Tag gönnen, in der Sie Sie sind, in der Sie keiner stört/stören darf? In der Sie machen können, was Sie wollen – und wenn es nichts ist? Gilt dies auch für die Kinder?

– Gibt es gemeinsame Ruhezeiten? Wäre es möglich, einen Abend, einen Nachmittag je Woche ohne Fernsehen, aber gemeinsam zu gestalten? Zusammenzusitzen, zu lesen, zu spielen, zu dösen, zu erzählen, Musik zu hören oder zu machen, eine Übung aus diesem Buch zu probieren …

– Können Aktionstage und Ausschlaftage miteinander vereinbart werden?

Sicherlich ist das Bedürfnis nach Ruhe, Entspannung und Aktivität recht unterschiedlich, doch beides ist notwendig – wie Einatmen und Ausatmen. Helfen Sie sich gegenseitig, Ihr Maß zu finden, und akzeptieren Sie sich in Ihrer Unterschiedlichkeit.

Abschlußgeschichte

Eine Reise mit dem FaFeFiFoFu zur Insel »Maßlos«

Ich möchte euch zu einer neuen Reise mit dem FaFeFiFoFu einladen. Wenn ihr wollt, können wir gemeinsam zur Insel »Maßlos« reisen, die hinter der Vogelinsel gleich links liegt. Dort sitzt der Riese »Gernegroß« und ist ganz traurig. Er hat so viel gelernt, daß sein Kopf ganz schwer wurde kann. Vielleicht können wir ihm helfen.

Für die Reise brauchen wir das Fa-FeFiFoFu, das Schiff. Wenn ihr also mitfahren wollt, ruft es herbei: ...

Da kommt das Schiff. Steigt ein und sucht euch einen guten Platz. Eigentlich gibt es ja nur gute Plätze, jeder kann so viel sehen, wie er möchte.
Fangt jetzt an, leise einen der Vokale (aeiou) zu tönen. Tut es solange, bis es im Bauch kribbelt. Dann wißt ihr, daß das Schiff gestartet ist.

Jetzt fährt das Schiff los. Noch könnt ihr das Ufer gut sehen. Langsam wird alles klein – und bald ist nur noch das weite Meer um euch. Ihr spürt das Schaukeln des Schiffes, hört vielleicht den Wind und die Stimmen der Möwen, die euch begleiten. Macht es euch bequem und laßt euch von den Wellen wiegen ... Spürt, wie euer Atem mit dem Rhythmus der Wellen hin und her wiegt ...

Euer Blick schweift über das Meer. Da seht ihr ganz hinten am Horizont eine Insel auftauchen. Wenn ihr näher kommt, könnt ihr die Stimmen ganz vieler Vögel hören. Es ist die Vogelinsel. Wir fahren heute daran vorbei, aber vielleicht seht ihr einige der seltenen Vögel, die dort leben ... Heute wollen wir weiter. Wir fahren um die Insel herum und sehen etwas weiter vor uns noch eine große Insel. Wir fahren darauf zu ... Seht die Blumen – und die Bäume und die Vögel – und die Schmetterlinge! Gefällt es euch auf dieser Insel? ...

Ihr schaut und schaut. – Da fällt euch ein, daß ihr ja dem kleinen Riesen »Gernegroß« helfen wolltet, der vor lauter Lernen einen ganz schweren Kopf hat. – Da seht ihr ihn auch schon. Er liegt mit seinem Kopf auf seinen Büchern. – Sagt ihm, daß ihr im helfen wollt. – Überlegt, was euch gut tut, wenn ihr zuviel gelernt habt. Flüstert es ihm ins Ohr. – Schaut, ob es hilft. Sonst laßt euch noch etwas einfallen. Da, das scheint ihm zu gefallen. Stützt seinen Kopf und wartet, bis er wieder richtig sitzt. – Jetzt lacht er schon ein wenig und reckt und streckt sich, daß die Knochen nur so knacken. – Wollt ihr noch ein wenig mit ihm spielen? Dann tut das ...

Jetzt ist es Zeit, sich zu verabschieden. Kommt zurück zum Schiff und steigt ein. Alle Riesen stehen am Ufer und winken und – pusten, so fahren wir mit gutem Rückenwind zurück. Hinter der Vogelinsel schaukeln wir noch ein wenig auf dem Wasser und lassen uns langsam nach Hause treiben.

(Als Gute-Nacht-Geschichte lassen Sie mit dem Schaukeln die Geschichte ausklingen.)

Nun legt das Schiff wieder an. Spürt den Boden wieder unter euch, reckt und streckt euch ... Wißt ihr noch, was gegen schwere Köpfe vom Lernen hilft und was man mit Riesen spielen kann? Wenn ihr wollt, könnt ihr es mir erzählen.

Sehen, was ich sehe
Hören, was ich höre.
Wahrnehmung und Konzentration

 ## *Hinführung*

Das Wort Wahrnehmung ist Ihnen im Zusammenhang mit Achtsamkeit jetzt schon mehrfach begegnet. Die Schulung der Wahrnehmung gehört sicherlich an den Anfang der Stilleerfahrung, so wie sie auch ganz an den Anfang unseres Menschseins gehört. Unser Leben entwickelt sich mit der Fähigkeit unserer Wahrnehmung und der Fähigkeit, Wahrgenommenes zu speichern, zu verknüpfen und in Erleben, Denken und Handeln umzuformen. Schon der Embryo im Mutterleib erlebt sich und seine Umwelt in dem Maße, wie sich die einzelnen Sinne ausbilden. Er hört die Geräusche, spürt die Bewegung, die Berührung, schmeckt seinen Daumen, das Fruchtwasser, sieht Schatten von Hell und Dunkel. Nach der Geburt, mit dem ersten Atemzug, kommt noch der Geruchssinn hinzu. Überhaupt setzt dann eine Explosion von Sinneseindrücken ein, die das Leben des Menschen fördern, fordern und manchmal überfordern. Um damit umgehen zu können, lernen wir schnell, unsere Wahrnehmungen in wesentliche und unwesentliche zu sortieren. Unser Verstand trifft immer eine Vorauswahl und läßt nur das, was uns wichtig ist,

bewußt werden. Doch was uns wichtig ist, hängt in zunehmenden Maße von unserer Einstellung zum Leben um uns und in uns ab. Deshalb ist Wahrnehmung nie neutral, geht es nicht nur darum, besser zu sehen, zu hören, zu fühlen, sondern auch um unser Verhältnis zu dem, was wir wahrnehmen.

Die Erkenntnis, daß Kinder zu einem guten Gedeihen nicht nur eine ausreichende materielle Versorgung brauchen, sondern auch eine vielfältige Anregung ihrer Sinne, ist noch gar nicht so alt. Gerade Kinder, die mit der Einschränkung eines oder mehrerer Sinne geboren werden, brauchen eine besondere Förderung über die verbleibenden Sinne. Von ihnen können wir auch die besondere Wichtigkeit unseres sogenannten sechsten Sinnes lernen. Ich meine damit das Gespür für Gefühle und Stimmungen, für die Wahrnehmung von Eindrücken, die nicht über unsere fünf Sinne vermittelt werden. So spürt ein Kind, ob es geliebt wird oder abgelehnt, ob es wichtig ist oder ein Anhängsel, ob es Raum hat zur eigenen Entwicklung oder ob es ein festes Bild gibt, wie es sein soll. Diese Wahrnehmung ist wohl die Schwerste und doch für das Gelingen unseres Lebens wesentlich. Wir werden in den Anregungen und Übungen immer wieder an unseren Sinnen ansetzen, aber auch versuchen, darüber hinaus zu fragen und zu spüren. Gerade Stille in ihrer tiefen Bedeutung ist nicht eine Frage von mehr oder weniger Geräuschen, sondern es geht um das Empfinden der Stille in mir. Doch auf dem Weg dorthin ist ein hohes Maß an äußerer Stille hilfreich.

Ein weiterer Aspekt: Wahrnehmen hat auch etwas mit »Für-wahr-Nehmen« zu tun. Oft erlebe ich, daß Kinder im Fernsehen etwas sehen, was sie beeindruckt, ängstigt, erschrickt. Und dann trösten sich die Kinder untereinander oder werden von den Erwachsenen getröstet: »Das ist doch gar nicht echt, das ist doch nur gemacht.« Oder die Werbung verlockt, und wir erklären den Kindern, daß z.B. die Barbie natürlich nicht lebendig wird und selbst schwimmen kann, sondern daß es nur so aussieht, als ob. So tun als ob – nicht im Sinne von sich hineinversetzen, sondern im Sinne von vortäuschen, gehört zu den Alltagserfahrungen unserer Kinder. Zur Stille hinführen heißt dagegen, Kinder in der Echtheit ihrer eigenen Wahrnehmungen bestärken.

Doch dies ist nicht so einfach. Der Weg dahin schließt ein, den einzelnen Erfahrungen Raum und Zeit zu geben, *einen* Sinn, *einen* Gegenstand in den Mittelpunkt meiner Aufmerksamkeit zu stellen. Dies fällt vielen Kindern (und auch Erwachsenen) nicht leicht, weil sie den ständigen Wechsel der Eindrücke gewohnt sind und nach einem ersten oberflächlichen Wahrnehmen abschalten. Wir müssen also das Verweilen, das Uns-Zeit-Nehmen neu einüben. Dies alles geht über reine Übungen der Konzentration hinaus, obwohl diese ein mögliches Ergebnis davon sein kann.

 ### Im Alltag Stille entdecken

Wie können wir im Alltag die vielfältigen Chancen nutzen, die uns zur Stille führen? Ich habe es bereits im letzten Abschnitt beschrieben: Der Weg dahin heißt, den einzelnen Erfahrungen Raum und Zeit zu geben. Ich will einige Beispiele nennen: Die *Natur* ist ein ausgezeichneter Lehrmeister für unsere Wahrnehmung, da sie sich ständig verändert und uns immer wieder etwas Neues oder etwas neu entdecken läßt.

– Daß im *Frühling* die Blumen wieder blühen, weiß jeder. Wer sieht da noch hin. Aber wir können staunen über das Schneeglöckchen, das da unter einem Busch hervorleuchtet, ohne daß es jemand gepflanzt hat, während ringsherum noch alles kahl ist.

– Im *Sommer*, wenn die Sonne scheint, finden es die einen zu heiß, die anderen gerade richtig. Jeder hat sein Bild vom Sommer. Doch: Haben wir den Wind im Schatten des großen Baumes gespürt? Die Wohltat empfunden, die der eine Schritt aus dem Dunkel des Hauses in die Sonne – oder aus der Glut der Sonne in das kühle Haus brachte? Erinnern wir uns der eigenartigen Stimmung, die der Marktplatz in der flirrenden Mittagssonne hatte?

– Jeder *Herbst* färbt die Blätter bunt, bringt Nebel und ersten Frost. Schaut euch an, welche Farbenvielfalt die Blätter haben. Keines gleicht dem anderen. Und alles verändert sich. Wählt euch einen Lieblingsbaum, schaut, wie der Herbst mit ihm spielt. – Spinnennetze sind kleine Meisterwerke. Nie könnt ihr sie besser sehen, als an einem Herbstmorgen im Rauhreif.

– Der *Winter* ist grau und unfreundlich, manchmal recht kalt, viel zu selten weiß. Doch wie still und geheimnisvoll wird eine Straße, wenn der Frühnebel gefroren in den Bäumen hängt. Wie weit wird die Landschaft im Winter, wenn ihr durch alle Bäume hindurchschauen könnt. Wie verändern sich die Straßen, wenn in den Häusern die Lichter angehen? – Wie gut tut der erste warme Schluck nach einem Winterspaziergang?

Sind wir erst einmal aufmerksam geworden, können wir aus dem, was wir wahrnehmen, Spiele entwickeln, uns so zu unserer Umgebung in Beziehung setzen:

– *Regentag* – Da trommelt der Regen ans Fenster, hat der Regen nicht seine ganz eigene Melodie? Wir können ihm zuhören und sein Lied lernen.

– Die Regentropfen laufen an der Scheibe entlang, welcher mag wohl als erster unten sein?

– Was für eine Stimmung habe ich an so einem dunklen Regentag? Was tut mir da gut?

– *Wege* – Immer der gleiche Weg, immer das gleiche Pflaster. Wie, wenn ich heute nicht geradeaus, sondern mein eigenes Muster gehe?

– Der übliche Rundweg mit dem Hund; wie verändert er sich, wenn ich ihn andersherum gehe?

– Kommt mit, ein neues Stadtgebiet zu entdecken; welche Häuser gibt es dort, welche Eigentümlichkeiten, welche

Stimmung spüre ich – wie finde ich wieder zurück.

- *Menschen* – Was für unterschiedliche Gesichter haben die Menschen. Keine zwei gleichen sich. Wenn du meinst, zwei sehen sich ganz ähnlich, such' die Unterschiede.
- Gib verschiedenen Leuten die Hand (dies ist schön für Feste). Wie fühlt sich der Händedruck an? Was magst du – was nicht? Wie fühlen sich die verschiedenen Hände an? Vergleicht einmal die Kinder- und Erwachsenenhände eurer Familie.

Räume – Beschreibt den ersten Eindruck von der neuen Schule, der neuen Wohnung, der Wohnung von Freunden, einer Kirche, eines Kaufhauses, eines Museums. – Und wie ist der zweite, dritte, zehnte Eindruck? Wie erlebe ich meinen Kindergarten nach vier Schuljahren? Wie mein Zimmer nach dem Urlaub? Wie den Ort meiner Kindheit? Die Schule am Morgen und am Nachmittag? Die Kinderzimmer, wenn die Kinder zu Hause oder unterwegs sind? Kann ich spüren, was den Eindruck jeweils verändert?

Wir können nur Neues entdecken, wo wir neugierig und ohne Vor-Urteile verweilen.

Ausführliche Übungen

Den eigenen Augen trauen

Wir gehen durch die Welt und machen uns ein Bild von allem, was uns begegnet. Aber gibt es nur ein einziges Bild von allem? Wie sieht die Welt zum Beispiel für jemanden aus, der farbenblind ist? Oder kurzsichtig? Oder weitsichtig? Oder wie mag ein Vogel, ein Fisch, eine Biene, eine Blume diese Welt sehen? Wir können es uns kaum vorstellen. Wir können uns auch nicht vorstellen, wie ein Wesen mit ganz anderen Augen unsere Welt sähe. Für uns ist die Welt so, wie wir sie sehen. Wirklich? Wir können ein wenig mit unserem Sehen spielen.

- Probiert einmal aus, wie die Welt aussieht, wenn ihr auf einem Skateboard liegt und herumfahrt, – wenn ihr dabei auf dem Rücken liegt, – wenn ihr auf Stelzen geht, – wenn ihr durch eine Röhre (Toilettenpapier-/Küchenrolle) schaut, – mit einem Fernglas, richtig und verkehrt herum, – durch die Brille eines anderen, – durch Seidentücher mit verschiedenen Farben, – durch Kaleidoskope mit vielen Brechungen. Immer seht ihr die gleiche Welt – verschieden.

– Unser Bild verändert sich auch, wenn wir unseren Augen die Freiheit geben, länger als nur mit einem kurzen Blick bei etwas zu verweilen. Ihr kennt das, wenn ihr im Sommer auf der Wiese oder im Liegestuhl liegt und den weißen Wolken am Himmel zuseht. Schaut länger zu einer Wolke hin, und sie gewinnt Gestalt, wird Tier, Mensch, Ding. Genauso geht es, wenn ihr ein einfaches Muster in einem Stoff, einem Teppich, aus Pflastersteinen, im Sand länger anschaut. Euer Auge gibt ihm eine Gestalt.

– Manchmal spielen unsere Augen mit uns, ohne daß wir es wollen. Vor allem, wenn wir Angst haben. Dann bekommen die Wände Gesichter, die Bäume Augen, die Gardinen werden lebendig, Katzen zu Löwen und vieles mehr. Angst, also ein Gefühl, verändert unser Sehen. Ob das auch andere Gefühle können? Wie sieht denn die Welt aus, wenn ihr voll Freude seid? Wie, wenn ihr auf jemanden wartet? Wie, wenn es euch langweilig ist? Und wie, wenn ihr mit dem Herzen seht?

Der Fuchs sagt zum kleinen Prinzen: *»Du siehst nur mit dem Herzen gut.«* In vielen Übungen geht es um dieses Sehen.

Genauso können Sie sich Übungen für alle anderen Sinne ausdenken. Stichworte, um *den eigenen Ohren zu trauen*, können sein: Geräusche, Vogelstimmen raten, Ohr draußen auf den Boden legen, sich durch Zurufen führen lassen, sich auf Geräusche von ganz nah bis immer weiter draußen konzentrieren, Menschenstimmen erkennen – normal, geflüstert, verstellt –, durch Watte/Mütze hören, in Muscheln, Schalen, Röhren hineinhören.

Die Welt mit Kinderaugen sehen – eine Übung für Erwachsene

Haben Sie sich schon einmal überlegt, wie Ihre Kinder ihre Wohnung sehen? Welche Perspektive Stuhl, Tisch, Schrank oder Fenster für sie haben? Was ihnen »ins Auge fällt«, was sie gar nicht sehen? Wir laden Sie ein, es einmal selbst auszuprobieren. Gehen Sie auf die Knie oder gar auf allen vieren, bis Ihr Kopf in der gleichen Höhe wie der Ihres Kindes ist. Und jetzt bewegen Sie sich einmal so durch Ihre Wohnung. »Gehen« Sie von Raum zu Raum, öffnen Türen, schauen aus dem Fenster, reichen zum Tisch und zum Schrank hoch. Setzen Sie sich auch einmal an den Tisch und rutschen soweit in sich zusammen, bis Ihr Kopf auf Kinderhöhe ist. Tun Sie dies nicht »nur mal so«, sondern bleiben Sie eine Zeitlang in dieser Höhe, bis Sie wirklich ein Gefühl für das Leben in dieser Perspektive gewonnen haben.

Auch in manchen Situationen »Draußen« hilft diese kleine Übung, Reaktionen der Kinder zu verstehen. Gehen Sie ruhig ab und zu mal in die Knie – zwischen den Wühltischen im Kaufhaus, vor dem Gehege im Zoo, beim Einsteigen in die Straßenbahn, an der Leiter der Rutschbahn … und vor allem, wenn Sie mit Kindern sprechen.

Um letzteres zu verstehen, können Sie noch einen kleinen Versuch machen. Wenn Sie das nächste Mal etwas gemeinsam entscheiden wollen, zum Beispiel, ob Sie jetzt nach draußen gehen oder drinnen bleiben, dann darf sich Ihr Kind auf den Stuhl oder den Tisch stellen, bis es Ihre Größe hat – und Sie machen sich klein. Verändert dies Ihr Gespräch?

Es geht nicht um eine bloße Umkehrung der Verhältnisse, sondern um Hilfen, den anderen zu verstehen.

Entdeckungen mit einem Bild von M.C. Escher

Wenn wir uns etwas anschauen, dann wissen wir, das ist dies und das ist jenes …, so sieht ein Baum aus …, so ein Haus …, Wasser fließt immer abwärts …

Immer? Es gibt Bilder, die spielen mit unseren Augen, mit unserer Wahrnehmungsfähigkeit. Ein Künstler, der dies in besonderer Weise getan hat, war der Holländer M.C. Escher. Ein solches, etwas verrücktes Bild haben wir hier abgedruckt. Es lädt ein, Unmögliches für möglich zu halten.

Anleitung:

Schaut euch das Bild einmal in Ruhe an. Was könnt ihr entdecken? – Kann es so ein Haus geben? – Laßt in der Vorstellung ein Schiffchen hinter dem Mühlrad losschwimmen. Wo wird es ankommen? Laßt es ruhig einige Runden schwimmen. Wie geht das? – Es gibt noch andere merkwürdige Dinge zu sehen. Woher stammen wohl die Pflanzen in dem Garten? Und was für ein Gefühl mag es sein, die breite Treppe ganz nach unten zu gehen? – Wandert noch ein wenig durch das Bild. Ob das Leben in dieser merkwürdigen Welt auch anders ist? Wie mag es sein?

Vielleicht habt ihr Lust, selbst so ein merkwürdiges Bild zu malen.

Die Sinne wecken

Beispiel: Auf wachen Füßen gehen.

Eine Übung, die gerade in der vertrauten Umgebung der eigenen Wohnung reizvoll ist. Sie ist eine Einladung zu entdecken, daß wache Aufmerksamkeit unsere Wahrnehmung verändert.

Kinder vergessen liebend gerne, ihre Schuhe anzuziehen und können den ganzen Tag auf Strümpfen oder gar barfuß herumlaufen. Grundsätzlich ist dies zur Kräftigung der Füße und zur Anregung des ganzen Körpers über die Reflexpunkte an den Füßen eher zu begrüßen, manchmal aber wegen der Kälte des Bodens nicht angeraten. Bei dieser Übung ist das auf jeden Fall erwünscht. Sie zeigt uns, wie wir durch die Ausrichtung unseres Bewußtseins die Wahrnehmung ganz deutlich verbessern können.

Übungsanleitung:

Zur Vorbereitung braucht ihr nur einen bequemen Platz, an dem ihr euch zwischendurch hinsetzen könnt und euch am Schluß ausruht. (Deshalb wäre eine gemütliche Decke nicht schlecht.) Nun legt für jeden einen Tennisball oder ein etwa 25 cm langes Rundholz (zersägte Besenstiele zum Beispiel) bereit.

– Beginnt auf eurem Ruheplatz mit einer kurzen Einstimmung. Überlegt vielleicht gemeinsam, welche Wege die Füße heute schon betreten haben. Was spürt ihr im Moment von euren Füßen? Können Füße sehen?

– Wenn eure Neugier geweckt ist, könnt ihr erst einmal ganz normal mit Schuhen durch die Wohnung gehen. Was erzählen euch die Füße über euren Weg?

– Dann zieht die Schuhe und eventuell auch die Strümpfe aus und geht nochmals los. Wie war es jetzt?

– Kommt zu eurem Ruheplatz zurück. Bleibt einen Moment stehen und spürt, wie ihr auf dem Boden steht.

– Setzt euch dann hin, wir wollen jetzt die Füße aufwecken. Schaut euch erst einmal einen Fuß genau an. Wie können sich die Zehen, wie der ganze Fuß bewegen? Fangt an, den Fuß sanft zwischen den Fingern zu kneten, zieht die einzelnen Zehen ein wenig lang, bewegt sie vorsichtig in ihren Gelenken. Nehmt dann den Tennisball oder das Rundholz und beginnt, den Fuß gründlich abzuklopfen. Jeder kleine Fleck soll erreicht werden. Gibt es da Unterschiede, wo ihr etwas fester klopfen könnt und wo ihr ganz vorsichtig sein müßt? Wo tut es euch am besten?

– Nehmt euch Zeit, den Fuß wirklich ganz zu entdecken. Wenn es für euch genug ist, nehmt den Fuß zum Abschluß zwischen eure Hände und spürt, wie er sich anfühlt. Steht dann auf und stellt euch auf beide Füße. Gibt es einen Unterschied zwischen dem aufgeweckten und dem anderen Fuß? Geht ein paar Schritte. Wie fühlt sich das an?

– Setzt euch dann nochmals hin, umhüllt vielleicht den aufgeweckten Fuß, damit er nicht wieder kalt wird. Dann weckt den zweiten Fuß genauso auf.

– Stellt euch dann wieder auf beide Füße. Was könnt ihr spüren? Wie ist der Kontakt zum Boden? – Was für ein Gefühl ist es, so auf dem Boden zu stehen?

– Geht jetzt nochmals langsam durch die Wohnung. Was erzählen die Füße jetzt?

– Wenn ihr mögt (eventuell bei einer Wiederholung), könnt ihr jetzt auch noch einmal mit geschlossenen Augen gehen, um zu entdecken, was die Füße dann noch mehr spüren. Wenn ihr mögt, führt euch gegenseitig. Vielleicht wißt ihr nach der Übung, wo es sich in der Wohnung ganz gut ohne Schuhe laufen läßt und wo sie notwendig sind.

– Schließt ab, indem ihr euch an euren Ruheplatz hinlegt und von den Füßen her nochmals zu eurem ganzen Körper hinspürt. Wie geht es euch jetzt?

– Schön ist es auch – wenn der Platz es erlaubt –, sich so hinzulegen, daß sich die Füße berühren. Dann können die großen Füße den kleinen und die kleinen Füße den großen noch eine Schlußgeschichte erzählen.

Anregungen:

Diese Übung können Sie in ähnlicher Weise für die *Hände*, das *Gesicht* und den *Rücken* variieren:

Hände – unterschiedliche Materialien berühren, abtasten; Hände auf den Oberschenkel ablegen und den Kontakt spüren – Handflächen aneinanderhalten; Hände aufwecken – Zwischenspüren – wieder auf den Oberschenkel legen; nochmals die verschiedenen Materialien anfassen, eventuell mit geschlossenen Augen; nachspüren, zum Abschluß sich gegenseitig die Hände eincremen.

Gesicht – im Liegen oder Sitzen; Kopf langsam drehen, die Veränderung von Wärme, Kälte, Luftzug, hell, dunkel spüren; Gesicht mit klopfenden (Finger!) und kreisenden Bewegungen aufwecken;

wieder nachspüren, Kopf bewegen, ausruhen. Eventuell auch gegenseitig eincremen.

Rücken – sich Rücken an Rücken setzen, sich mit dem Rücken etwas erzählen; den Rücken aufwecken (Partnerarbeit, schön mit Tennisbällen); nachspüren; wenn beide Rücken aufgeweckt sind, sich nochmals Rücken an Rücken setzen, sanft wiegen und eine Schlußgeschichte erzählen.

»Vertraute Wege« – Anleitung zur besseren Wahrnehmung durch Visualisieren

Wie oft sind wir sicher, daß wir etwas ganz genau kennen. Mit den folgenden Übungen können wir uns da ein wenig überprüfen.

Es gibt Wege, die wir immer wieder gehen, Orte, die wir immer einmal wieder besuchen. Wir haben eine Vorstellung davon, die uns hilft, diese auch wiederzuerkennen. Doch reichen zum Wiedererkennen schon ein paar Einzelheiten (die nicht für jeden gleich sind), alles andere wird mehr oder weniger übersehen.

Nehmen wir ein Beispiel, wie wir unsere *Erinnerungen* vergleichen können: Da

ist so ein unfreundlicher Tag, der gar nicht einlädt nach draußen zu gehen. Aber es wäre doch so schön, jetzt auf dem Spielplatz im Park zu sein …

Machen wir daraus ein Spiel:
Setzt euch gemütlich zu Hause hin und versucht, euch den Weg zum Spielplatz und den Spielplatz ganz genau vorzustellen. Dazu hilft es, die Augen zu schließen. Ich will mit einigen Fragen und Anregungen den Weg begleiten: Wir gehen jetzt aus dem Zimmer, gehen weiter durch den Flur. Hängt dein Anorak da am Haken? Wir gehen aus der Türe, den Weg zur Straße. Welcher Boden ist auf diesem Weg? Müssen wir dann rechts oder links abbiegen? Dann gehen wir die Straße entlang. An welchen Häusern kommen wir vorbei? Gibt es da eines, an das ihr euch besonders erinnert? An welchen Geschäften kommen wir vorbei? Gibt es in dieser Straße Bäume? Wie sehen sie aus? … Genauso versuchen wir, den Spielplatz zu beschreiben. Nach einem solchen Erinnern ist es erst recht spannend, sich den Weg nochmals in natura anzusehen.

Eine Intensivierung der Erfahrung geschieht, wenn wir nicht nur überlegen: Was war denn da, wie sah das aus?

Sondern in unserer Phantasie ein inneres Bild entstehen lassen und dort hineingehen. Solche *Visualisierungen* eignen sich besonders, nachdem wir etwas erlebt haben (Spaziergang, Urlaub, Besuch …) oder als Vorbereitung (wer weiß noch, wie es in unserem Ferienort, bei Oma, in der alten Schule … aussah?).

Auch dazu ein Beispiel: Das Ferienhaus

Nehmt euch ein wenig Zeit und macht es euch bequem. Setzt oder legt euch so hin, daß euer Körper ausruhen kann. – Während ihr hier ruht, können eure Gedanken auf die Reise gehen. – Stellt euch vor, wir sind bei unserem Ferienhaus angekommen. Könnt ihr in eurem Innern ein Bild davon sehen? – Laßt euch Zeit, bis ihr es sehen könnt. (Wenn ihr kein Bild sehen könnt, stellt es euch erst einmal vor.) – Vielleicht mögt ihr hineingehen. – Geht in eurem inneren Bild langsam weiter, öffnet Türen, schaut euch um. – Könnt ihr etwas riechen? – Was könnt ihr hören? – Gibt es dort einen Platz, den ihr besonders liebt? – Macht es euch dort bequem. – Wie fühlt ihr euch? – Es ist Zeit, unser Ferienhaus wieder zu verlassen. Steht langsam auf und geht wieder hinaus. – Laßt das Bild ausklingen. – Spürt, daß ihr wieder hier

seid. Spürt, wie ihr euch hingelegt/gesetzt habt. Macht die Augen wieder auf und räkelt euch genüßlich durch. – Wie war es?

Wir können so auch innerlich einen (bekannten) Weg entlanggehen und ihn lebendig werden lassen. Dann wird daraus eine kleine *Phantasiereise*. Dies könnte so aussehen:

Wir suchen wir uns einen Platz, an dem wir es uns wieder ganz gemütlich machen. –

Kuschelt euch in den Sessel, auf das Sofa, auf den Boden und spürt nach, wie ihr euch hingelegt habt. Schließt die Augen, damit ihr die Bilder sehen könnt, die ihr in eurer Phantasie entstehen laßt. – Schaut ein wenig eurem Atem zu, ehe die Reise beginnt.

Stellt euch jetzt vor, wir gehen hier bei uns aus der Haustür. Seht ihr den Weg vor euch? Geht in eurer Vorstellung langsam weiter. Schaut nach rechts und links. Was könnt ihr sehen? Wenn ihr an einem Geschäft vorbeikommt, schaut mal, ob die Tür offen ist. Möchtet ihr etwas auf dem Weg mitnehmen? Ihr könnt es einkaufen. – Dann geht ihr weiter. Seht ihr den großen Baum in dem alten Garten? Ihr dürft heute in den Garten. Schaut ihn euch genau an.

Möchtet ihr vielleicht ein wenig klettern? Probiert ruhig aus, ob sich der Baum für euch zum Klettern eignet. – Verlaßt den Garten wieder. Wir gehen noch ein wenig weiter bis zum Spielplatz. Schaut euch um. – Sind noch andere Kinder da? Welche? – Wie ist das Wetter? Welche Jahreszeit ist es? – Was möchtet ihr jetzt tun? Ihr habt Zeit, auf dem Spielplatz zu spielen und das zu tun, was euch Spaß macht. Vielleicht entdeckt ihr ja noch neue Spielmöglichkeiten. – Jetzt ist es Zeit, nach Hause zu gehen. Wir gehen den gleichen Weg zurück. … Schaut, ob ihr auf dem Rückweg noch etwas entdeckt, was ihr vorher nicht gesehen habt. – Dann seid ihr wieder hier an der Haustür, geht hinein und legt euch bequem in den Sessel. Spürt, wie ihr liegt? Möchtet ihr euch recken und durchräkeln, dann tut es ruhig. – Jetzt bin ich gespannt, was ihr gesehen habt.

Andere Ideen:

Besuch im Zoo, Ausflug zu einem Aussichtsturm, Berg in der Nähe, Stadtbummel, Märchenpark, Spaziergang zum Bach/Fluß, am Urlaubsort)

Rituale – den Rhythmus leben

Was hast du heute erlebt, geschmeckt, gefühlt, gerochen?

Wenn wir erzählen, was wir erlebt haben, bleiben wir oft bei der Aufzählung von Tätigkeiten: Ich war in der Schule, bin Fahrrad gefahren, habe mit Hans gespielt, war einkaufen … dabei waren wir doch wohl mit allen Sinnen dabei. Es ist eine kleine Übung, daß wir uns beim Erzählen gegenseitig mit Fragen ermutigen, uns unser Erleben mit allen Sinnen deutlich zu machen. So können wir viel besser nachvollziehen, was der andere wirklich erlebt hat, und wir schulen dabei unsere Aufmerksamkeit. Wie war das denn mit dem Fahrradfahren: War es anstrengend? Spürst du es jetzt noch in den Beinen? Macht es dir Spaß, schnell zu fahren? Wie war die Luft draußen? Nach was hat sie gerochen? Hat dir der Wind im Gesicht gut getan? Ist die Wiese vor dem Wald schon bunt? Hast du den Kuckuck gehört?
Sicherlich werden wir die Fragen nicht alle auf einmal stellen. Aber ab und zu – und vielleicht von manchen Antworten überrascht sein.

Zeit füreinander haben

Jeder Tag ist voll mit Eindrücken verschiedenster Art, und alle, die nach Hause kommen, möchten erzählen, was ihnen begegnet ist. Es ist schön, wenn wir uns da Zeit nehmen können, um zuzuhören und zu fragen. Manchmal ist wirklich keine Zeit dazu, dann geht es eben nicht. Oft aber unterbleiben solche Gespräche, weil wir sie nicht so wichtig nehmen oder weil wir meinen, daß soviel anderes noch vorher getan werden muß. Doch ist diese Zeit, die wir uns füreinander nehmen, kaum ersetzbar, nicht nur bei Eltern und Kindern, sondern gerade auch unter den Erwachsenen. Da kann es eine Hilfe sein, sich dafür ganz *bewußt* Zeit zu nehmen. So können die Mahlzeiten soviel Raum haben, daß davor oder danach Zeit zum Erzählen ist. So kann der Feierabend mit einer gemeinsamen Tee- oder Kaffeerunde beginnen oder der Tag im gegenseitigen Erzählen und Zuhören ohne Fernsehen enden. Erinnern Sie sich:

»Die Zeit, die du für eine Rose verloren hast, macht deine Rose so wichtig.«

 *Abschlußgeschichte*
»Fast ein Krimi«

Vor einem Jahr sind wir aus der Stadt aufs Land gezogen. Gleich hinter unserem Haus beginnen die Wiesen, es schauen uns die Kühe ins Fenster. Von einem nahen Teich klingt das Schnattern der Gänse zu uns hoch. Manchmal höre ich die Elstern und Krähen kreischen, sie wollen den Hühnern das Futter wegholen. Dazwischen Hundegebell, Stimmen, Autotüren klappen, dann ist es wieder ruhig. Ja – verglichen mit der Stadt ist es sicherlich still hier draußen. Es fehlt das ständige Surren und Brummen, Quietschen und Knallen, Rattern und Hupen, eben die Musik der Stadt. In der Stadt ist es das Vielerlei, das sich zu einem Klang vermischt, hier draußen will jede einzelne Stimme etwas erzählen. Und manchmal braucht es etwas Zeit, bis wir die Stimme kennen und verstehen, und manchmal gibt es da auch Mißverständnisse …

Eine solche Geschichte will ich erzählen:

Es war ein schöner Abend, noch warm vom Tag, am dunkler werdenden Himmel schimmerten die ersten Sterne. Ich mag es, an solchen Abenden nach draußen zu gehen, den Nachtwind zu spüren, den Geräuschen zu lauschen, die aus dem Dunkeln klingen. Ich wollte gerade wieder ins Haus gehen, da hörte ich hinter dem Haus ein merkwürdiges Geräusch. Ein Rascheln, Schnaufen, ein heiseres Husten. Ob sich da wohl jemand herumtrieb? Vorsichtig ging ich dort hin. Gerade noch sah ich, wie ein Schatten unter der Hecke verschwand. Also wohl ein Tier. Leider hatte ich es nicht erkennen können. Mir fiel ein, daß uns jemand erzählt hatte, daß eine Marderfamilie irgendwo hinter dem Haus lebe. Ich nahm mir vor, die Hühner in der nächsten Zeit besonders gut einzuschließen. Als nichts geschah, vergaß ich diese kleine Begegnung wieder, bis ich an einem anderen Abend wieder etwas Seltsames hörte. Vor dem Haus lag noch ein Stapel Steine, ein Rest vom Umbau. Gut abgedeckt mit einer großen Plane, wartete er darauf, gebraucht oder weggeräumt zu werden. Da – unter der Plane war wieder das merkwürdige Geräusch: Kratzen, Schleichen und wieder ein Schnaufen. Was für ein Tier mochte es wohl sein?

An den nächsten Abenden beobachteten wir den Steinhaufen genau. Jeder hatte so seine Vermutungen, und Vorschläge wurden hin und her überlegt. Sollten wir die Plane wegziehen, den Unterschlupf zerstören? Und wenn es kein Marder war, was dann? Eine Ratte? Bestimmt nicht. Wir beschlossen – was es auch sei, es soll leben. Und so ließen wir den Steinhaufen in Ruhe.

Es wurde Herbst. Da merkte ich auf einmal, daß die Katzen zeitweise fürchterlich hungrig waren. Alle Schälchen waren immer fein säuberlich leer. Beteiligten sich die Nachbarskatzen am Futter? Ärgerlich war auch, daß sie neuerdings kleine schwarz-braune Visitenkarten hinterließen, das ist eigentlich gar nicht Katzenart. Und da war eines Abends wieder das Geräusch hinter dem Haus. Ich stand ganz still und lauschte. Es kam näher, um die Hausecke hörte ich ein Trippeln, ein Schleifen,

ein Schnaufen – und dann verschwand   gefolgt von drei kleineren, unter der
vor meinen Augen ein – Igel,   Plane.

          Das waren also unsere Nachbarn!

Gib uns Ohren

Gib uns Ohren, die hören und Augen, die sehn

und ein weites Herz, andre zu verstehn.

Gott, gib uns Mut, unsre Wege zu gehn.

Text und Musik: Bernd Schlaudt

Leise die Natur entdecken

Hinführung

Die Natur kennt den Rhythmus zwischen Ruhe und Fülle, laut und leise, trocken und naß, kalt und warm, Werden und Sterben … Lange bestimmte dieser Rhythmus auch das Leben der Menschen. Heute sind wir Menschen in den Industrieländern in der Lage, unseren eigenen Rhythmus herzustellen. Wir haben jederzeit zu essen, Licht macht die Nacht zum Tage, Heizung läßt die Schrecken des Winters vergessen. Was dies alles mit sich bringt, können wir kaum noch ermessen, wenn wir es nicht anders erlebt haben. Deshalb eine Einladung an Eltern und Großeltern zum Erzählen, wie es ohne diesen Luxus war: So können wir eher verstehen, was dies für viele Menschen heute immer noch, gerade in den Krisengebieten der Erde, heißt. Uns wird so geholfen, die Meldungen aus anderen Ländern nicht nur zu hören, sondern mit den Menschen mitzufühlen.

Solche Erzählungen von früher haben immer zwei Seiten, und das ist gut so. Wenn es uns heute besser geht, können wir dankbar sein; wir sollten aber auch mit wachen Ohren hören, was wir verloren haben. Mit der Unabhängigkeit vom Rhythmus der Natur geht uns auch immer mehr die Beziehung zu unserem Ursprung, zur Natur verloren. Daher laden wir in diesem Abschnitt ein, die Natur und damit ihren Rhythmus, ihre Stille, ihre fortdauernde Schöpfung wahrzunehmen und Erfahrungen mit und in der Natur zu machen.

In der Natur können wir uns besonders intensiv mit der Stille vertraut machen. Viele Menschen spüren dies und machen sich in ihrer Freizeit auf, die »unberührte Natur« zu erleben. Leider wird dadurch dann oft die Natur kommerzialisiert und zerstört.

Es ist ein erster Schritt, ab und zu – vielleicht in den Ferien – die Natur *behutsam* zu besuchen, so, daß wir sie auch unberührt zurücklassen! Die Stille ist dabei ein Maßstab für die ursprüngliche Natur. Nur wo es auch leise ist, kann sie sich wirklich entfalten.

In der Stille beginnt durch die Erlebnisfähigkeit unserer Sinne echte Teilhabe an der Natur. Vielleicht entdecken Sie – als Erwachsene, Eltern und Kinder –, daß auch Sie Teil der Natur – oder anders ausgedrückt – Teil der Schöpfung sind. Diese Entdeckung ist besonders für Kinder wichtig. Wie sollen Kinder die Natur mitverantwortlich gestalten, wenn der

Kontakt zu ihr immer oberflächlicher, wenn der Lebensrhythmus immer mehr künstlich wird – von Schule und Arbeit, von elektrischem Licht und den Medien geprägt, anstatt z.B. von Helligkeit und Dunkelheit oder den Jahreszeiten?

Im Alltag Stille entdecken

Für Kinder und genauso für Erwachsene ist es wesentlich, bewußt zu erleben, daß ihre eigentliche/ursprüngliche Umgebung die Natur ist. In der Begegnung und im Vertrautwerden mit der Natur liegt besonders für Kinder viel Heilsames. Nicht umsonst werden kranke Menschen aufs Land, ins Gebirge oder ans Meer »geschickt«. Es ist schade, wenn wir den Wert und den Verlust ursprünglicherer Lebensräume erst im Kranksein, bei Krisen, im Urlaub und bei Ausflügen entdecken. Die Einladung im Alltag kann nur heißen, die Natur da zu entdecken, wo wir leben. Dazu müssen wir uns nur auf die Begegnung mit der Natur einlassen und nicht vor ihr weglaufen. Dies geht überall: Auch in der Stadt begegnet uns die Natur oft sehr direkt: Der Wind bläst uns ins Gesicht, Regen-

tropfen machen uns naß, die Sonne blendet uns, der Tag beginnt, die Nacht bricht an. Nehmen Sie diese Berührungspunkte mit der Natur immer wieder bewußt wahr.

(Einige Anregungen finden Sie auch schon im Kapitel »Wahrnehmungen«, S. 63, weitere im Kapitel »Stadt«, S. 93.)

Wetter

Es gibt in England einen Spruch: Es gibt kein schlechtes Wetter, nur falsche Kleidung! Nehmen Sie diesen Spruch als Einladung, das Besondere in jedem Wetter zu entdecken. Nur wenn wir nach draußen gehen, wissen wir, wie sich ein leiser Wind auf unserer Haut anfühlt, wie sich der Mairegen vom Novemberregen unterscheidet, welche Wohltat klare Winterluft für unsere Lungen sein kann, wieviel Energie in einer Windböe steckt …

Treten Sie aus dem Haus und spüren Sie für einen Augenblick das Wetter!

Spaziergänge

Je schneller wir uns fortbewegen, desto eingeschränkter ist der sinnliche Ein-

druck von dem, was uns umgibt. Überlegen Sie, ob Sie es sich nicht manchmal
gönnen können, eine Strecke *gemütlich*
zu Fuß zu gehen. Sehen Sie den täglich-
gleichen Weg – zur Bushaltestelle, zum
Kindergarten, zur Schule ... – nicht als
notwendiges Übel an, sondern als Chance, den ständigen Wechsel der Natur
hautnah mitzuerleben.

– Machen Sie zu den verschiedensten
Tageszeiten Spaziergänge. Gehen Sie
auch (gemeinsam) durch die Dunkelheit am Abend oder in der Nacht.
Gehen Sie bewußt auch bei »schlech-
tem« Wetter.

– Schweigen Sie bei Ihren Spaziergängen auch einmal. Oder schließen Sie
bei Spaziergängen ab und zu die Augen und lassen Sie sich führen. Riechen Sie den Wald, die Wiese, den
Bach, die Jauche ... Fühlen Sie die
Blätter, die Rinde, die Gräser, die Blütenblätter... Hören Sie die verschiedenen Vögel, das Summen der Insek-
ten, das Rascheln der Blätter im Wind
...

– Gehen Sie zu Fuß durch die Natur,
verzichten Sie dabei ruhig auf Fahr-
räder. Fahren Sie öfters mal mit öf-
fentlichen Verkehrsmitteln »in die
Natur«. Wann erleben Sie den Beginn
der Veränderung der Landschaft?

Wann spüren Sie, daß es leiser, ja
stille wird?

– Wandern Sie einmal bewußt durch
eine Schneelandschaft. Wie leise ist
es, wenn Schnee fällt, wenn Schnee
liegt!

 *Ausführliche Übungen*

Ein Mandala in der Natur gestalten

Vielleicht ist dies ein Vorschlag für Ihren
nächsten Urlaub am Meer. (Vielleicht
aber auch eine Idee, den zu klein gewor-
denen Sandkasten gestalterisch in den
Garten einzubeziehen.) In einem Urlaub
am Meer gibt Ihnen der Strand Raum
und Möglichkeiten, selbst ein Mandala
zu entwickeln und zu gestalten. Dieses
Mandala wird nicht gemalt, sondern mit
Gegenständen gelegt. Dabei können Sie
auch Linien und Vertiefungen in den
Sand ritzen oder Erhöhungen hinzufügen.

Ein Vorschlag: Bauen Sie dazu zuerst
einen Sandberg und drücken Sie die Spitze großflächig platt. Es entsteht so eine
erhöhte gerade Fläche. Dies hat den Vorteil, daß niemand so leicht über Ihr Werk
läuft. Suchen Sie sich aus diesem Buch

ein Mandala aus oder nehmen Sie eine andere einfache Vorlage. Ritzen Sie die Struktur der Vorlage auf der erhöhten Sandfläche vor. Falls die Grundform viereckig ist, verändern Sie Ihren Sandberg entsprechend.

Nun kann die ganze Familie, Freunde oder Nachbarschaft, Muscheln, Schneckenhäuser, Steine, Kies und ähnliches suchen. Besprechen Sie miteinander, wie Ihr Mandala gemeinsam gelegt werden soll – jeder eine bestimmte Fläche, jeder ein bestimmtes Material, gemeinsam eine Fläche nach der anderen … Lassen Sie sich Zeit. Reden Sie dann nur noch wenig und schauen sich Ihr Mandala immer wieder auch aus dem Abstand an. Verändern Sie das Mandala immer nur Schritt für Schritt. Wenn das Bild fertig ist, betrachten Sie es in aller Ruhe. Wenn Sie mögen, machen Sie noch eine Fotografie davon. Vielleicht sind Ihre Strand-Nachbarn neugierig geworden, dann verschenken Sie doch eine Vorlage zur eigenen Gestaltung.

Falls am nächsten Morgen das Mandala verweht ist, seien Sie nicht traurig. In Tibet werden kunstvolle Mandalas mit farbigem Sand gestreut, und nach einer Zeit der Betrachtung wieder zusammengekehrt. Wir werden so daran erinnert, daß alles Entstehende wieder vergeht.

Varianten:

Im *Wald* können Sie ähnlich verfahren. Sie benutzen den Waldboden als Unterlage und verzichten auf eine Erhöhung. Zum Auslegen sammeln Sie unterschiedliche Dinge, wie Tannenzapfen, Eicheln, Federn, Moos, Steine, Bucheckern …Welcher Wanderer würde nicht staunen, so eine Wegkreuzung verändert vorzufinden! (Eine Bitte: Besuchen Sie Ihr Mandala nach einiger Zeit wieder. Wenn es dann nicht mehr schön aussieht, bringen Sie die Blätter, Tannenzapfen etc. wieder ins Unterholz zurück, damit sie dort verrotten können.)

In Ihrem *Garten* können Sie ein solches Mandala noch in besonderer Weise gestalten. Wie wäre es mit einem bunten Blumenbild? Oder einem Blumen- oder Kräutergarten, dessen Wege ein Bild in den Boden schreiben?

Mandalas in der Natur entdecken

Mandalas spiegeln in ihrer Struktur die Ordnungen der Natur wider. So ist es nicht erstaunlich, daß wir in der Natur selbst viele Mandalas entdecken können. Suchen Sie doch einmal bewußt Dinge in der Natur, die eine mittige Struktur haben. Dies ist vor allem auch eine Einladung an alle, die gerne fotografieren.

(Überhaupt kann die Fotografie uns lehren, den Ausschnitt, das Detail, das einzelne innerhalb des Ganzen bewußter wahrzunehmen. Naturfotografie kann ein schönes stilles Hobby sein, das Erwachsene und Kinder verbindet.)

Einige Anregungen, wonach Sie Ausschau halten können: Blüten, Blattrosetten, Jahresringe der Baumstämme, Kreise, die ein Stein im Wasser zieht, eine aufgeschnittene Apfelsine oder Mohnkapsel, ein Schneckenhaus, ein runder Stein, Schneekristalle am Winterfenster, Spinnennetze im Tau, der Blick in die Wintersonne …

Feuer, Wasser, Erde, Luft

Feuer, Wasser, Erde, Luft nennen wir die vier Elemente. Die Beschäftigung mit diesen Elementen hat eine lange Tradition. Jedes Element steht für eine bestimmte Kraft oder Erfahrung, die wir in der Natur erleben können. Diese äußeren Naturerfahrungen spiegeln sich auch in uns wider, wir können die Kräfte auch in uns entdecken. Wenn Sie sich ein wenig mit den verschiedenen Elementen beschäftigen, werden Sie vielleicht merken, daß jede/r von Ihnen sein Lieblingselement hat.

Nehmen Sie sich Zeit, die einzelnen Elemente auszukosten. Einige Ideen:

Feuer

Macht euch ein schönes Lagerfeuer oder setzt euch um einen offenen Kamin. Schaut im Dunkeln in die Flammen, hört das Knistern und Knacken, spürt die Wärme, schnuppert in den Rauch. Verweilt, ohne viel zu denken, bei den Flammen. Laßt euch ganz hineinnehmen in das Züngeln und Flackern, das Auflodern und Verglimmen.

Welche Kraft hat das Feuer?

Wasser

Sucht euch einen Bach, einen kleinen Fluß, der frei fließt. Sucht eine schöne Stelle, an der ihr dem Fließen zuschauen könnt. Laßt das Wasser durch eure Finger rinnen. Wenn es geht, trinkt einen Schluck. Schaut ihm noch ein wenig zu. Vielleicht plätschert das Wasser über eine kleine Schwelle oder schlägt leicht ans Ufer. Schließt die Augen und hört dem Wasser zu. Laßt euch vom Wasser mitnehmen. Spürt, wie ihr mit ihm fließt, dann öffnet wieder die Augen.

Wenn ihr mögt, geht noch etwas im oder am Wasser entlang.
Welche Kraft hat das Wasser?

Erde

Geht barfuß über die Erde. Spürt, wie verschieden sie sich anfühlt. Grabt euren Fuß, eure Hände tief in frische braune Gartenerde, laßt die Erde zwischen den Fingern zerkrümeln. Sucht euch dann eine schöne Stelle, wo ihr euch auf den Boden legen und mit dem ganzen Körper die Erde fühlen könnt. Fühlt und schmeckt die Erde. Schmiegt euch ganz fest an die Erde, seid ein Teil der Erde.
Welche Kraft hat die Erde?

Luft

Geht nach draußen, wenn es richtig schön windig, ja stürmisch ist. Laßt euch den Wind ins Gesicht blasen, lehnt euch gegen ihn. Schließt die Augen und dreht euch langsam um euch selbst. Breitet die Arme aus. Laßt euch ringsherum vom Wind berühren. Schmeckt und riecht ihn. Hört auf sein Lied – tanzt dazu.
Geht ein anderes Mal hinaus, wenn ein kleines Lüftchen die Sonnenstrahlen umweht. Spürt dieses Lüftchen genauso.
Welche Kraft hat die Luft?

Jede Elemente-Übung können Sie mit weiteren Impulsen verbinden:

– So können Sie anschließend zusammensitzen und sich Geschichten erzählen: »Als ich einmal Feuer (Wasser, Erde, Luft) war ...«
– Oder Sie reisen mit dem FaFeFiFoFu in das Innere einer Flamme, das Innere der Erde, schwimmen als Wassertropfen im Fluß, fliegen mit dem Wind.
– Oder Sie sammeln Ihre Aufmerksamkeit mit einer kurzen Eutonieübung, in der Sie sich Ihren Körper, so wie er liegt, bewußtmachen. (Siehe dazu die Kontaktübung im Kapitel »Ich bin ...«, S. 112.) Um das Element Erde zu verstärken, ist es schön, diese Übung draußen in der Natur auszuprobieren. Spüren Sie sich in einen weichen Waldboden, in duftendes Heu, in warmen Sand, in eine Wiese ein.
– Zum Element Wasser paßt ein reinigendes Durchströmen, zum Element Luft die bewußte Wahrnehmung des Atems. Beginnen Sie wieder mit der Kontaktübung und begleiten dann mit Ihrer Aufmerksamkeit den Weg des Atems, von den Nasenlöchern bis in die Tiefe des Leibes, soweit Sie die Bewegung des Atems spüren.

– Dieses Erspüren des Atems kann Ihnen helfen, das Element Wasser als reinigendes Durchströmen zu erleben. Lassen Sie in der Vorstellung (nachdem Sie sich wieder in Ihren Körper eingespürt haben) mit jedem Ausatmen reines frisches Wasser durch Ihren Körper strömen, das alles, was müde macht, verspannt, belastet, wegspült. Zum Element Feuer können wir dann genauso Wärme im ganzen Körper empfinden.

– Zur Ausgestaltung finden Sie am Ende dieses Kapitels wieder ein Mandala. Es kann Bilder der vier Elemente aufnehmen. Was ist für Sie in der Mitte? Was am Rand? (Gegenüber Seite 192 finden Sie eine Ikone, gemalt in ein ähnliches Mandala.)

Das gleiche Mandala eignet sich auch zur Gestaltung der vier Jahreszeiten.

Der Spaziergang – Ein Gesteck entsteht

Diese Übung ist sehr schön, um einen Spaziergang zu Hause ausklingen zu lassen. Kinder sammeln gerne unterwegs etwas auf, zu Hause fliegt es dann weg. Knüpfen Sie daran an, und erleben Sie gemeinsam, wie durch bewußten, aufmerksamen Umgang auch kleine Dinge ihre Schönheit zeigen. Schon während des Spaziergangs kann jeder Ausschau nach zwei, drei Dingen (Pflanzenteile) aus der Natur halten, die ihm auf- oder gefallen, und sie mitnehmen. Daraus gestalten Sie miteinander ein Gesteck, deshalb sollten es nicht zu viel und nicht zu wenig Teile sein. (Also: Je mehr mitmachen, desto weniger Teile braucht jeder.) Manchmal kann auch ein einzelner Zweig schön sein.

Sie brauchen eine Schale und einen Steckschwamm (Blumengeschäft). Letzteren legen Sie schon vor dem Spaziergang ins Wasser, damit er sich vollsaugt. Setzen Sie sich im Kreis auf dem Boden oder an einem Tisch zusammen. Die Schale steht in der Mitte. Alle haben ihren Zweig, ihre Blume, ihre Feder, ihr … dabei. Stecken Sie in Ruhe jeder ein Teil *nacheinander* in den Steckschwamm oder legen es daneben. Erlauben Sie sich das Verändern und hören Sie auf, wenn alle dem Erscheinungsbild zustimmen können. Halten Sie inne, und betrachten Sie Ihr Werk. Stellen Sie dann die Schale an einen sinnvollen Ort.

Alternative

Sie können natürlich auch einige frische Pflanzen oder Blumen aus dem Garten oder vielleicht auch aus dem Blumenladen nehmen und sie mit anderen Dingen aus der Natur kombinieren. Vielleicht entdecken Sie Ihre Freude an solchen Gestecken, werden neugierig auf Ikebana und geben dies in spielerischer Weise an Ihre Kinder weiter.

Eine Schöpfungsimagination – eine Traumreise (eine geistliche Übung)

Die Schöpfungsgeschichten der Bibel werden oft gegensätzlich wahrgenommen. Sie werden einmal als wissenschaftliche Erklärung, dann als wörtliche Eingebung oder als Symbolgeschichte gelesen und diskutiert.

Mir erzählen die unterschiedlichen Schöpfungsgeschichten der Bibel, wie die Menschen mit der Umwelt umgehen können und daß unsere Welt gut ist. Für mich ist es weiter erstaunlich, wieviel die Menschen damals schon von der »Evolution« wußten. Ich lade sie zu einer Schöpfungsreise ein – zu einer Reise, in der Sie das Werden der Erde wie in einem kleinen eigenen Film erleben können.

Anleitung

Sucht euch einen Platz. Legt euch auf eine Decke auf den Boden, so wie es für euch bequem ist. Legt euch gut hin und spürt erst einmal, wie ihr liegt. Vielleicht möchtet ihr euch räkeln oder noch ein wenig gähnen. (Ihr könnt auch mit einer Eutonieübung aus diesem Buch beginnen.) Wenn ihr mögt, schließt die Augen.

– Stellt euch vor, alles ist dunkel. Ihr seht noch kein Bild. – Langsam dringt Licht in die Dunkelheit. Und ihr seht Licht und Dunkel, hell und finster. Laßt hell und dunkel vor euren Augen werden und vergehen.

– Aus dem Hell und Dunkel nimmt eine große Kugel Gestalt an. Sie wächst und wächst. Diese Kugel ist von Licht und von Dunkelheit umgeben. – Seht euch diese Kugel näher an, schaut, ob ihr Wasser und Erde seht. Laßt Wasser und Land/Erde sich auf der Kugel verteilen.

– Schaut, wo die Sonne ist, wie aus Tag Nacht wird und wo der Mond ist, wie die Sterne sich bewegen.

– Wendet euch dem Wasser zu. Im Wasser entwickelt sich Leben, alle Arten von Wassertieren werden und wachsen. Über dem Wasser seht ihr

die Vögel, sie fliegen auch zum Land.
- Auf dem Land wachsen allmählich Bäume und Pflanzen heran.
- Auf dem Land werden und wachsen die Tiere der Erde. Auch der Mensch entwickelt sich. Männliches und Weibliches gestaltet die Erde. Der Mensch geht über die Erde und sorgt für das Leben.
- Das Leben ist vollkommen. Könnt ihr die Schönheit sehen und wahrnehmen? Schaut euch alles in Ruhe an. Vielleicht entdeckt ihr, wie gut alles ist.
- Bei der folgenden Musik könnt ihr alle Bilder noch einmal ansehen. Genießt die Ruhe und Stille.

Musik: Hans Jürgen Hufeisen: Und es ward Abend und Morgen, Kreuz-Verlag, Serie Kreuz-plus. Alternativ: Keith Jarrett: Vienna concert, ECM, München – (der Anfang des ersten Stückes).

Weitere Gestaltung:
Wer aus der Familie möchte, kann ein Bild, das ihm oder ihr wichtig ist, in der Stille für sich malen. Beginnen Sie auf einem Blatt, auf dem nur ein großer Kreis vorgezeichnet ist. Die Bilder können zu einem Bilderteppich zusammengelegt oder aufgehängt werden.

Rituale – den Rhythmus leben

Viele Feste bei uns sind mit dem Rhythmus der Jahreszeiten verbunden: Weihnachten mit dem Beginn des Winters, Ostern mit dem Beginn des Frühlings, St. Johannis zur Sommersonnenwende und das Erntedankfest zum Herbstbeginn. Trotzdem heißt dies nicht unbedingt, daß wir in diesen Festen auch wirklich den realen, mit allen Sinnen erfahrbaren Wechsel der Jahreszeiten erleben.

Erleben Sie bewußter die Jahreszeiten draußen in der Natur, schaffen Sie so Kontakt mit der Natur! Wenn es kalt ist, ist es kalt; wenn es heiß ist, ist es heiß; wenn es naß ist, ist es naß. Dies klingt banal, aber erleben Sie dies hautnah? Wir möchten Sie einladen, daß Sie Ihre eigene Tradition der Begegnung mit der Natur schaffen und/oder die Feste mit einem konkreten Erleben des Jahreszeitenwechsels verbinden.

Eines der Feste, das uns sicher mit der Natur verbindet, ist das *Erntedankfest*. Dieses Fest schenkt eine Fülle von Ideen für Stille:
- Machen Sie einen Spaziergang zum Herbstbeginn: Was ist jetzt schon geerntet? Was ist wo gewachsen? Was

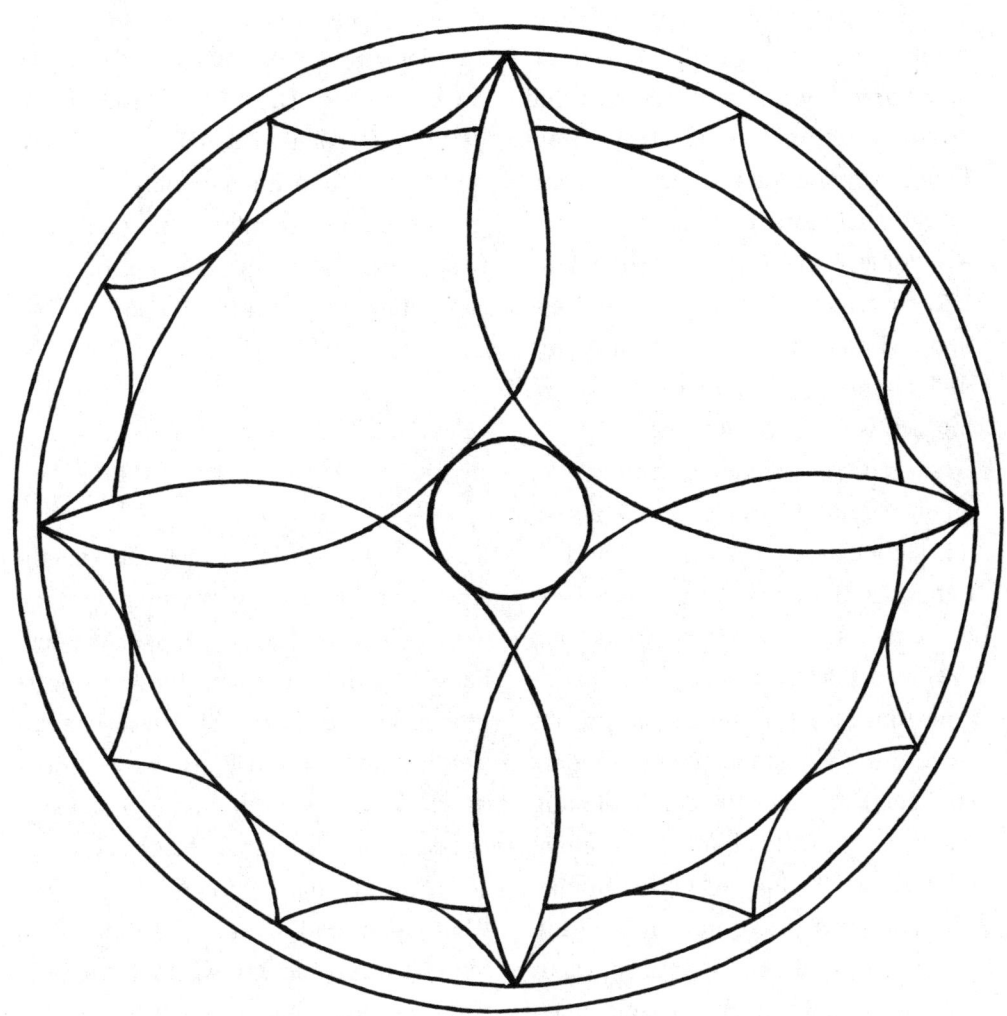

Mandala 5

muß und kann bald noch geerntet werden. Bringen Sie etwas für ein Herbstgesteck (s.o.) mit nach Hause.

– Gestalten Sie mit Ihrer Familie einen Erntekranz. Kaufen Sie sich dazu einen Strohrohling, oder besorgen Sie sich rechtzeitig vor der Ernte vom Feld Stroh und binden den Kranz mit sehr dünner Kordel selbst. Ein stabiler Runddraht kann dabei eine Hilfe sein. Diesen Kranz können Sie mit Bändern, Früchten, (Trocken-)Blumen und ähnlichem schmücken. Hängen Sie den Kranz gut sichtbar auf.

– Besorgen Sie sich eine Garbe oder einen Strauß Getreide vom Bauern und stellen dies auf. In den nordischen Ländern erhalten die Vögel diese Garbe beim ersten Schnee/Frost oder am Weihnachtsfest.

– Alle formen aus Fimo etwas, für das sie im zurückliegenden Jahr besonders danken. Dies kann in der Wohnung einen besonderen Platz bekommen oder an den Kranz gehängt werden.

– Sie überlegen sich gemeinsam ein Projekt, das für ein Jahr mit Nachdenklichkeit, Bitten/Beten, Geld (auch kleine Mengen) unterstützt wird. Stille ist hier sehr wichtig, da im stillen Aushalten von begrenzter Hilfe eine große Anteilnahme liegt.

Eine kleine Stille-Übung dazu: Jede/r stellt in der Familie seine/ihre Idee vor, die er/sie unterstützen möchte. Es wird nicht diskutiert, sondern, nachdem alle geredet haben, bleibt jeder fünf Minuten im Schweigen. Die Worte dürfen nachklingen. Danach wird sich ausgetauscht und gemeinsam solange »palavert« oder geschwiegen, bis alle zustimmen können. Kinder können solch eine Versammlung hervorragend leiten.

 ### *Abschlußgeschichte*

Das FaFeFi ist ein kleines unverletzliches Schiff. Es kann sehr viel und nimmt gerne Kinder mit auf die Reise. Mit dem FaFeFi erzählte ich eine vorformulierte Phantasiereise. Lesen Sie diese Phantasiereise langsam mit Pausen vor, Änderungen sind erwünscht und ergeben sich mit der Zeit. Sie können die Geschichten auch frei erzählen, vermeiden Sie dann Wertungen und Gefühle. Beschreiben Sie und laden Sie ein. Machen Sie bitte Pausen, fragen Sie gegebenenfalls, ob alle Kinder weiter folgen können oder ob noch jemand Zeit braucht.

Das FaFeFi sucht die kleine Krake Isidor

Alle liegen oder sitzen bequem und können die Augen zu haben. Wenn alle bereit sind, können wir das Fa-FeFi rufen.

– Ich lade euch ein, in das FaFeFi einzusteigen. Es liegt am Strand im seichten Wasser. Legt euch ruhig auf den Boden, durch den Glasboden könnt ihr ins Wasser sehen. – Spürt, wie das FaFeFi leicht in den Wellen schaukelt. – Ihr könnt auch durch das Dach die Sonne sehen, an den Seiten sind auch Fenster, euer Blick ist nach allen Seiten frei.

– Summt und tönt ein a, e oder i, damit wir das Schiff starten können.

– Langsam startet das FaFeFi. Es fährt durch die Wellen. Heute will das FaFeFi die Krake Isidor suchen. Sie ist verschwunden. Vielleicht könnt ihr schon die Hilferufe der Krake hören, sie sind ganz leise.

– Schaut einmal durch den Boden nach unten. Am Meeresgrund seht ihr die kleine Krake, sie hängt mit zweien ihrer Arme an einer Kette fest. Sie hat sich eingeklemmt.

– Das FaFeFi hält an. Es taucht jetzt. Es kann tief und für euch alle ganz sicher tauchen. Es ist jetzt ein kleines Unterseeboot. Macht euch ganz schwer, damit das FaFeFi sinken kann. Es sinkt ganz langsam und hält über Isidor an.

– Nun könnt ihr überlegen. Wenn ihr wollt, könnt ihr mit einem sicheren Tauchanzug durch die Schleuse aus dem FaFeFi. Dann geht über den Meeresgrund zu der Krake hin und hebt die Kette hoch. Schaut, ob ihr oder ein anderer dies tut. Wenn dies nicht geschieht, hilft das FaFeFi. Es führt seinen Greifarm aus und hebt die Kette an.

– Nach dem Hochheben ist die Krake frei und wedelt mit allen Armen. Alle Leute von euch sind ins Boot zurückgekehrt. Isidor setzt sich aus Dankbarkeit auf das Dach des Fa-FeFi. Beim Hochsteigen schenkt euch Isidor ein besonderes Kunststück:

– Blaue Tinte zieht an den Fenstern vorbei, – dann folgt rote, gelbe und goldene Tinte. Vor den Fenstern

mischen sich die Farben, ganz am Schluß kommt noch etwas silberne Tinte hinzu. Seht euch die Farben in Ruhe an.
– Isidor winkt noch einmal mit seinen Armen und strudelt von dannen. Das Boot taucht allmählich auf, macht euch dazu ganz leicht. Die Farben verändern sich beim Auftauchen vielleicht in der Sonne. – Das FaFeFi taucht ganz auf. Es schaukelt im Wasser.
– Es fährt zurück zum Strand. Es öffnet die Sicherheitstüren und ihr könnt alle aussteigen.
– Nun seid ihr wieder hier. Räkelt euch gut durch.

Variante

Wenn ich diese Geschichte Kindern im Bett erzähle, schaukelt das Wasser alle im Boot leicht in den Schlaf. Der Schluß könnte so aussehen:

Das FaFeFi ist wieder am Ufer. Ihr könnt aussteigen oder euch von den Wellen sanft in den Schlaf wiegen lassen. Ich wünsche euch eine gute Nacht.

Stille in deiner Stadt

Hinführung

Wenn wir an die Natur denken, spüren wir, daß Stille einfach da sein kann. Die Stadt steht eher für Betriebsamkeit, vielfältige Angebote und Eindrücke, Hektik und Lärm. Anscheinend gehört es zur Kultur des Menschen, Lärm zu machen. Manchen ist es »draußen auf dem Land« zu still. Sie brauchen laute Betriebsamkeit um sich. Mir fällt ein, daß früher mit sehr viel Krach (Silvester, Karneval) die bösen Geister vertrieben wurden. Was vertreiben wir denn heute mit und durch den Lärm? Unsere Einsamkeit und Eintönigkeit? Mangelnde und überspannte Phantasie? Unzufriedenheit und Sehnsucht nach mehr »Lebensqualität«? Diese Fragen lassen bewußt Raum für eigene Antworten und Suche.

Viele Menschen in der Stadt spüren, daß ihnen ein Ausgleich zu den gewiß auch positiven Seiten einer betriebsamen Stadt gut täte. Wir laden Sie ein, in Ihrer Stadt, sofern Sie in einer Stadt wohnen, Stille zu entdecken und aufzunehmen. Ja, es gibt sogar inmitten der Hast, des Verkehrs und der Geräusche Oasen der Ruhe. Denn Stille ist nicht allein von den äußeren Bedingungen abhängig. Die Stille beginnt in mir selbst, und zu dieser Stille können wir Menschen überall finden.

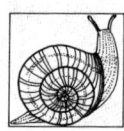

Im Alltag Stille entdecken

Bei uns ging eine Zeitlang der Hauptverkehr direkt unter unserem Schlafzimmerfenster vorbei. Es war merkwürdig. Bei aller Lautstärke gab es auch Phasen und Tageszeiten absoluter Stille. Samstagmorgens z.B. wurde es ruhiger, und am Sonntagmorgen war alles ganz friedlich, kaum ein Auto kam vorbei. Die Stille war so tief, daß ich manchmal irritiert aufwachte. Erstaunlich war es, daß Körper, Geist und Seele sich auf diesen Rhythmus einstellten und ihn berücksichtigten, ja sogar den Rhythmus speicherten.

Wir möchten einladen, diese andere Seite der Stadt bewußt wahrzunehmen, kennenzulernen und zu leben.

– Wie ist Ihr und Euer *Alltag in der Stadt* – wann ist es ruhig, wann ist es lauter und wann lärmt es nur? Beobachten bzw. hören Sie einmal über längere Zeit auf die vielfältigen Geräusche rings um Ihr Zuhause. Bleiben

Sie einen Moment an der Tür stehen, wenn Sie nach Hause kommen oder das Haus verlassen. Lauschen Sie beim Lüften nach draußen. Welche Geräusche mögen Sie, welche sind störend, wieviel Stille gibt es? Gibt es auch zu viel Stille?

— Bleiben Sie einmal an einem schönen Abend mit den Kindern länger auf, und setzen Sie sich nach draußen. Wenn es zu Hause nicht geht, spazieren Sie zu einem Park und machen Sie dort ein *Gute-Nacht-Picknick*. Schweigen Sie vor und bei dem Essen und hören Sie die Geräusche der Nacht. Was mag woher kommen?

— Nachts hören sich Städte nicht nur anders an, sie sehen auch anders aus und sie haben ihre eigene Atmosphäre, die wir spüren können. Machen Sie zu verschiedenen Jahreszeiten einen kleinen *Nachtbummel*. Schauen Sie sich die Stadt bei Nacht an, die Lichter in den Straßen, Geschäften und Häusern, die Bewegungen durch den Wind, die Geräusche des Verkehrs und aus den Häusern. Schauen Sie die Menschen und Tiere an, die Ihnen begegnen.

— Klare Nächte laden ein, den Blick nach oben zu richten. Sehen Sie zum *Himmel*. Bitte tun Sie dies nicht nur einen Blick lang, verweilen Sie mit den Kindern beim Himmel, träumen und staunen Sie. Schauen Sie nach den Sternen, vielleicht entdecken und kennen Sie auch einige Sternbilder. Es ist toll, den Himmel zu kennen. Einige Sternbilder haben wir für Sie hier aufgeführt. Fragen Sie ältere Menschen, besonders alte Seebären oder Pfadfinder/innen nach den Sternzeichen, lassen Sie sich von Ihren Erfahrungen mit den Sternen erzählen.

— Eine andere stille Zeit ist der ganz *frühe Morgen*. Sicherlich ist auch hier ein Wochenende oder ein Ferientag die geeignete Zeit. Setzen Sie sich ans Fenster, auf den Balkon. Lassen Sie alle Lichter aus. Vielleicht gibt es dazu schon etwas zu trinken. Warten Sie miteinander auf den Sonnenaufgang. Manchmal ist der kleine Wechsel zwischen Tag und Nacht, ja die Morgenröte wahrzunehmen. Staunen Sie, wie schnell die Sonne vom Horizont aufsteigt. Aber wir können den Morgen nicht nur sehen, sondern ihn mit allen Sinnen erleben – hören, riechen, schmecken; fühlen Sie, wie der Tag beginnt.

Nicht jeder Tag ist gleich, wagen Sie deshalb diese Erfahrungen immer wieder neu. Mit Kindern einer Freizeit

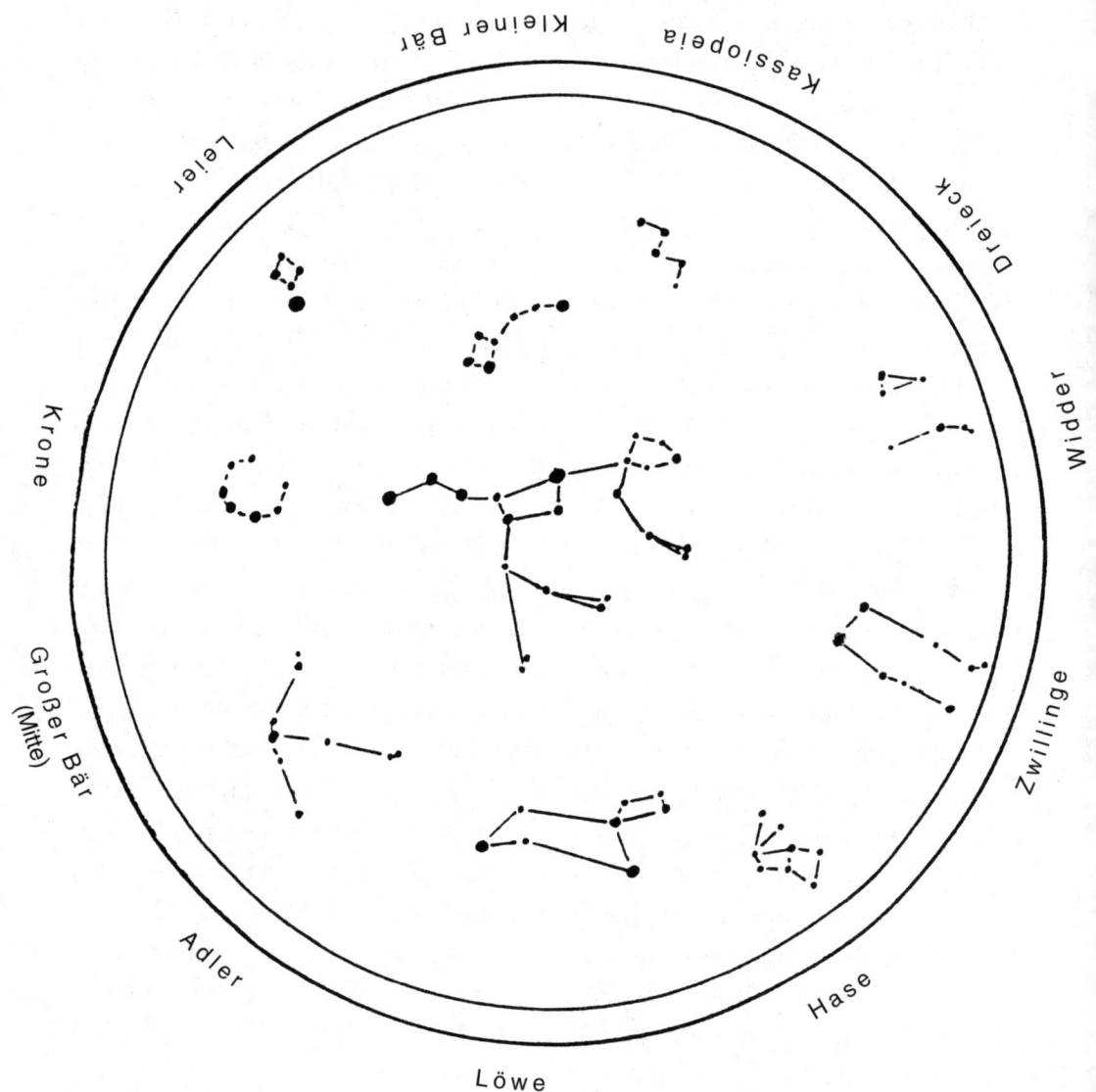

bin ich einmal ganz früh mit dem Bus zu einem See gefahren. Dort haben wir den Morgen erwartet und dann gefrühstückt. Es war für alle ein Erlebnis, ein Geschenk der Schöpfung, für einen Augenblick spürte ich die Schönheit und Einzigartigkeit, die Verletzlichkeit und die Größe des Kosmos.

– Aus meiner Kindheit kenne ich die *Dämmerung*, und ich liebe sie. Leider nehme ich sie heute viel zu wenig wahr. Besonders im Herbst und Winter saß ich oft mit dem Rücken zum Kachelofen und schaute aus dem Fenster. Manchmal roch ich schon den Bratapfel. Die Dämmerung kam. Ich weiß nicht, wie lange ich bewegungslos und schweigend zuschauen konnte, obwohl ich sonst als Zappelphilipp galt. Ich erinnere mich, daß meine Augen sehr lange auch im Dunkeln noch sehen konnten. Vielleicht ist diese Erfahrung gerade in einem Hochhaus in der Stadt etwas sehr Besonderes. Und vergessen Sie den Bratapfel nicht, einfach mit Marmelade gefüllt oder mit einem Tupf Vanilleeis dazu.

– Ganz viel Stille verbinde ich mit dem *Winter* und besonders mit *Schnee*. Dies liegt nicht nur an dem Weihnachtslied: Leise rieselt der Schnee … In der Natur überdeckt der Schnee das Land. Er überdeckt aber nicht nur, der Schnee dämpft auch alle Geräusche. Und genau dies ist auch in der Stadt zu entdecken, falls einmal Schnee liegt. Natürlich reichen dazu nicht ein paar Flocken, sondern es sollte wirklich schneien. Wenn es soweit ist, lassen Sie alles liegen und machen – warm angezogen –, während es schneit oder direkt danach, einen Spaziergang. Toll wäre eine Pferdeschlittenfahrt, aber die ist schon fast nur noch in der Phantasie möglich. Deshalb laden wir Sie und Euch auch später in diesem Kapitel zur »Petersburger Schlittenfahrt« ein.

– Darüber hinaus gibt es in jeder Stadt *Orte der Stille*. Manche alten Häuser, Schlösser, Kirchen und Museen gehören dazu. Einige dieser Orte und Gebäude sind geöffnet. Dicke Wände schützen vor dem Außenlärm, und innen ist der ständige Geräuschpegel meist nur noch ganz leise gegenwärtig. Besuchen Sie ab und zu solche Orte und interessieren sich nicht so sehr für Geschichte und sonstiges Wissenswertes, sondern versuchen Sie einmal, sich mit allen Sinnen in die Atmosphäre dieser Orte einzuspüren.

Dazu einige Anregungen

– Setzen Sie sich miteinander in *eine Kirche* und schließen Sie die Augen und hören. Manchmal üben Menschen Orgel, es kann (je nach dem Übenden) schön sein, dann in der Kirche zu verweilen. – Riechen Sie die Kirche, auch dazu ist es hilfreich, die Augen zu schließen. Jede Kirche hat ihren Geruch. – Schauen Sie die Kirche von einem Platz aus rundherum an, und verweilen Sie mit dem Blick an einem Ort (Fenster, Bild, Kreuz, Kerze …), der Ihnen wohltut. – Schreiten Sie in der Kirche. Durchwandern Sie den Raum. Jede/r geht für sich und zieht seine eigenen Kreise, geht seinen persönlichen Weg. – Schließen Sie den Besuch in einem Moment der Stille.

– Auch in *alten Häusern, Schlössern, Klöstern, Museen* können wir mit allen Sinnen auf Entdeckungsreise gehen. Gehen Sie ganz bewußt durch das Tor/die Tür in den Innenhof/den Innenraum. Hören und spüren Sie den Schritt von draußen nach drinnen. – Jeder Raum riecht anders. – Der Blick aus dem Fenster gibt unterschiedliche Ausblicke frei. – Die Größe des Raumes läßt uns beengt, befreit, verloren

fühlen. – Spüren Sie Ihre Resonanz auf die Räume. Es gibt Räume zum Verweilen, andere, wo wir schnell weg wollen. Wie mag es sich in diesen Räumen gelebt haben? Träumen Sie ein wenig. Lassen Sie das frühere Leben in diesen Räumen in Ihrem Inneren wieder lebendig werden. – Suchen Sie nach Plätzen, die eine wohltuende Ausstrahlung haben. Es ist gut, solche Orte zu kennen, an die wir ab und zu zurückdenken und zu denen wir zurückgehen können.

– Die *Stille eines Hochhauses* kann eine ganz andere Stille sein. Manchmal nennen wir dies Totenstille. Hinter jeder Tür geschieht vielleicht etwas, aber es klingt kaum etwas zusammen. Manchmal entdecke ich in einem großen Haus die Stille der Vereinsamung. Ich wünsche mir dann Kinderlachen, das Tocken eines Stockes im Flur, das Hinunterfallen eines Deckels, eine Unterhaltung im Treppenhaus… Andererseits kann man in manchen Häusern alles mithören, der Nachbar poltert, die Kinder toben, die Fernseher spielen, Musik dudelt vor sich hin, wie kann da Stille aufkommen?
Auch dazu ein paar *Ideen:*

– Das Haus hören. Setzen Sie sich miteinander hin und sind ganz leise. Hören Sie auf die *Geräusche des Hauses*. Vielleicht können Sie die Wohnungstür ein wenig offenstehen lassen. Sammeln Sie die Geräusche, und nachher tauschen Sie sich aus. Machen Sie aus den Geräuschen Geschichten.

— Schauen Sie aus dem Fenster, sind Sie mal neugierig und betrachten das Geschehen rundherum, wie in einem Stummfilm. Halten Sie sich ruhig die Ohren zu. Wer kann nachher welche (Phantasie-)Geschichten erzählen.

— Lassen Sie einmal Fernseher, Radio, Cassetten ausgeschaltet. Legen Sie sich in einen gemütlichen Sessel o.ä. und lauschen Sie den Geräuschen Ihrer Wohnung.

— Zünden Sie eine Kerze im Zimmer an, und schauen Sie ihr einfach eine Weile zu. Lassen Sie alles los, was außerhalb des Kerzenscheins ist.

— Beobachten Sie, durch welches Fenster schräges Morgen- oder Abendlicht fällt. Malen Sie dies großflächig mit transparenten Farben an oder gestalten es mit Transparentpapier als »Buntglasfenster«. Schauen Sie dem Licht zu, das durch dieses Fenster fällt. Lassen Sie sich von dem Farbenspiel bezaubern.

Ausführliche Übungen

Kimspiele

In einem Buch von R. Kipling muß der Junge Kim mit einem Blick erfassen, was er sieht. Der Junge übt damit seine Wahrnehmung und Konzentration. Nun ist dieses »Kim«-Spiel nicht nur in der Stadt möglich, sondern überall. Aber in der Stadt ist es ein besonderes Spiel, weil es die Vielzahl der Eindrücke zum Anlaß nimmt, durch Konzentration zu Freude und Ruhe zu finden und zur Übung im Alltag anregt.

Fangen Sie mit *dem* Kim-Spiel an: Legen Sie etwa 10 unterschiedliche Dinge auf ein Tablett und decken sie zu. Jemand hebt ein paar Sekunden die Abdeckung hoch. Alle Anwesenden versuchen, sich zu erinnern und tragen zusammen, was sie gesehen haben. Jede/r kann auch für sich aufschreiben, was er behalten hat. Danach können Sie vergleichen. Es ist nicht so sehr ein Spiel gegeneinander, sondern der Reiz liegt auch in der zunehmenden Verbesserung der eigenen Wahrnehmung. Legen Sie immer wieder etwas Neues auf das Tablett. Dies kann auch jedesmal ein anderes Familienmitglied tun, und es ist lustig, was jeder sich so aussucht.

Nach der ersten Übung können Sie die Kim-Spiele für alle Sinne *variieren*.
– Hören Sie miteinander eine Minute ein Orchesterstück, wer hört welche Instrumente?
– Erinnern Sie sich an die Bilder in Ihrer Wohnung, wo hängt welches?
– Hören Sie eine Minute lang die Geräusche um sich herum, tragen Sie das Gehörte zusammen.
– Für Mehrfamilienhäuser: Gehen Sie durch den Flur und riechen Sie, welche Gerüche nehmen Sie wahr?
– Lassen Sie sich – mit geschlossenen Augen – durch einen Park/Garten führen, riechen Sie die Pflanzen, merken Sie sich die Pflanzen und erinnern Sie sich nachher.
– Eine Variante ist das Tasten. Tasten Sie Pflanzen oder tasten Sie Dinge in einem Fühlsack, und schauen Sie, wer was erkannt hat.

Die Kimspielgrundidee können Sie selbst mühelos erweitern, Bus- und Bahnfahrten können damit ausgefüllt werden. Und das schönste, wir nehmen unsere Mitwelt anders wahr.
Zum Abschluß zwei ungewohnte Kimspiele:

Aus welchem Land haben Sie heute Menschen wahrgenommen oder gesprochen?
Oder: Welche Menschen haben Sie heute angelächelt?

Eine Yogaübung (Ausflug in der Stadt)

Kinderärzte mahnen heute immer wieder, daß die mangelnde Vielfalt an Bewegung schon bei kleinen Kindern zu Haltungsschäden und Koordinationsschwierigkeiten führt. Dies betrifft im verstärkten Maße Kinder, die in der Stadt groß werden.
Yoga kann hier eine Hilfe sein, die Freude an der eigenen Beweglichkeit und an der Lebendigkeit des Körpers zu fördern. Die Bildsprache der Übungen regt an, Bewegungen und Vorstellung zu verknüpfen, und so ganz dabei zu sein.
Die folgende kleine Übungsreihe ist in eine Geschichte eingebettet und erzählt von einem Ausflug in der Stadt. Insgesamt sind es sechs verschiedene Übungen, und ich kann mir vorstellen, daß ihr jeden Tag eine neue lernt und am siebten Tag den ganzen Ausflug mit allen Übungen macht.

1. Tag

Heute ist ein besonderer Tag. Wir wollen einen Ausflug machen. Ich bin schon früh aufgewacht und habe mich gründlich durchgeräkelt, damit ich munter werde. (Ausgiebig dehnen und recken, gähnen, und vielleicht von unten nach oben abklopfen, damit die Durchblutung angeregt und die Muskulatur warm wird.) Wo wird es wohl hingehen? Wir gehen los und laufen die Straßen entlang. Überall sind Häuser, große, kleine, spitze, eckige, flache, protzige. Ich staune, wie viele verschiedene Häuser es gibt und wie viele verschiedene Dächer.

1. Übung: *Das Dach*

Die Grundform ist ganz einfach. Mit beiden Füßen gut auf dem Boden stehen, den Kopf und den Oberkörper nach vorne sinken lassen, bis die Hände den Boden berühren. (Vielleicht ein wenig in die Knie gehen.) Jetzt könnt ihr mit den Händen nach vorne laufen, und schon habt ihr ein Dach. Schaut mal, was unter dem Dach los ist (Kopf zur Brust). Jetzt versucht einmal, wie viele verschiedene Dachformen ihr bilden könnt. (Einzige Vorgabe: Hände und Füße bleiben auf dem Boden.) Zuletzt laßt ihr euch auf die Knie sinken und legt euch hin. Ruht ein wenig aus und stellt euch euer Lieblingshaus vor.

2. Tag

Erinnert ihr euch noch an den Beginn unseres Ausflugs? Wir haben uns gestern geräkelt und gestreckt, damit wir warm werden und sind dann losgegangen und haben uns die verschiedenen Häuser angesehen (durchräkeln und das Dach wiederholen). Heute wollen wir ein wenig weitergehen. Wir kommen in einen Park, in dem es kleine Teiche, Bäche und auch einen breiten Kanal gibt. Die Wege führen über verschiedene kleine und größere Brücken, manche sind schlicht aus Holz, manche aus Stein, manche aus Eisen. Alle sind verschieden.

2. Übung: *Die Brücke*

Wenn ihr das Dach ganz lang streckt, den Rücken rund macht und den Kopf zwischen die Arme nehmt, habt ihr schon eine Brücke. Aber es gibt noch andere. Legt euch einmal ausgestreckt auf den Rücken auf den Boden. Spürt euch gut in den Boden ein, denn ihr braucht ihn gleich als Halt für eure Brückenpfeiler. Jetzt zieht die Beine heran und stellt sie vor dem Gesäß auf. Stützt euch gut mit den Füßen im Boden ab und hebt langsam euren Rücken. Spürt, wie weit ihr die Brücke spannen könnt. Legt den Rücken Wirbel für Wirbel wieder auf den Boden. Wiederholt dies ein paar Mal. –

Es gibt noch größere Brücken. Nehmt die Arme über den Kopf und stützt euch neben dem Kopf mit den Händen auf. Drückt euch noch nach oben. Dann legt euch wieder hin und ruht euch aus. Welche Schiffe mögen unter euren Brücken durchfahren? Schaut ihnen zu.

3. Tag

(Wiederholung der Geschichte bis hierher.) Wenn wir den Park wieder verlassen haben, sehen wir hinter all den Häusern einen großen Turm. Da möchten wir hin. Von so einem Turm muß es einen herrlichen Ausblick rings über die Stadt geben. Wir gehen auf den Turm zu und entdecken, daß es in der Stadt nicht nur einen, sondern ganz viele Türme gibt.

3. Übung: *Der Turm / Schulterstand*
Wir liegen noch von der Brücke auf dem Rücken, ziehen die Beine heran und strecken sie hoch. Mit den Händen stützen wir uns in der Hüfte ab. Die Füße bleiben flach, das ist die Aussichtsplattform. Jetzt haben wir den kleinen Turm (Kerze). Aber der andere Turm ist noch viel höher. Wir lassen die Beine etwas hinter den Kopf sinken und stützen uns im Rippenbereich ab. Langsam wächst unser Turm in den Himmel. Die Füße streifen die Wolken. Atmet ruhig und lächelt zu euren

Füßen hinauf. Dann verschwindet der Turm wieder, Füße und Beine sinken, der Rücken rollt sich zur Erde. Ihr spürt eurem Atem nach und seht noch ein wenig den Wolken zu, die am Himmel treiben.

4. Tag

(Wiederholung der Geschichte bis hierher.) Noch ein paar Kurven und Ecken, und endlich stehen wir vor dem hohen Turm. Wir stehen da (Aufstehen) und kommen uns richtig klein vor. Wir müssen den Kopf in den Nacken legen, um die Spitze zu sehen. Wie wir da wohl hinaufkommen? Wir gehen hinein. Oh, zum Glück gibt es da einen Fahrstuhl. Damit wollen wir ganz nach oben fahren.

4. Übung: *Fahrstuhl*
Wir stehen mit eng zusammengestellten Füßen fest auf dem Boden. Langsam heben wir die Arme über den Kopf und legen die Hände zusammen. Das ist unser Kabinendach. Jetzt kommt der Fahrstuhl herunter. Wir gehen mit geschlossenen Knien in die Hocke, bis der Po fast den Boden berührt. Die Füße sollten auf dem Boden bleiben. Die Kraft kommt aus dem unteren Rücken, das Gleichgewicht wird durch Verlagerung des unteren Rückens ausbalanciert. Dann fährt der Fahrstuhl hoch. (In den Boden

abdrücken und hochgehen.) Oben ruhen wir uns einen Moment aus, aber weil Fahrstuhlfahren Spaß macht, geht es noch ein paarmal hoch und runter. Dann müssen wir uns erst einmal ausruhen, bis sich Herzschlag und Atem wieder beruhigt haben. Wir schauen uns dabei zu und spüren, wie wieder Ruhe in unseren Körper einkehrt.

5. Tag

(Wiederholen der Geschichte bis hierher.) Endlich oben! Jetzt sind wir aber neugierig, was wir von da oben alles sehen können. Die Aussichtsplattform dreht sich, so daß wir von einem Platz aus alles sehen können.

5. Übung: *Drehsitz*
Wir setzen uns hin, die Beine gerade ausgestreckt. Dann ziehen wir das rechte Bein heran und stellen den Fuß außen(!) neben das andere Knie. Mit der rechten Hand fassen wir von innen an das rechte Fußgelenk und drehen uns über die linke Schulter nach hinten, die linke Hand stützt sich hinter dem Körper ab. Wie weit können wir nach hinten sehen? Langsam drehen wir uns zurück, lassen das Bein wieder ausrutschen. Nach einer kurzen Pause machen wir die Übung umgedreht und drehen uns über die rechte Schulter.

Konntet ihr rundum alles sehen? Welche Seite war leichter? Probiert es noch einmal aus. Dann legt euch wieder hin und spürt der Bewegung nach. Was konntet ihr von eurem Turm aus alles sehen? Schließt die Augen und schaut über die Stadt.

6. Tag

(Wiederholen der Geschichte bis hierher.) Nun ist unser Ausflug fast zu Ende. Weil er recht anstrengend war, machen wir es uns auf dem Heimweg ganz bequem und lassen uns nach Hause fahren. Mit sanft schaukelnden Bewegungen rollt der Bus bis vor unsere Haustür.

6. Übung: *Rückenschaukel*
Wir liegen auf dem Rücken und ziehen die Beine heran, umfassen die Knie sanft mit unseren Händen. In weichen Bewegungen ziehen wir die Beine bis zur Brust heran und lassen die Arme wieder lang werden und die Beine zurücksinken. Versucht diese Bewegung so weich wie ein rollendes Rad werden zu lassen. Ruht euch zwischendurch aus. Dann macht die Übung noch einmal mit Schwung. Schaukelt auf dem Rücken vor und zurück, bis ihr zum Sitzen kommt. Damit ist unser Ausflug zu Ende und ihr könnt erzählen, wie es war.

7. Tag

Wer Lust und Zeit hat, kann nun den ganzen Ausflug an einem Stück wiederholen. Macht jede Übung ein paarmal ganz in Ruhe und vergeßt zwischendurch die Ruhepausen nicht. Am Schluß erholt ihr euch von dem anstrengenden Ausflug und ruht euch gut aus. Legt euch flach auf den Rücken und laßt euch vom Boden tragen. Spürt, daß ihr alles loslassen könnt – vom Kopf bis zu den Füßen. Schaut eurem Atem zu und spürt, wie er euch durchströmt.

Wie geht es euch jetzt?

Nachbemerkung:
Die Übungsfolge kann immer wieder wiederholt werden. Achten Sie darauf, daß nie eine Haltung erzwungen wird. Jede/r übt so gut er/sie kann. Sie werden merken, wie sich die Beweglichkeit bei regelmäßiger Übung verändert. Wenn Sie mögen, kann die Übung bei Wiederholungen mit verschiedenen Phantasiereisen verbunden werden. Es bietet sich an, nach dem Drehsitz eine längere Ruhephase zu machen und einen kurzen Impuls zu geben, zum Beispiel: Heute sind wir recht früh/spät zu unserem Turm gekommen. Das ist schön, so können wir dem Aufgang/dem Untergang der Sonne

zuschauen. Schließt die Augen und genießt vom Turm aus den Sonnenauf- bzw. -untergang.
Oder: Heute war besonders schönes Wetter. Seht ihr die vielen weißen Wölkchen. Wo werden die wohl hingeblasen? Wenn ihr mögt, setzt euch auf eine Wolke und fliegt ein wenig mit ihr mit. (Nicht vergessen, alle vom Wind zurückbringen zu lassen!)

Musikalische Bilder – Phantasiereisen nach Musik

Musik begleitet unser Leben und das unserer Kinder in vielerlei Weise. Meistens ist sie allerdings nur Nebensache, Begleitmusik zu irgendeinem anderen Tun. Anders, wenn wir singen oder selbst musizieren, dann steht sie im Mittelpunkt unserer Aufmerksamkeit. Eine weitere Möglichkeit, die uns hilft, ganz bewußt zu hören und bei der Musik zu sein, möchten wir Ihnen hier vorstellen. Wir regen an, sich ganz auf die Bilder, die Atmosphäre eines Musikstückes einzulassen, so daß sie sich in unserem Inneren zu einer Bilderfolge oder gar einer Phantasiereise verdichten können. Es ist für Kinder und Erwachsene heilsam, mit Hilfe der Musik so ganz bei sich zu sein.

Anleitung

Jede/r sucht sich einen Platz, an dem sie/er sich bequem hinsetzen oder legen kann.

Wie vor jeder Phantasiereise, ist es gut, wenn ihr zunächst einmal nachspürt, ob der gewählte Sitz wirklich bequem ist. Vielleicht wollt ihr euch noch einmal dehnen und recken, ihr könnt auch einmal kräftig gähnen. Kuschelt euch richtig schön in den Sessel, in das Bett, auf die Decke und seid gleich nur noch ganz Ohr. Seid ihr neugierig, was ihr heute hören werdet? Es ist Musik von Leopold Mozart: die »Musikalische Schlittenfahrt«. Mir gefällt diese Musik. Ich höre wirklich den Schlitten und die Tiere und noch viel mehr. Ich bin gespannt, was ihr hört. Schließt die Augen und schaut, welche Bilder die Musik in euch hervorzaubert. Vielleicht sind es einzelne Bilder, vielleicht ist es eine ganze Geschichte. –

– Die Musik ist nicht ganz kurz, aber Sie müssen das Musikstück auch nicht auf einmal hören. Überlegen Sie vorher, wie lange das Stück sein soll, und wählen Sie einen entsprechenden Abschnitt aus. Lassen Sie die Musik leise ausklingen und warten noch etwas, ehe Sie wieder zum Aufwachen, Dehnen und Räkeln einladen.

– Nach der Musik würde ich gar nichts tun, auch nicht unbedingt ein Bild malen. Eher noch ein wenig liegenbleiben. Vielleicht gefällt Ihnen auch ein Tanzstück aus der musikalischen Schlittenfahrt, zu dem Sie sich bewegen könnten. Da diese Musik Ball(=Tanz)musik ist, mögen sich Kinder dazu vielleicht verkleiden. Und die Stille? Sie geht in Schwung und Bewegung über.

Eine geistliche Übung – Aus der Menge in die Stille

Jesus lebte in einem einzigartigen Rhythmus. Wenn er mit vielen Menschen zusammen war, zog er sich nachher fast immer in die Stille zurück. Auch seine Freunde läßt er allein, und manchmal können die Freunde dies nur schwer ertragen. Jesus nimmt sich das Recht auf eigene Stillezeit, er weiß, wie notwendig diese Zeit für sein Leben ist. In der Stille hat er Zeit für sich und für Gott. Jesus erinnert uns daran, daß das Tun und die Stille zusammen gehören, ja, daß das Tun aus der Stille seine Kraft gewinnt. Gerade in einer städtischen Umgebung, die oft laut und hektisch ist, in der viele Menschen auf engstem Raum leben, und wo Rückzugsmöglichkeiten nicht selbstverständlich sind, hilft uns diese Erinnerung, eigene Orte der Stille zu bewahren bzw. zu suchen.

Zu dieser Übung gehören drei Fragen:

– Haben Sie, als Mutter, als Partnerin, einen Ort (nicht unbedingt einen ganzen Raum) und eine Zeit, wo Sie in Stille ganz für sich sein können, und wird dies von allen respektiert?

– Haben Sie, als Vater, als Partner, in Ihren Tätigkeiten Ort und Raum zum Innehalten? Manche Männer neigen dazu, auch in der Freizeit nur aktiv zu sein; laden Sie sich selbst zur Stille und Ruhe ein.

– Gibt es für die Kinder Zeiten und Orte des Rückzugs und des Alleinseins? Dürfen die Kinder bewußt allein sein, wenn sie es wollen? Manche Kinder mögen es, wenn sie in einem Zimmer eine Kerze anschauen können. Manche mögen ruhige Musik hören. Suchen Sie einen stillen Platz und singen Sie (innerlich), so oft Sie wollen, einen Kanon, einen Singvers.

Was ist an dieser Übung nun die Übung? Es scheint doch ganz einfach zu sein. Probieren Sie es aus. Diese Übung ist einfach und schwer zugleich, denn kaum jemand nimmt sich den Raum zur Stille regelmäßig und selbstverständlich. Lassen Sie sich von Jesus immer wieder anstiften.

Rituale – den Rhythmus leben

Gerade wenn Zeiten der Stille nicht durch den Rhythmus des Alltags selbstverständlich sind, ist es sinnvoll, gemeinsam zu überlegen, wie Sie Stille-Übungen in Ihren Alltag einbeziehen können.

Eine Grundidee wäre ein Angebot für die Familie:

Einmal in der Woche 30 Minuten Stille erleben

Bieten Sie diese Zeit regelmäßig an einem Tag an. Es ist schwer, einen Termin immer wieder neu auszuhandeln. Erfahrungsgemäß sind folgende Termine sinnvoll: an einem Spätnachmittag oder – mit etwas Abstand – nach dem Abendessen. Am Sonntag könnte es auch der frühe Nachmittag sein. Vielleicht haben Sie aber einen ganz anderen Rhythmus und finden – mit oder ohne Probieren – Ihre eigenen Zeiten.

Diese Zeiten sind dann z.B. für die ausführlicheren Übungen aus diesem Buch geeignet.

5 Minuten Stille am Tag

Die 30 Minuten einmal in der Woche könnten von 5 Minuten Stille am Tag ergänzt werden. Diese Übung tut nicht nur gut, Kinder können so sich auch vor wichtigen Aufgaben – nicht nur Klassenarbeiten – zurückziehen, konzentrieren und vorbereiten.

Zeitideen: Nach dem Mittagessen, vor den Schulaufgaben, nach dem Abendessen, vor dem Schlafengehen.

Anregungen für diese Zeit finden Sie vor allem in den »Alltagsideen« dieses Buches, aber auch die Kim-Spiele oder eine schon eingeübte Yogaübung oder der Kreis der guten Wünsche (s.S. 242) brauchen nicht mehr Zeit.

Und natürlich können Sie sowohl die längere als auch die kurze Stillezeit mit vorgelesenen – oder noch schöner erzählten – Geschichten, Märchen oder Gedichten gestalten.

Noch eine andere Idee, nicht nur, aber besonders für alle, die die Natur im Garten und in der Umgebung nicht gerade zum Greifen nahe haben:

Der Jahreszeitentisch

Immer wieder werden Sie Anregungen finden, den Jahreszeitenwechsel, das Wachsen und Aufblühen der verschiedenen Pflanzen mit besonderer Achtsamkeit wahrzunehmen. Holen Sie sich doch etwas davon in Ihre Wohnung. Da kann es ein Tischchen, einen Platz auf der Fensterbank geben, die immer wieder neu gestaltet werden. Dort können Blumen und Früchte der Jahreszeit liegen, dort können Muscheln und Steine an den Urlaub erinnern, dort können Zweige knospen und ihre Blätter verlieren. Ein solcher Platz kann ein liebevoller Anblick sein, an dem sich alle immer wieder neu freuen können, und der uns gleichzeitig in den ständig fließenden Rhythmus des Lebens hineinnimmt.

 *Abschlußgeschichte*

Lesen Sie diese Phantasiereise langsam mit Pausen vor, Änderungen sind erwünscht und ergeben sich mit der Zeit. Sie können die Geschichte auch frei erzählen, vermeiden Sie dann Wertungen und Gefühle. Beschreiben Sie und laden Sie ein. Machen Sie bitte Pausen, fragen

Sie gegebenenfalls, ob alle Kinder weiter folgen können oder ob noch jemand Zeit braucht. (Näheres zu den FaFeFiFoFu-Reisen finden Sie im Kapitel »Wahrneh-mung«, S. 63.)

Zur Vorbereitung suchen sich alle einen schönen Platz, an dem sie liegen oder locker sitzen können.

Als das FaFeFiFoFu den Mond reinigen wollte

– Heute soll das FaFeFiFoFu ein unverletztliches Raumschiff sein. Es kann überall hinfliegen und nimmt gerne Kinder mit auf die Reise. Wenn ihr mitfliegen wollt, müssen wir es jetzt herbeirufen: (FaFeFiFoFu …). – Da kommt es schon herbeigeschwebt. Steigt ein und legt euch auf den Boden unseres Raumschiffes. Atmet ruhig und legt euch immer mehr auf dem Boden ab. Euer ganzes Gewicht vertraut dem Boden an.

– Schaut hinauf in den Himmel. Dazu könnt ihr die Augen schließen. Wir haben einen schwierigen Auftrag: Der Mond ist ganz verborgen. Vor dem Mond ist eine dunkle Wolke. Was mag da wohl los sein? Wollt ihr auf unserer Entdeckungsreise mitfliegen? (…)

– Dann wollen wir die Raketen anstellen. Summt langsam ein o oder ein u oder ein a. Werdet immer lauter uns spürt, wie euer ganzer Körper vibriert. Das Raumschiff startet.

– Nun steigen wir höher und höher und nähern uns dem Mond. – Die Rakete wird leise und stellt sich aus. Es wird ganz still – in der Erdatmosphäre gibt es keinen Laut. Schaut euch innerlich um, schaut was ihr alles im Himmel und auf Erden sehen könnt.

– Der Mond wird größer und es wird dunkler. Wir fliegen durch die Wolke.

– Sie wird langsam wieder heller und wir sehen den Mond vor uns. Der Mond ist klar und deutlich zu sehen.

– Die Wolke ist von oben schwarz und schmutzig. Vor dem Mond steht eine Wolke mit Ruß und Schmutz von der Erde.

– Der Mond kann uns nicht helfen. Er schickt uns zum Bruder Wind, vielleicht kann der Bruder Wind die Wolke wegblasen.

– Langsam schwebt das FaFeFiFoFu dahin und nähert sich dem Wind. Erst ist der Wind ganz sanft, dann muß das FaFeFi FoFu seine ganze Kraft einsetzen, und die Rakete springt wieder an. Mit eurem o und u und a fahren wir in das Zentrum des Windes. Spürt den Boden, auf dem ihr liegt, und der Wind kann euch nichts anhaben.

– Dann ist es still. Windstill. Ihr seid im Herzen, in der Mitte des Windes. – Der Wind weiß, was ihr braucht, er wird euch einmal noch helfen. Aber er will nicht immer den Schmutz der Menschen wegblasen. Nur für die Kinder fängt er an zu blasen, und ihr dürft ihm helfen.

– Mit tiefem Ausatmem und Blasen helft ihr dem Wind mit und pustet, so gut ihr es könnt.

– Nun ist wieder Ruhe da. Der Wind ist verschwunden, die Wolke hat sich aufgelöst; schaut euch den Mond an.

– Schaut auf die Erde. Wie klar ist die Luft, die Atmosphäre der Erde.

– Langsam senkt sich das FaFeFiFo-Fu wieder zur Erde hin und sinkt immer tiefer. Ihr landet ganz langsam und behutsam. – Spürt, wie ihr jetzt am Boden liegt. Nehmt euer ganzes Gewicht wahr. Laßt eure Reise mit dem FaFeFiFoFu ausklingen. – Setzt euch auf. Räkelt euch ein wenig und steigt aus dem Fahrzeug aus.

Ich bin –
Wer bin ich? –
Ich bin wer!

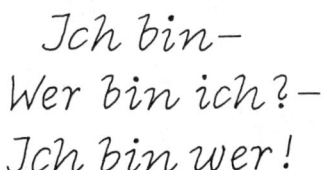

 ## *Hinführung*

Kinder wollen sich selbst entdecken. Genauso wie Sie Kontakt zur Umwelt und zu den Menschen um sich herum aufnehmen, spüren Kinder sich selbst. Schritt für Schritt lernen sie, sich von ihrer Umgebung zu unterscheiden. Für den Säugling ist der eigene Fuß erst einmal etwas, was er einfach ergreifen kann, genauso wie Mamas Finger oder die Rassel. Erst später wird er zu »Peters Fuß« und dann folgt die Erkenntnis: »Mein Fuß – ich habe einen Fuß«. Diese notwendige Entdeckung der eigenen Person geht mit dem Verlust der erlebten unterschiedslosen Einheit einher. Sie bleibt als Sehnsucht uns erhalten und kann uns helfen, auch als Erwachsene unser Eins-Sein mit aller Schöpfung bewußt und neu zu erfahren. Doch zunächst muß ich mich selbst entdecken. Dies hört sich selbstverständlich an, für meine Generation war dies nicht so einfach. »Ich«-Sagen war nicht nur unerwünscht, sondern wurde lächerlich gemacht. »Der Esel nennt sich immer zuerst«, war ein ständiger Hinweis, sich nicht in den Vordergrund zu stellen.

Und doch ist »ich«-Sagen notwendig, um »Du« sagen und die Umwelt be-greifen zu können. Uns geht es in diesem Abschnitt darum, daß Kinder in der Stille erfahren, daß sie ein Menschenkind mit eigenem Wert und eigener Würde sind. Und Wert und Würde sind unabhängig von Können und Leistung, Behinderungen und Krankheiten, von Alter und Größe. Natürlich erfahren Kinder, daß sie ganz verschieden sind, und dies ist gut. Diese Erfahrung ermöglicht Identität (ja sagen zu mir selbst) und Reifung. (Reifung ist ein altmodisches Wort. Hier meint es, daß wir unsere eigene Entwicklung fördern und akzeptieren.) Doch anders sein heißt nicht, mehr oder weniger Wert zu sein.

Zwei kleine *Geschichten* verdeutlichen, in welchem Spannungsfeld die Entdeckung und die Auseinandersetzung mit der eigenen Person geschieht:
- In der griechischen Mythologie schaut ein junger Mann ins Wasser und sieht sich selbst. Er sieht, bewundert und verliebt sich in sich selbst und in sein Spiegelbild. Doch es geschieht keine Entdeckung der eigenen Person, er bleibt an seinem äußeren Bild haften.
- Auf dem Berg Athos lebte ein Mönch in einer Einsiedelei. Als er am Brun-

nen Wasser schöpft, wird er von Wanderern gefragt, was er dort mache. Er läßt sie in den Brunnen schauen, aus dem er gerade einen Eimer Wasser gezogen hat. Die Wanderer sehen nichts, das Wasser ist bewegt. Sie sind mit der Antwort unzufrieden. Nach einer schweigenden Weile läßt er sie wieder in den Brunnen schauen. Auf der nun glatten Oberfläche sehen die Wanderer sich selbst, und nach einer Weile können sie durch die Oberfläche auf den Grund des Wassers sehen. »Dies mache ich tagaus, tagein. Ich suche die Stille, damit es in mir ruhig wird und ich mich selbst erkenne«, sagt der Mönch. »Dann nehme ich den Grund des Lebens wahr.«

In der Bibel finden wir als zentrale Aussage Jesu das dreifache Liebesgebot: Liebe Gott von ganzem Herzen und deinen Nächsten wie dich selbst. Deshalb ist es gut, sich selbst immer besser kennenzulernen, damit wir uns selbst (liebevoll) annehmen können. Und es ist notwendig zu erfahren, daß wir im Leben angenommen sind, um nicht bei uns selbst zu bleiben, sondern um Liebe schenken und annehmen zu können. Manche Menschen werden antworten, ich bin nie angenommen worden. Diese

Wahrnehmung, diese Ent-Täuschung kann so vorkommen. Vielleicht helfen die folgenden kleinen Übungen ein wenig, sich selbst mit dieser Ent-Täuschung anzunehmen, um damit den Kreislauf zu durchbrechen: Keiner hat mich wirklich lieb.

 ## Im Alltag Stille entdecken

Kinder entdecken sich jede Minute, jeden Tag neu. Der Alltag ist angereichert mit solchen Entdeckungen. Kinder entdecken, was sie können und was sie nicht können, sie erleben Gelingen und Scheitern, sie erweitern ihre Erfahrungsräume und probieren sich aus. Dabei brauchen sie Ermutigung und Unterstützung, aber auch Hilfe, Grenzen zu ziehen.
Im Alltag gibt es viele Momente, die uns die Begegnung mit uns selbst in der Stille schenken:

Das kann ich

Kinder brauchen die Erfahrung: »Ich kann das, ich kann das alleine.« Viele Kinder bei uns sind eher überbehütet, und es tut ihnen gut, wenn Sie als Erwachsene Gelassenheit im Zuschauen üben. Sicherlich gilt dies nicht, wenn es gefährlich ist. Doch oft helfen wir vorschnell, weil das Kind zu lange braucht und sich abmüht. Halten Sie es aus und freuen sich mit ihm, wenn es etwas geschafft hat.

Mich ansehen

– Kinder lieben große Spiegel. Bei uns gab es früher nur den Spiegel im großen Schrank im Elternschlafzimmer, und das war tabu. Deshalb war es wohl doppelt reizvoll, da heimlich hineinzuschleichen und den Blick in den Spiegel auszukosten. Wenn Sie einen großen Spiegel haben, geben Sie Ihren Kindern Raum, sich da ganz alleine zu entdecken. Auch für Erwachsene ist solch ein Spiegel eine Einladung.

– Unsere Figur und unsere Umrisse können wir auch im Sand am Strand ansehen und vergleichen. Es ist schön, eine Weile im Sand zu liegen, unsere Gestalt drückt sich langsam immer mehr ab. Wenn wir vorsichtig aufstehen, hinterlassen wir ein Familienkunstwerk. Fast noch schöner sieht

solch eine Galerie aus, die als Abdruck in einer unberührten Schneefläche entstanden ist. (Nur ist Ausruhen da auf Dauer etwas kühl.)

In andere Rollen schlüpfen

Kinder haben große Freude daran, in andere Rollen zu schlüpfen. Dies gilt nicht nur für die Karnevalszeit.

– Bei vielen Straßenfesten können die Kinder sich heute schminken lassen. Das Gesicht in eine Katze, einen Schmetterling, Clown oder ein Gespenst verwandeln lassen, dauert seine Zeit. Und mir fiel immer wieder auf, wie ruhig und ausdauernd die Kinder da saßen. Dieses Verändern des eigenen Gesichtes, das Ausprobieren »Wie könnte ich auch anders sein«, ist auch eine Form der Auseinandersetzung mit dem eigenen Werden. Daneben tut die Zuwendung des Geschminktwerdens gut. Auch wenn Sie sich selbst nicht schminken: Stellen Sie Kindern Schminke zur Verfügung, nur beachten Sie das Alter der Kinder. Kleine Kinder »bemalen« sich gerne von Kopf bis Fuß, was im Sommer sicher schön ist. Sie können auch die Kinder nach

Wunsch schminken; dazu gibt es entsprechende Bücher im Fachhandel oder zum Ausleihen. Lippenstifte, Lidschatten, usw. sind erst für die Älteren interessant.

Ein Hinweis zur Schminke: Die Firma Kryolan, Berlin, stellt Theaterschminke auf Wasser- und Fettbasis her, und diese Schminke ist hautfreundlich. Für Allergiker gibt es dort auch entsprechende Schminke. Für Familien ist besonders eine Schminkpackung geeignet, die einem Wasserfarbenkasten in der Anordnung und Ausstattung entspricht. Die Schminke gibt es im Theaterbedarf und bei Kryolan, Berlin (Telefonnummer über die Auskunft). »Karnevalsschminke« bekommt der Haut selten.

– Während Schminken oft in aller Stille geschieht, ist Verkleiden eher mit lustigem Spielen und Rollenwechsel verbunden. Verkleiden selbst aber braucht Ruhe und Zeit. Eine Verkleidekiste mit alten Erwachsenenklamotten (!) und Tüchern, Schals, extravaganten Schuhen kann in jedem Haushalt angelegt werden. Verkleiden macht auch zusammen mit Erwachsenen Spaß.

Mit großen Tüchern, bunten Stoffen, gebatikten Bettlaken, Decken u.ä.

können sich Zimmer in Phantasieländer verwandeln, in denen wir vielerlei erleben können. Erzählte Phantasiereisen können das Spiel einleiten oder auch zum Schluß alle wieder sammeln und das Spiel in Ruhe ausklingen lassen.

– Geschichten und Bücher können auch anregen, sich in ein Tier hineinzuversetzen, und so etwas von dem auszudrücken, was uns als Kind/Erwachsener sonst schwer fällt. Zum Beispiel: Heute möchte ich so schnell wie ein Pferd sein, oder ich wäre gerne ein dicker kuscheliger Bär, oder ich würde gerne knurren wie ein Hund. Malt einen Familienzoo, jeder und jede malt ihr heutiges Tier.

Fotos

Alte Fotos haben etwas Faszinierendes. In gemütlicher Atmosphäre in alten Fotoalben blättern, Gesichter studieren, Geschichten hören und erfinden, ist eine mögliche schöne Erfahrung, die uns hineinnimmt in das gemeinsame Werden und Wachsen: Auch Eltern waren einmal klein, auch (Groß-)Eltern sterben …

 **Ausführliche Übungen**

Kontakt zu mir finden

Nicht erst, wenn wir »außer uns« sind (vor Zorn, vor Angst) oder das Gefühl haben, »neben uns zu stehen«, spüren wir, wie schnell uns der Kontakt zu uns selbst verlorengehen kann und was dies für unser Empfinden und Handeln bedeutet. Umgedreht können wir entdecken, wie gut es uns tut, »ganz bei uns zu sein.« Dazu kann uns die folgende Eutonieübung helfen.

Die Eutonie kennt als wichtiges Grundprinzip den Kontakt. Dies erinnert uns an das Baby, das vom Hautkontakt lebt, an Berührungen, die uns gut tun. Indem wir berühren und berührt werden, spüren wir uns selbst, werden wir unser »Selbst bewußt«, spüren wir auch, wo wir uns anlehnen und tragen lassen können. Deshalb werden die Übenden in der Eutonie immer wieder angeleitet, den Kontakt zu spüren. Dabei kann der Boden, die Kleidung und die Luft helfen, den Kontakt wahrzunehmen.

Ich möchte Ihnen eine einfache Übung vorstellen:

Anleitung

– Nimm bitte eine Decke, auf der du ganz Platz hast. Wer möchte, kann einen Tennisball oder eine Holzkugel in jede Hand nehmen. Dies kann gut tun und beruhigt manche Menschen.

– Lege dich mit dem Rücken auf die Decke. Strecke und recke dich noch einmal gut durch, und dann stell' dir vor: Du liegst im Sand.

– Vertraue dich immer weiter dem Boden an. Vielleicht spürst du, wie der Boden deinen Körperabdruck aufnimmt. Kannst du dir vorstellen, wie er aussieht?

– Ich will mit dir jetzt die Stellen entlanggehen, an denen du den Kontakt zum Boden besonders gut spüren kannst. – Spüre als erstes die Auflagefläche deines Kopfes. Wie groß ist die Fläche, auf der er liegt?

– Vom Kopf her kannst du die Wölbung deines Nackens wahrnehmen. Wo berührst du wieder den Boden? – Wie liegen deine Schultern am Boden? Hebe sie ruhig und langsam nacheinander an und lege sie wieder ab.

– Such dir jetzt einen Arm aus. Wie liegt er neben dir? Spürst du seine Berührung mit dem Boden, mit deinem Körper? Nimm auch deine Hand wahr und die Finger. Wenn du etwas verändern möchtest, tu dies ruhig.

- Vergleiche diesen Arm mit dem anderen. Wie liegt der? Magst du ihn etwas bewegen, um ihn besser zu spüren? Nimm nun die andere Hand wahr und die Finger. Vielleicht magst du Hand und Finger auch verändern.

- Spüre noch einmal zur Schulter hin und versuche, die Mitte zwischen den Schultern wahrzunehmen. Dort liegt die Wirbelsäule. Wie eine kleine Leiter könnt ihr die Dorn-Fortsätze der Wirbelsäule spüren. Klettert sie in Gedanken langsam herab und nehmt wahr, wo ihr den Boden mit den Fortsätzen berührt und wo nicht.

- Du kommst schließlich zum Kreuzbein. Das Kreuzbein verbindet die Beckenknochen oberhalb des Pos. Kannst du spüren, ob du dort aufliegst?

- Mit dem Becken, also mit dem Po, liegst du sicherlich auf dem Boden. Du kannst dich auch dort noch mehr dem Boden anvertrauen.

- Merkst du, wo dein linkes Bein im Becken beginnt? Gehe das Bein entlang und du begegnest deinem Oberschenkel, – deinem Knie und – deiner Wade. Spüre, wie das Bein auf dem Boden liegt.

- Deine Ferse trägt den Fuß mit, wie liegt sie? Möchtest du die Lage verändern? Was nimmst du von deinem Fuß wahr? Spürst du die Sohle, die/alle Zehen und die Spanne (Oberseite)? Vielleicht streckst du einmal die Zehen ganz langsam; nimmst du dabei die Ferse, die Sohle, die Spanne und einen Zehen bewußter wahr?

- So – nun vergleiche diese Bein- und Fußseite mit der anderen Seite. Merkst du, wo dein rechtes Bein im Becken beginnt? Gehe auch dieses Bein entlang und wieder begegnest du deinem Oberschenkel, – deinem Knie und – deiner Wade. Nimm ihren Abdruck auf dem Boden wahr.

- Deine Ferse trägt auch hier den Fuß mit, wie liegt sie? Möchtest du die Lage verändern? – Was nimmst du von diesem Fuß wahr? Spürst du die Sohle, die/alle Zehen und die Spanne (Oberseite)? Vielleicht streckst du wieder die Zehen ganz langsam; nimmst du dabei die Ferse, die Sohle, die Spanne und einen Zehen bewußter wahr?

- Nimm zum Abschluß noch einmal deinen ganzen Körper wahr. Erinnere dich an die Vorstellung, daß du im Sand liegst. Nimm dich als Ganzes im Sand wahr. Kannst du dir deinen Abdruck jetzt vorstellen?

– Nach einer kleinen Pause kannst du dich räkeln, vergiß das Gähnen nicht. Wie geht es dir jetzt?

Anregung zur Wiederholung / Gestaltung

– Lege vor der Übung einen Tonkloß oder ein großes Blatt Papier vor dich. Wenn du nach der Übung den Ton in die Hand nimmst, lade ich dich ein, die Augen zu schließen. Gestalte dich nun aus dem Ton, forme dich, wie du gelegen hast. Du kannst die Augen auch aufmachen, intensiver ist es jedoch mit geschlossenen Augen. – Laß dir die Zeit, die du brauchst.
– Du kannst dich aber auch malen, so wie du gelegen hast. Stell dir vor, du siehst dich aus einem Flugzeug.
– Unter dem Stichwort *Elemente* findest du noch weitere Fortsetzungen dieser Übung.

Ich bin bei meinem Namen gerufen

Beim Namen gerufen werden, kennt von uns jeder. Ohne Namen wäre es unmöglich, jemanden zu rufen. Der Vorname benennt unsere eigene Persönlichkeit und gehört zu »mir«, der Nachname stellt uns in eine Tradition von Menschen, die mit diesem Namen schon lange leben. Vor- und Nachname zusammen machen jede und jeden von uns unverwechselbar.
– Sicherlich sind viele neugierig und möchten wissen, was ihr Vorname bedeutet. In vielen Stammbüchern stehen die Bedeutungen, es gibt auch Bücher mit Namenserklärungen. Manche Namen haben ihre Geschichte, bzw. es gibt Geschichten von Menschen, die diesen Namen trugen. Vielleicht haben Sie Lust, in einer Bücherei auf Namensgeschichte-Suche zu gehen.
– Einen Namen haben heißt: Ich bin der … oder ich bin die …, mich gibt es. Was ein Name ausmacht, merken wir zum Beispiel, wenn wir einem Tier einen Namen geben. Auf einmal haben wir eine ganz andere Beziehung zu ihm. Umgedreht vermeiden wir oft, Menschen, die wir nicht mögen, bei ihrem richtigen Namen zu nennen. Spürt, was sich verändert, wenn ihr den Spaghetti mit seinem Namen »Pedro« nennt, die Heulsuse »Lina« heißt, der alte Knacker »Herr Neumann« wird.
– Beim Namen gerufen werden heißt, da wollen Menschen etwas mit mir zu tun haben. In der Bibel sagt Gott zu

den Menschen: »Ich habe dich bei deinem Namen gerufen, und du gehörst zu mir.« Dies erinnert mich an Vater, Mutter oder einen guten Freund, die zu meinem Leben dazugehören. In der Taufe wird diese Zusammengehörigkeit bestätigt. Laßt euch von der Taufe erzählen, schaut euch die Bilder an, hört euren Taufspruch.

Kosename – Schimpfname – mein Name

Nicht immer werden wir bei unserem eigentlichen Namen gerufen. Da gibt es Kosenamen, Abkürzungen, Ausschmükkungen und auch Schimpfnamen. Mit welchen Namen wirst du gerufen? Was bedeutet dein Name/deine Namen für dich? Bist du damit glücklich, unzufrieden oder gar ärgerlich? Haben die anderen wirklich schönere, bessere Namen? Wie möchtest du am liebsten genannt werden? Probiere es einmal aus. Und sag den anderen, wie du genannt werden möchtest – was dein Name ist.

(Zum Nachdenken für die Erwachsenen: Wer ruft Sie heute noch mit Ihrem Vornamen. Welche Bedeutung hat es für Sie?)

Meinen Namen gestalten

Nimm dieses Mal einen festeren weißen Karton oder Tonpapier. Schreibe und gestalte darauf deinen Namen. In alten Zeiten wurden die Namen nicht einfach geschrieben und dann an die Türe gehängt. Die Namen wurden verziert, ausgeschmückt, mit Bildern angereichert … So entstanden ganz persönliche Namensschilder. Vielleicht entdeckst du ein wenig mehr von dir selbst, wenn du z.B. überlegst, welches Tier oder welche Pflanzen zu dir passen, wenn du dein Hobby mit hineinmalst und wenn du deine Farben auswählst. Und vor allen Dingen lasse dir Zeit. Male mit aller Liebe dein Namensschild. Schmücke mit deinem Bild deine Zimmertür.

Mir Raum geben im Mandala

In den Einleitungstext (zwischen Seite 23 und Seite 32) eingestreut, finden Sie Bilder, die sich langsam zu einem Mandala entwickeln. Ein solches Mandala ist – wie schon gesagt – ein kreisförmiges Bild mit einer deutlichen Mitte, das in großer Einfachheit die vielfältigen Ordnungen der Natur, des inneren und des äußeren Kosmos widerspiegelt. In der Natur und in den Bildern vieler Religionen finden wir solche Formen. Die Erfahrung zeigt, daß die Beschäftigung mit einem Mandala uns zur Ruhe und zu uns selbst führt. Im Gestalten der äußeren Ordnung hilft dies, uns auch innerlich zu ordnen. Mandalas können gut alleine gestaltet werden. Es ist aber auch reizvoll, wenn zwei oder mehr das gleiche Motiv wählen und hinterher vergleichen, wie verschiedenartig jede(r) sein Mandala gestaltet hat. Selbst in großen Gruppen gleicht nie ein Mandala dem anderen. Wir können diese Erfahrung gut übertragen: Jeder von uns bringt die gleiche Grundstruktur, nämlich sein Menschsein, mit ins Leben, doch ist die Art, wie wir unser Leben entwickeln und gestalten, für jede(n) von uns unterschiedlich und einzigartig.

Noch etwas anderes kann ich an jenen Mandalas beispielhaft erläutern, die auf den Seiten 23 bis 28 abgebildet sind. In den gemalten Mandalas verbirgt sich eine Deutung, ein Sinn-Spiel, um eine andere Ebene aufzuzeigen, die die Strukturen der Mandalas mit sich bringen können: Ich kann diese Mandalafolge als einen Prozeß der persönlichen Reifung und Sinnfindung ansehen:

1. Das erste Mandala enthält im Kreis das Dreieck mit einem Mittelpunkt.

Dies erinnert an den Menschen in der ersten Zeit nach seiner Geburt, in der er noch eins ist mit sich und seiner Umgebung.

2. Im zweiten Mandala orientieren sich die Menschen um eine neue Mitte. Das Menschenkind nimmt wahr, daß es nicht allein ist und gewinnt Gestalt in der Begegnung. Seine Ausrichtung zielt auf die nahe Umgebung. Die Mitte – der Urgrund des Lebens – ist in der Mitte gegenwärtig.

3. In den Anfragen und Krisen des Lebens entwickelt der Mensch seine eigene Mitte. So notwendig dies ist, so wird doch auch deutlich, daß der Mensch eigene Grenzen hat. Der Mensch erfährt dies schmerzhaft. Der Urgrund des Lebens ist zwar noch in der Mitte, aber im einzelnen Menschen eher am Rande.

4. Die Mitte/der Urgrund gewinnt im Erwachsenenalter neue Gestalt. Die ozeanisch umfassende Geborgenheitssehnsucht des Kindes ist nicht erfüllbar, doch vielleicht entdecken Frau und Mann auf ihrer Sinnsuche die Mitte in einer neuen Intensität.

5. Durch die andere Wahrnehmung der Mitte verändert sich auch die Beziehung zum Gegenüber. Aus Berührungspunkten/-flächen werden neue

Überschneidungen, es wachsen eine andere Beziehung, neue Früchte und Veränderungen.

6. Die eigene Veränderung, die eigene innere Entwicklung, sprengt den Rahmen und drängt nach außen: nicht nur in die nähere Umgebung, sondern sie wirkt sich auf das Leben in dieser Welt aus. Der Mensch gestaltet und verantwortet nicht nur sich und die Nächsten, sondern begreift sich als Teil des Umfassenden.

Sie sind eingeladen, ihre eigenen Erfahrungen mit den Mandalas zu machen. Sie können die einzelnen Mandalas hier im Buch nacheinander für sich gestalten. Dies ist schön und macht das Buch zu Ihrem Buch. Vorher sollten Sie aber die einzelnen Mandalas fotokopieren, damit Sie sie mit mehreren und immer wieder malen können. (Denn auch die eigenen Mandalas sind nie gleich.) Wenn Sie die Vorlagen leicht vergrößern, so daß sie ein DIN A4-Blatt ausfüllen, dann haben Sie ein gut geeignetes Format. Zum Malen können Sie zwischen einfachen Buntstiften, Aquarellstiften, Wachsmalkreiden, Wasserfarben und auch Filzstiften wählen, je nachdem, womit Sie gerne malen. Für Kinder finde ich die dicken Buntstifte am schönsten.

Anleitung

– Setzt euch mit eurer Malvorlage und den Stiften an einen ruhigen Platz. Vielleicht mögt ihr eine leise Musik dazu hören. Legt die Farben vor euch hin und laßt euch ganz aus dem Moment leiten, mit welcher Farbe und wo ihr beginnen wollt. Vergeßt eure Lieblingsfarben und das, was schnell zu etwas paßt. Laßt euch überraschen, wie sich das Mandala aus dem Inneren gestaltet. – Malt so lange, wie es euch Freude bereitet. Hört auf, auch wenn vielleicht noch weiße Flächen da sind. Hängt euer Mandala auf, so daß ihr es immer wieder ansehen könnt. Vielleicht merkt ihr dann, daß es so, wie es ist, fertig ist. Oder ihr seht, was noch fehlt, und malt zu einem anderen Zeitpunkt weiter.

– Wenn es fertig ist, schaut es euch als Ganzes an. Worüber staunt ihr? Was fällt euch auf?

Hängt es an einen Platz, an dem es euch eine Zeitlang begleitet.

Was ihr sonst noch mit einem fertigen Mandala machen könnt

Mandalas sind auch schöne Fensterbilder. Wenn ihr ein fertiges Mandala auf der Rückseite vorsichtig mit etwas Öl einreibt (und trocknen laßt), wird es

durchscheinend. So könnt ihr es an ein Fenster hängen und die Farben durch die Sonne leuchten lassen.

Wer sich etwas Zeit nimmt, kann aus vier Mandalas eine schöne (St.-Martins-) Laterne basteln. Dazu müßt ihr aus Plakatkarton den Boden und den Rahmen der vier Seiten ausschneiden. Hinter jede Seite wird ein ausgemaltes Mandala geklebt und anschließend die ganze Laterne zusammengefügt. Wenn alles gut hält, können die Mandalas auf der Rückseite mit einem in Öl getauchten Wattebausch eingerieben werden. Dann fehlt nur noch ein Drahtbügel zum Aufhängen, ein Stab, eine Kerze oder ein Lämpchen, und die Laterne ist fertig.

In der Advents- und Weihnachtszeit könnt ihr den Bildern mit festem Karton einen Rahmen geben und sie dann als Transparente aufstellen. Eine Kerze dahinter macht hell und läßt die Farben durchscheinen.

Meine Stärken – meine Schwächen

Mit der folgenden Übung möchte ich euch einladen, auch einmal die Seiten von euch anzusehen, die ihr gerne habt, und die, die ihr nicht so gerne mögt. Auf Seite 122 findet ihr ein Mandala, das wie ein Auge oder wie ein Samenkorn aussieht. Malt es euch zur Vorbereitung etwas größer ab, so daß es gut auf ein DIN A4-Papier paßt. Ihr braucht für jede(n) zweimal dieses Mandala.

Nehmt euch jetzt Zeit für eine kleine Phantasiereise, in der ihr euch selbst begegnet. Sucht euch einen Platz, an dem ihr euch ungestört fühlt. Setzt oder legt euch bequem und entspannt hin. Spürt euren ganzen Körper. Am leichtesten geht dies, wenn ihr die Berührung zum Boden, zum Stuhl etc. vom Kopf bis zum Fuß entlanggeht.

– Wenn ihr spürt, daß ihr gut liegt, konzentriert ihr eure Aufmerksamkeit auf eure innere Vorstellung. – Stellt euch vor, ihr steht euch selbst gegenüber. Ihr seht euch ganz genau und aufmerksam an. Wie ein guter Freund/eine gute Freundin sagt ihr zu euch selbst: »Du (Peter, Anke …), an dir gefällt mir, daß du …« Seid liebevoll zu euch selbst und sammelt auch das, woran ihr noch zweifelt. – Merkt euch all das, was ihr an Stärken zusammentragt. Laßt den gleichen guten Freund/die gleiche Freundin euch jetzt helfen, die Seiten an euch zu benennen, die ihr nicht so mögt. Vielleicht sagt sie, sagt er: »Du (Moni, Tom …) manchmal gefällt mir an dir nicht, daß du …« Seid auch beim Anschauen eurer ungeliebten Seiten behutsam mit euch selbst. Merkt euch wieder, was ihr an Schwächen zusammentragt. Seht, daß Stärken und Schwächen zwei Seiten von euch sind. Schaut euch nochmals an und verabschiedet euch dann von eurem inneren Bild.

– Löst euch aus eurer ruhigen Haltung und nehmt die Mandala-Vorlagen und Stifte dazu. Malt nun zuerst beide mit Farben aus – eine ist für eure Stärken, die andere ist für eure Schwächen. Seht, wie sich dies auf eure Farbwahl auswirkt. Schreibt dann in die Blüten, was euch euer Freund/eure Freundin gesagt hat.

– Schaut euch die beiden Mandalas dann in Ruhe an. Vielleicht entdeckt ihr Verbindungen zwischen euren beiden Seiten. Denn Stärken sind nicht nur Stärken, und Schwächen nicht nur Schwächen. Immer steckt schon von der anderen Seite etwas mit drin. Schaut nochmals auf eure schwache Seite. Vielleicht steht da: Ich explodiere so leicht. Was steckt da an Stärke drin, fragst du dich? Nun, heißt das nicht auch, daß du deine Gefühle gut

zulassen und zeigen kannst? Gilt das nicht auch für Freude und Begeisterung? Nun, wenn das so ist, schreibe es in den Raum um die Blüte. Suche so in allem, was du nicht so an dir magst, was darin an Chancen verborgen ist. Schreibe dies rings um deine Blüte. – Kannst du dir diese Seite jetzt nicht auch gut ansehen?

– Schau jetzt auf die andere Seite. Hier möchte ich dir etwas anderes vorschlagen. In jeder Stärke steckt auch eine Gabe, mit der du auf andere zugehen kannst, ihnen helfen kannst. Schau dir deine Stärken an – kannst du deine Gaben darin entdecken? Zum Beispiel mag da stehen: Ich lache gerne. Kannst du mit deinem Lachen nicht andere fröhlich machen? – Übrigens merkst du an diesem Beispiel auch, daß ebenso, wie in den Schwächen auch Stärken verborgen sind, auch in den Stärken Schwächen lauern. Wie leicht kann aus dem Lachen ein Auslachen, ein Verlachen werden.

– Doch nun schau dir deine Stärken an und finde heraus, welche Gaben du hast. Schreib sie in den Raum rund um die Blüte mit deinen Stärken.

– Klebe nun beide Mandalas nebeneinander. Es sind zwei Seiten von dir, sie gehören zusammen. Und keine

Seite ist unveränderlich. Schau immer wieder einmal darauf und spüre, wo du dir mehr Wachstum wünschst. Es ist alles deines – trau dich, du zu sein!

Ich töne – ich trommle – ich klinge

Diese Übung ist eine schöne Stille-Übung, obwohl sie nicht unbedingt leise ist. Am Anfang mag es schwierig sein, einen Ton wirklich frei mit der Atemluft herausströmen zu lassen. Mit etwas Übung wird es immer besser gehen. Nach und nach schwingt der ganze Körper mit dem Klang mit. Es tut gut, sich so durchtönt zu erleben, wirklich als Person. (Person kommt von personare = durchtönen). Suchen Sie für diese Übung einen Raum, in dem jeder einen Platz für sich hat. Es geht auch, wenn alle im Bett liegen, und manchmal gelingen erste Versuche beim Autofahren.

Anleitung

Wir klingen alle verschieden. Die Stimme von uns ist schwer zu verwechseln, manche sind ganz leise und zurückhaltend, manche sehr laut und verwegen. Ich lade euch zu einem Spiel ohne Wort ein. Es ist ein Klangspiel, das um so mehr Freude macht, je mehr Leute daran teilnehmen. Trotzdem kann ich es auch ganz alleine ausprobieren.

– Ihr könnt euch gerade hinsetzen (gerade ist wichtig, weil dann der Atem frei ist und es besser klingt) oder ihr legt euch (auf den Boden). Bitte legt euch auf den Rücken, dann sind die Töne nicht eingequetscht.

– Sucht euch einen Vokal aus, ihr kennt sie ja: a, e, i, o, u. Und dann laßt diesen Laut erklingen, mal laut, mal leise – immer auf eure persönliche Weise.

Langsam wird ein Zusammenklang entstehen, tut euch den Gefallen und tönt nicht gegeneinander und übertönt euch nicht. Miteinander macht mehr Freude, und es entsteht ein Klangteppich. Nehmt euch ruhig 10 Minuten Zeit, es kann auch viel länger werden. Falls ihr anfangs lachen müßt, lacht. Mit der Zeit legt sich alles Ungewohnte und auch das Lachen. Wenn ihr das Klangspiel beendet, dann schweigt noch einen Augenblick. Hört die Stille nach dem Klang. Einigen Völkern war diese Stille etwas ganz Besonderes. Nach einigem Proben könnt ihr euren Klangteppich auf Cassette aufnehmen. Ihr werdet staunen, wie das klingt.

– Eine Alternative zu den Vokalen ist euer Name. Tönt miteinander jede und jeder den Vornamen. Beginnt langsam und stimmt euch sanft aufeinander ein. Zunächst kann jeder seinen Vornamen tönen, dann könnt ihr auch einmal die anderen ausprobieren. Wie mag das zusammen klingen: Rü-di-ger, Ger-da, Sa-rah, Or-trun, Wi-lli, Ger-not, …
– Tönt, solange ihr Freude daran habt, bis ihr, bis der Raum voll Klang seid bzw. ist.

 ***Rituale –
den Rhythmus leben***

Ich bin und ich werde

Kinder wachsen und verändern sich, sie vergessen, wie klein sie waren. Erwachsene auch.
Eine Puppe trägt einen Strampler: »Schau, da hast du einmal hineingepaßt!« Wir können uns das kaum noch vorstellen. Bilder zeigen die Entwicklung, aber sie geben nur bedingt ein Gefühl der Größe wieder.
Probieren Sie die folgende Idee aus: Jedes Jahr werden neue Hand- und Fußabdrücke aller Familienmitglieder gemacht. Dafür ist die Adventszeit geeignet oder jeweils der Geburtstag. Die Abdrücke können in Gips hineingedrückt oder mit Farbe auf Papier abgedruckt werden. Sie werden aufgehängt oder aufgehoben und verglichen. Abdrücke auf Papier können zum Beispiel die einzelnen Jahrgänge im Fotoalbum unterteilen. Wer später dann aus dem Haus auszieht, erhält so seine Lebensspuren mit auf den Weg.

Geburtstage

Geburtstage sind für Kinder ganz wichtige Ereignisse. Jeder Geburtstag ist ein großer Schritt auf dem Weg des Heranwachsens. Mit fast jedem Jahr verändern sich die Rechte und Pflichten, kommt Neues auf sie zu. Kinder nehmen dies sehr bewußt wahr. An diesem Tag dürfen sie im Mittelpunkt stehen. Es ist nicht so wichtig, wie groß oder wie klein ein Geburtstag gefeiert wird, wichtig sind die kleinen Zeichen, die dem Kind zeigen: »Das ist dein Tag, wir freuen uns, daß es dich gibt.« Es ist schön, wenn es da einen wiedererkennbaren Rahmen gibt, auf den sich die Kinder jedes Jahr verlassen und freuen können.

»Kinder brauchen Märchen«

So schrieb Bruno Bettelheim vor Jahren. Daran hat sich nichts geändert. Kinder erleben Licht- und Schattenseiten mit, sie erleben die Bewältigung und das Scheitern von Menschen, sie erleben die Stärke des Einfachen, der Benachteiligten ... Manche Menschen halten Märchen für zu grausam und unrealistisch, um sie Kindern zuzumuten. Ich frage mich, ob die Tagesschau mit ihrer Realität nicht mindestens genauso grausam ist, und im Gegensatz dazu bleibt das Märchen nicht bei der bloßen Information, sondern es entwickelt Lösungen, Veränderungen, Chancen. Lesen Sie Kindern Märchen vor oder, noch besser, wagen Sie es, Märchen zu erzählen. Wenn Sie häufiger Märchen lesen, werden Sie entdecken, daß jedes Kind *sein* Märchen hat, in dem es sich wiederfindet. Diese Märchen will es dann immer wieder hören. Tun Sie ihm diese Freude, Sie helfen ihm damit, sich selbst zu finden. Irgendwann wird ein anderes Thema in ihrer Entwicklung wichtig, und dann ändern sich auch die Märchen.

Märchenbeispiele aus Grimms Märchen: »Märchen von einem, der auszog das Fürchten zu lernen«, »Rumpelstilzchen«, »Aschenputtel«, »Jorinde und Joringel«, »Sterntaler«.

Für kleinere Kinder ist es gut, wenn die Geschichte am Vorlesetag endet und sich Anspannung und Entspannung am selben Tag auflösen können. Für größere Kinder sind Entwicklungsgeschichten wie Ronja (Astrid Lindgren), Momo (Michael Ende), Krabat (Otfried Preußler) oder Das Schlüsselkraut (Peter Biegel) wertvoll.

Mandalas malen

Gerade im Ritual können Kinder Sicherheit, Strukturen und Kreativität erfahren. Der äußere Rahmen gibt innere Freiheit. Dies verdeutlicht das Mandala schon beim Gestalten. 10 gleiche Grundentwürfe sind nach der Gestaltung nicht nur sehr unterschiedlich, oft ist die Grundlage kaum noch zu erkennen. Und doch ist sie da. Ohne es zu wollen, entdecke ich so ein Gleichnis für die Anwesenheit Gottes – in jeder Person begegnet Gott uns einzigartig. Gestalten Sie immer wieder einmal ein Mandala. Wählen Sie gemeinsam ein Motiv aus und schauen sich nachher an, wie unterschiedlich sie geworden sind. Jeder von uns ist einzigartig. (Siehe zu Mandalas auch Seite 44, 119 ff.)

 *Abschlußgeschichte*

Linda, die so gerne Martin, Ruth und Löwe werden wollte
Ein Märchen

Linda saß in der Ecke hinter dem Schrank. Niemand sollte sie sehen. Sie hatte sich geärgert. Immer war sie die kleinste, immer durfte sie am wenigsten. Die Großen durften alleine ins Hallenbad. Linda wollte so groß sein wie Ruth. Ruth war ihre Schwester und schon vierzehn. Und Ruth durfte reiten.

Linda saß in der Ecke und starrte vor sich hin: Da, auf einmal war sie Ruth und ritt mit dem Pony »Alter Fritz« über die Wiese. Fritz sprang mit ihr sogar über einen Zaun und Linda/Ruth blieb sitzen!

Schon ritten sie auf den Wald zu. Doch aus dem Wald kam der fürchterliche Räuber »Nasenstüber«. Wenn Nasenstüber etwas klauen wollte, dann versetzte er den Leuten einen Nasenstüber, und die Nase blutete. Während die Menschen sich die Nase hielten oder ein Taschentuch hervorzerrten, war die Handtasche schon verschwunden.

Nun kam er im Sauseschritt angelaufen. Bestimmt wollte er das Pony mit in den Wald nehmen, dann konnte er noch mehr stehlen! Linda/Ruth wurde zur Linda und Linda erschrak. Da wünschte sie sich, ein Löwe zu sein. Als Nasenstüber vor ihr stand, saß ein großer Löwe auf dem Pony. Der Löwe erhob sich zur vollen Größe und legte die Pranke auf den Kopf des Räubers. Der Räuber zitterte vor Schreck, und schon boxte ihn der Löwe in den Bauch. Gleichzeitig riß er seinen Mund auf. Seit Jahren hatte der Löwe keine Zähne geputzt und blies seinen Atem dem Räuber ins Gesicht. Nasenstüber wurde auf der Stelle ohnmächtig. Er träumte von einer Jauchegrube.

Linda/Löwe verwandelte sich wieder in Ruth und ritt weiter mitten in den Wald. Es wurde dunkler und dunkler. Linda/Ruth fürchtete sich nicht. Mitten im Wald sah sie ein kleines Licht und hielt vor einem Häuschen an.

Mitten im Haus lagen drei goldene Äpfel. Linda schlich in das Haus und betrachtete die Äpfel. Eine alte Frau betrat den Raum: »Hallo, Linda. Du darfst die Äpfel gerne mitnehmen. Aber du darfst nur zwei Äpfel tragen. Der dritte Apfel muß mitgehen, ohne daß er berührt wird.« Linda freute sich, gab der Frau dankbar einen Kuß – und verwandelte sich in Martin. Martin konnte jonglieren und er jonglierte mit den Äpfeln. So berührte er immer nur zwei Äpfel. Er stand auf dem »Alten Fritz« und ritt nach Hause.

»Linda, Linda«, ertönte eine Stimme, »wo bist du?« Linda antwortete nicht. Sie mochte nicht Linda sein. Sie war nicht da. Sie war nie mehr da.

»Linda!« Mama suchte sie. Linda lachte. Es ist gut, gesucht zu werden.

Sie lachte noch leise, da fiel ihr ein: »Mama wollte doch eine Strumpfpuppe mit und für Linda basteln.« Jetzt wußte Linda, es sollte ein Löwe sein, ein Löwe mit einer goldenen Mähne. Mama würde das bestimmt machen können. Da wollte Linda wie Mama sein. Nein, sie wollte Linda auf Mamas Schoß sein. Das war das Beste – Linda sein. Und sie sauste aus der Ecke und sprang in Mamas Arm. Doch Mama bückte sich gerade zu Boden, weil sie Linda suchte.

Sie breitete gerade noch die Arme aus, fiel um und hörte: »Hier kommt Linda.«

Für ältere Kinder gibt es eine schöne Fabel: James Aggrey/Wolf Erlbruch, Der Adler, der nicht fliegen wollte, Peter Hammer Verlag, Wuppertal.

Geborgenheit
suchen

 *Hinführung*

Ganz am Anfang der Begegnung zwischen Eltern und Kindern steht Geborgenheit. So gesehen, beginnen Stille-Übungen mit Kindern bereits im Mutterleib. Das Kind spürt die Gefühle der Mutter und über ihre Reaktion auch die Gefühle anderer. In der Art und Weise, wie ich als Mutter meinen Körper, mein Schwangersein und das heranwachsende Leben in mir annehme, vermittle ich Zuneigung, Geborgenheit, Liebe – oder auch nicht.

Stellen Sie sich dieses Bild einmal vor: das Kind im Mutterleib.

Ich finde darin alles, was Geborgenheit ausmacht: Die schützende Hülle, die Höhle, in der alles ist, was ich brauche, Wärme, Berührung, das Gewiegt- und Getragenwerden. Nie ist ein Mensch wieder so geborgen wie im Mutterleib. Von dieser Geborgenheit bleibt eine Sehnsucht, die auch Erwachsene noch verspüren, und es ist gut, wenn wir ein Stück davon erleben und weitergeben können.

Geborgenheit hat viel mit Berührung und In-den-Arm-genommen-Werden zu tun. Gerade kleine Kinder spüren in der Art,

wie sie gehalten und getragen werden, was Erwachsene für es fühlen. Und Geborgenheit hat mit Schutz zu tun, mit So-sein-Dürfen, wie ich bin.

Auch Kinder, die größer werden, brauchen immer wieder die Bestätigung, in die Geborgenheit der elterlichen Arme zurückkehren zu können.

 *Im Alltag Stille entdecken*

Geborgenheit erinnern – Übung für Erwachsene

Was bedeutet uns Erwachsenen Geborgenheit?

Wenn Sie dieses Buch lesen, haben Sie – wir wünschen es Ihnen – vielleicht ein wenig Zeit für sich.

Lesen Sie noch diesen Abschnitt zu Ende und machen Sie dann eine Lesepause.

Wie geht es Ihnen im Moment? Haben Sie einen gemütlichen Platz? Machen Sie es sich bequem und ruhen sich einen Moment aus.

Schauen Sie Ihrem Atem zu, spüren Sie seine Bewegung und genießen Sie es, nichts tun zu müssen.

Ich möchte Sie dann einladen, sich Ihrer Erinnerung unter dem Stichwort Geborgenheit zu nähern. Spüren Sie diesem Wort nach. Was fällt Ihnen ein? – Vielleicht kommen Ihnen Bilder, Erinnerungen an Menschen, Situationen. Lassen Sie sie wie in einem Bilderbuch vorüberziehen. Nehmen Sie Gefühle, die vielleicht mitkommen, wahr. Es sind die Gefühle, die mit Ihren Erinnerungen verbunden sind. Schauen Sie sich alles an und spüren Sie, was Geborgenheit für Sie bedeutet. Vielleicht fallen Ihnen auch Situationen ein, in denen ein anderer, ein Kind oder ein Erwachsener, Geborgenheit bei Ihnen suchte. Spüren Sie auch da, was es bedeutet, Geborgenheit zu geben.

Kehren Sie langsam wieder in die Gegenwart zurück, fühlen, wie Sie sitzen oder liegen, und räkeln und recken sich kräftig durch.

Wenn Sie mögen, notieren Sie sich einige Stichworte zu Ihren Erfahrungen.

Der Wunsch nach Geborgenheit gehört sicherlich zu den Grundbedürfnissen unseres Lebens. Dies gilt auch da, oder gerade da, wo ein Mangel an Geborgenheit erlebt wird, wo ein Kind, ein Erwachsener die Geborgenheit, die er braucht, nicht findet. Diese Erfahrung schmerzt und kann lähmen. Sie kann aber auch herausfordern, neue Erfahrungen zu suchen. Deshalb kann es ein wichtiger Schritt sein, sich selbst einzugestehen, ja, ich habe als Kind Geborgenheit vermißt, mir hat jemand gefehlt, der mir Schutz gegeben hat. Eingestehen und Dazustehen geben uns die Freiheit, bewußt mit unserem Mangel und unseren Wünschen umzugehen. Dann können wir für uns entscheiden, daß wir bei unseren Kindern versuchen wollen, Geborgenheit zu geben, wo sie sie brauchen. Und die Bewußtheit schützt uns auch davor, als Gegenreaktion auf unseren Mangel die Kinder mit einem Zuviel an Geborgenheit zu überschütten und zu binden.

Lassen Sie Ihre Gefühle und Anfragen zu diesem Thema Sie eine Zeitlang begleiten. Nehmen Sie wahr, wo Sie Ihren Kindern Geborgenheit geben, wo sie es brauchen, und wo Sie die Geborgenheit finden, die Sie brauchen.

Anregungen für den Alltag

In der Schwangerschaft

In der Schwangerschaft tut es gut, öfters einmal in den Tätigkeiten innezuhalten.

Vielleicht mögen Sie sich ein paar Minuten hinsetzen, den wachsenden Bauch streicheln und mit aller Aufmerksamkeit dorthin spüren. (Das kann auch eine schöne Erfahrung zu dritt sein.) Es ist Ihr Körper, aber was da wächst, ist schon etwas Eigenes, Selbständiges.

Am Abend

Sehen Sie abends noch einmal nach Ihrem/n schlafenden Kind/ern? Nehmen Sie sich einmal die Zeit, ein wenig länger bei ihm/ihnen zu verweilen. Schauen Sie in die Gesichter, lassen Sie die ganze Atmosphäre des Raumes auf sich wirken. Spüren Sie, was die Kinder Ihnen schenken.
Der Abend ist eine Zeit der Geborgenheit. Wenn es sich ergibt, lassen Sie einmal das Licht aus, setzen sich mit Ihrem Kind ans Fenster, auf den Balkon … und lassen das Herankommen der Nacht auf sich wirken.

Unterwegs

Auf einem Spaziergang. Das Kind ist müde. Nehmen Sie es auf den Arm. Oder: Darf es ein Stück des Weges auf den Schultern sitzen? Oder Sie machen mit Ihren Händen zu zweit einen Notsitz zwischen sich, und das Kind wird ein Stück weit so getragen … Vielleicht summen Sie im Schaukeltakt ein Lied dazu.
Oder: Schaukeln, gemeinsam auf einer Schaukel hin und her schwingen oder in einer Hängematte liegen. Die Bewegung, den Rhythmus des gleichmäßigen Schwingens genießen.

In den Arm nehmen

Etwas ist passiert, was Ihr Kind erschreckt oder geängstigt hat. Sie nehmen es in den Arm, wiegen und trösten es. Es wird Ihnen von sich aus deutlich machen, wann es den Schutz nicht mehr braucht. Dann ist es früh genug für Worte.
Mögen Sie es, wenn Ihnen jemand den Arm um die Schulter legt? Achten Sie einmal auf die feinen Unterschiede, die in solch einer einfachen Geste liegen. Das kann Verbundenheit, Schutz, Erotik, Halt, Vereinnahmung, Festhalten und mehr sein. Auch Kinder spüren diese Unterschiede. Ja und Nein sagen zu dürfen, die Umarmung annehmen oder ablehnen zu können, hilft, den schützenden, bergenden Arm annehmen zu können, wo ich ihn brauche.

Ausführliche Übungen

Nischen- und Höhlenspiele

Wenn Kinder selbständiger werden, suchen sie ihre innere Welt außerhalb zu finden. Die Geborgenheit im Bauch der Mutter findet ihren Ausdruck in der Vorliebe der Kinder für Nischen- und Höhlenspiele. Lassen Sie Ihre Kinder Höhlen bauen – aus Decken unter dem Tisch, in Schrankecken, auf dem Speicher, im Gartenschuppen oder wo auch immer. Besuchen Sie sie in ihren Höhlen, lassen sich erzählen, was dort Geheimnisvolles geschieht. Bei größeren Kindern kann es eine Hütte aus Reisig sein, ein Zelt im hintersten Winkel des Gartens, ein Baumhaus, das eigene Zimmer oder wenigstens eine Ecke davon. Kinder brauchen solche Höhlen als Rückzugsräume, in denen sie sich wohl fühlen.

Zur Geborgenheit gehört auch, daß mein Schutzraum akzeptiert wird. Dies meine ich sowohl räumlich als auch wieder im übertragenen Sinne. Kinder brauchen die Erfahrung, daß sie so, wie sie sind, okay sind. (Siehe Kapitel »Wer bin ich?«, S. 112.) Wenn ständig alles an ihnen bewertet, kontrolliert, verbessert etc. wird, ziehen sie sich immer weiter zurück oder werden aggressiv.

Getragen werden

Das Gefühl, getragen zu sein, können wir uns in einer einfachen Körperübung verdeutlichen. Sie hilft auch, wenn wir ängstlich und unruhig sind. Es ist eine einfache Eutonieübung. Sie brauchen dazu die Möglichkeit, sich an einem angenehmen Platz hinzulegen. Dies kann abends im Bett sein oder an einem sonnigen Platz auf einer weichen Decke, aber auch draußen auf der Wiese. Probieren Sie die folgenden Anregungen zunächst einmal für sich aus, ein anderes Mal dann zu zweit mit Ihrem Kind, dann auch mit mehreren.

Übungsanleitung

Habt ihr einen bequemen Platz gefunden? Ist es euch warm genug? (Sonst nehmen Sie etwas und decken sich zu.) Vielleicht mögt ihr euch noch ein bißchen bewegen, strecken und dehnen, oder auch kräftig gähnen.

Wenn ihre Bewegung zur Ruhe kommt, können die Sinne auf Entdeckungsreise gehen.

– Spürt ihr die Decke, die Wiese … unter euch? Wie fühlt sich der Untergrund an? Auch wenn der Untergrund weich ist, ist er doch fest genug, um euch zu tragen. Natürlich trägt uns der Boden auch, wenn wir stehen, aber irgendwann brauchen doch die vielen Muskeln eine Pause. – Gerade die Füße, die euch den ganzen Tag tragen, können es jetzt genießen, auf dem Boden zu liegen und sich auszuruhen. (Wo seid ihr heute schon überall gewesen, welche Wege gegangen?)

– Über die Füße geht die Kraft in die Beine, die unseren Körper tragen und durch ihre Beweglichkeit dafür sorgen, daß wir gehen, laufen, springen, schleichen … können. Jetzt haben die Beine Pause und lassen sich vom Boden tragen. Spürt den Boden unter euren Beinen, wie sie liegen, sich dem Boden anpassen. Freut euch über die Berührung, die ihr spürt, die euch trägt.

– Geht jetzt weiter zu eurem Ober- und Unterkörper. Spürt sein Gewicht und fühlt, wie das ganze Gewicht auf dem Untergrund ruhen kann. Ihr könnt alle Muskeln, die euch aufrecht hielten, loslassen. Auch sie haben Pause. Der Leib ruht. Der Boden trägt.

– Genauso könnt ihr auch eure Arme und Hände entdecken. Vielleicht fällt euch ein, was ihr heute schon alles getan, getragen habt. Jetzt könnt ihr sie loslassen und euch tragen lassen.

– Und zum Schluß der Kopf. Er ist nicht gerade leicht, und es kostet schon Kraft, ihn immer aufrecht zu halten. Doch auch alles, was wir durch unser Tun, unsere Verantwortung, unsere Sorge im Kopf tragen, kostet Kraft. (Wissen Sie, was Ihren Kindern so den ganzen Tag im Kopf herumgeht?) Spürt, daß ihr all das auch mit dem Gewicht eures Kopfes ablegen könnt. Auch der Kopf wird getragen. Alles wird getragen. Der Untergrund trägt euch –, könnt ihr euch tragen lassen?

Anregung

– Diese Übung können Sie bei vielerlei Gelegenheiten wiederholen. Am Abend ist es schön, sie mit einem Rückblick auf den Tag zu verbinden. Vielleicht können Sie und genauso die Kinder dabei einiges, was sie den Tag über getragen haben, ablegen und manchmal wandelt es sich dann in Dankbarkeit.

– Unter dem Stichwort »Vertrauen« finden Sie noch eine andere Übung, die das Erlebnis des Getragenwerdens ganz wörtlich nimmt. Begleitet wird diese Übung von einem alten Wiegenlied:

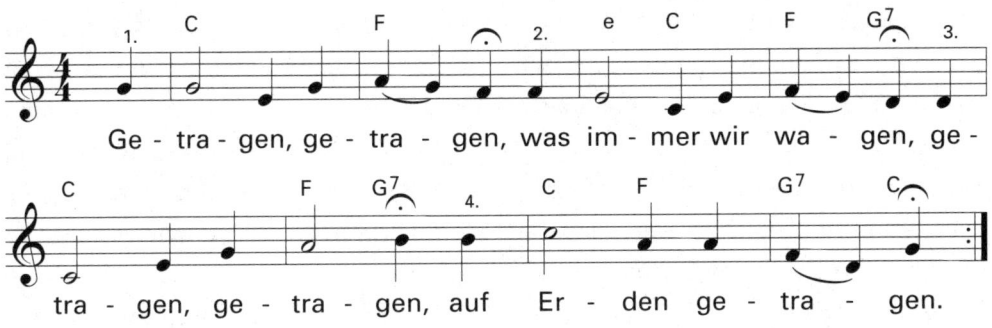

Ge - tra - gen, ge - tra - gen, was im - mer wir wa - gen, ge -

tra - gen, ge - tra - gen, auf Er - den ge - tra - gen.

Quelle unbekannt

Es kann uns und die Kinder von klein auf begleiten. Später, wenn die Kinder etwas größer sind, kann die Erfahrung des Gewiegtwerdens in mancherlei Form mit diesem Lied wieder aufgefrischt werden. In einer Schulklasse zum Beispiel war dieses Lied Geburtstagswunschlied. Dabei sangen alle das Lied, und das Kind durfte sich auf eine Decke legen, wurde hochgehoben und im Takt hin und her gewiegt. Dies ist sicher etwas, was Kindern nicht nur zum Geburtstag Freude macht (s. S. 150).

Bei Gott bin ich geborgen

In der vorangegangenen Übung können Sie den ganz konkreten Boden spüren, der Sie trägt. Vielleicht aber auch mehr. Wenn Sie Ihren Gefühlen und inneren Vorstellungen etwas Aufmerksamkeit schenken, werden Sie oft entdecken, daß es keine körperliche Wahrnehmung für sich alleine gibt. Immer sind Gefühle, Erinnerungen, Beurteilungen damit verbunden – und manchmal spüren wir, daß es darüber hinaus noch eine andere Ebene gibt, die wir als geistige Ebene bezeichnen. Auch Kinder suchen nicht nur das körperliche Getragen- und Geborgensein, zum Beispiel weil sie müde sind. Sie suchen immer auch die Geborgenheit ihrer Seele mit.

»Bei Gott bin ich geborgen, still wie ein Kind« ist der Anfang eines Liedes aus Taizé. Dies Lied setzt bei der Erfahrung an, daß Kinder Geborgenheit erlebt haben. Doch leider ist dies nicht immer so. Denken Sie noch einmal zurück an die Anfangsübung dieses Kapitels.

Wie weit kennen Sie in Ihrem religiösen Leben die Erfahrung, bei Gott geborgen zu sein? Kam dies in Ihren Erinnerungen vor?

Vielleicht liegt es für Sie ganz fern. Dann kann die folgende Anregung für Sie eine Einladung sein, offen zu sein für neue Erfahrungen. Es ist leicht zu sagen, ich bin bei Gott geborgen. Es ist genauso leicht, das Gegenteil zu sagen. Wenn Sie die Worte auf Ihre Erfahrung überprüfen, wirken sie vielleicht nicht mehr so einfach. Lassen Sie Ihre Gefühle, auch wenn sie widersprüchlich sind, zu. Vielleicht möchten Sie ja gar nicht so geborgen und geschützt sein. Vielleicht haben Sie den Wunsch schon aufgegeben, weil Ihre Erfahrung Sie gelehrt hat, daß kein anderer für Sie da ist. Wir möchten Sie ermutigen, neue Erfahrungen zu wagen – um Ihrer selbst und um der Kinder willen.

Geistliche Musik hören

Das Lied: »Bei Gott bin ich geborgen« finden Sie auf der MC/CD »Neue Gesänge aus Taizé«. Wenn Sie dieses Lied sich öfter einmal anhören, fangen Sie vielleicht an, es mitzusummen oder zu singen. Es hat einen ruhigen Wiege-rhythmus und ist so auch als Wiegelied geeignet. Dieses Lied und die anderen Lieder aus Taizé können gemeinsame Pausen im Alltag begleiten. Wählen Sie eine Zeit, in der alle sich ausruhen mögen, und sorgen Sie für eine gemütliche Atmosphäre.

Wenn die Kinder noch klein sind, mögen sie sich vielleicht auf Ihren Schoß setzen und sich wiegen lassen. Später werden Sie sich gemütlich hinkuscheln und so ausruhen.

Hören Sie die Musik, vielleicht singen Sie mit – 5 oder 10 Minuten – solange jede(r) möchte. Versuchen Sie, so ab und zu einmal die Atmosphäre zu spüren, die geistliche Musik schenkt.

Neben den Liedern aus Taizé möchte ich noch die MC/CD »Es ward Abend und Morgen« von H.J. Hufeisen erwähnen, auf der er bekannte Abend- und Morgenlieder, neu arrangiert, auf der Flöte spielt.

Sicherlich können Sie solche Ruhepausen mit jeder ruhigen Musik gestalten. Auch sie eignet sich gut zum Zuhören. Wenn Sie klassische Musik lieben, werden Sie sicher bestimmte Stücke haben, die Ihnen zur Ruhe helfen. Laden Sie die Kinder ein, daran teilzunehmen. Finden Sie heraus, was Ihnen gemeinsam gefällt. Sie schenken Ihren Kindern damit Musik, durch die sie sich später an die Erfahrung von Ruhe und Geborgenheit erinnern können.

Geborgenheit finden in einer Gebärde

Ich möchte Ihnen noch einen anderen Zugang zu dem Lied: »Bei Gott bin ich geborgen, still wie ein Kind« vorschlagen. Mir geht es so, daß ich mich gerne zur Musik bewege. Daraus ist folgende Gebärde entstanden, die jeder für sich mehrfach wiederholen kann:
Es ist sinnvoll, das Lied vorher schon mehrfach gehört zu haben. Dabei können Sie auch den Kindern helfen, den Text zu verstehen. Die zweite Zeile: »Ja hin zu Gott verzehrt sich meine Seele, kehrt in Frieden ein« klingt vielleicht erst einmal fremd. Wir können es so hören: »Bei Gott möchte ich sein, seinen Frieden spüren.«

Anleitung

Stellt euch so hin, daß ihr mit beiden Füßen fest auf dem Boden steht. Hört euch das Lied an, und vielleicht mögt ihr ein wenig dazu hin- und herwiegen. Bleibt im Wiegen und hebt die Arme so vor euch, als ob ihr ein kleines Baby im Arm wiegen würdet. – Vielleicht reicht diese Bewegung schon aus, und ihr wiegt ein unsichtbares Baby, wiegt euch zu diesem Lied. – Ihr könnt aber auch zu jeder Liedzeile eine eigene Bewegung machen. Die fließen so zusammen wie ein ganz ruhiger Tanz.

Das Wiegen des Babys ist dann die Bewegung, mit der ihr die erste Liedzeile begleitet:
»Bei Gott bin ich geborgen, still wie ein Kind«

Bei der zweiten Zeile öffnen sich eure Arme langsam nach vorne:
»bei ihm ist Trost und Heil.«

Dann hebt ihr die geöffneten Arme und Hände nach oben, die Augen folgen den Händen und beschreiben dann einen großen Kreis nach außen:
»Ja hin zu dir verzehrt sich meine Seele.«

Der Kreis schließt sich, die Hände ruhen gekreuzt auf der Brust:
»Kehrt in Frieden ein.«

Die Arme öffnen sich wieder zur Wiege, und das Lied beginnt von vorne.

 *Rituale –*
den Rhythmus leben

Abendrituale

Der Übergang von den Aktivitäten des Tages mit all seinen Eindrücken, Anforderungen, Stimmungen und Erlebnissen zu dem Loslassen und Sich-Anvertrauen im Schlaf ist für Kinder eine besondere Zeit. Es tut gut, wenn wir da für sie Zeit haben – zum Erzählen, zum Zuhören, um einfach da zu sein. Aber wie oft muß dann noch dieses und jenes getan werden, und dann geht das Ins-Bett-Bringen husch husch.

Feste Gewohnheiten machen es einfacher, sich gegenseitig daran zu erinnern, wie wichtig diese gemeinsame Zeit am Tag ist.

Ich habe unseren Kindern lange Jahre *Abendlieder* zum Einschlafen vorgesungen. Es war ein Ritual, das uns verband. Langsam wurde es durch das Erzählen und Vorlesen abgelöst. Heute sind die *Zweiergespräche* das Wichtigste. Manchmal sitzen wir jetzt abends zusammen auf den Betten und singen gemeinsam. Und auch heute noch, wenn aus irgendwelchen Gründen das Einschlafen schwerfällt, hilft die Hand, die ihre hält, helfen die alten, vertrauten Abendlieder – und auch neue, die Spannung zu lösen und einzuschlafen.

Die Gestaltung der Zeit vor dem Schlafen hat sich dem Älterwerden der Kinder angepaßt, ja sie war geradezu ein Spiegel des Heranwachsens. Geblieben ist das ungeschriebene Recht, daß, wann immer es möglich ist, diese Zeit den Kindern gehört.

Wir möchten Sie ermutigen, diese Zeit am Tag für das Zusammensein von Eltern und Kindern besonders wichtig zu nehmen. *Sie kann die stille Zeit des Tages sein.*

Abschlußgeschichte

Der Garten

Der schönste Garten, den ich kenne, war der von Oma Berg. Oma Berg war nicht meine Oma, aber wir alle nannten sie so, weil sie auch für uns alle die Oma war. Sie lebte schon lange alleine in dem Haus – schräg gegenüber. Das war eine Doppelhaushälfte aus den dreißiger Jahren, genauso wie unseres, und der Garten war auch nicht größer als unserer. Aber immer, wenn wir die Gelegenheit dazu hatten, gingen wir zu ihr hinüber, klingelten, fragten dieses und jenes, bis einer die entscheidende Frage stellte: »Dürfen wir heute bei dir im Garten spielen?« Und immer lächelnd die gleiche Antwort: »Ja geht nur. Seid nur vorsichtig und laßt meine Freunde leben.« Damit meinte sie die Pflanzen und Tiere in ihrem Garten. »Ja, ja«, riefen wir und liefen zu unseren Lieblingsplätzen. Mal war es die Weide, in der es sich herrlich klettern ließ, mal die Schlammkuhle unterhalb des Regenfasses, aber meistens spielten wir im Inneren der Buschhecke, die sich mit den Jahren immer weiter in den Garten hinein ausdehnte. Dort hatten wir uns eine gemütliche Höhle eingerichtet.

Während wir spielten, arbeitete Oma Berg im Haus oder im Garten. Manchmal rief sie uns, damit wir ihr etwas helfen sollten, oder sie hatte etwas zu essen und zu trinken für uns. Doch meistens waren wir ganz ungestört, und es war »unser Garten«. Aber abends, wenn sie sich auf die Bank am Haus setzte, wußten wir, es war Zeit, nach Hause zu gehen. Dann gehörte der Garten wieder ihr.

Eines Tages fand ich einen Zettel bei uns an der Haustür. »Sind Einkaufen. Kommen eventuell etwas später.« Das war nicht ungewöhnlich. Manchmal, wenn Vater früher nach Hause kam, nutzten meine Eltern dies, um ein paar größere Einkäufe zu machen. Da mußte ich eben ein bißchen warten. Als sie aber nach einer dreiviertel Stunde immer noch nicht da waren, wurde ich doch unruhig. Ich überlegte hin und her, dann schrieb ich drunter: Bin bei Oma Berg – und lief zu ihr hinüber. Sie war immer da, hoffte ich. Und richtig, sie saß hinter dem Haus auf ihrer Bank. Sie saß ganz still, die Hände im Schoß, ihre Augen blickten in den Garten, und um den Mund war ein kleines Lächeln. Ich weiß nicht, wie lange ich so stand und sie ansah. Ich hatte fast vergessen, was ich ihr sagen wollte. Da blickte sie zu mir hin, nickte und lud mich ein, mich neben sie zu setzen. Sie fragte nichts, und ich setzte mich neben sie und folgte ihrem Blick in den Garten. Bald schien es wieder, als hätte sie mich vergessen. Und trotzdem tat es gut, neben ihr zu sitzen. Ich hatte vorher noch nie auf der Bank gesessen. Der Garten sah von hier ganz anders aus. Die Abenddämmerung zauberte mit Licht und Schatten Gestalten aus Bäumen und Büschen. Ohne unsere Stimmen, die sonst beim Spiel den Garten beherrschten, war es auf einmal seltsam leise. Aber nicht ganz still. Viele andere leise Stimmen schwirrten durch den Garten und verbanden sich zu einer sanften Musik. Alles kam mir unwirklich

vor. Es war, als ob etwas Oma Berg, mich und den Garten einhüllen würde.

Plötzlich mußte ich weinen. »Meine Eltern sind noch nicht wiedergekommen«, sagte ich. Sie nahm meine Hand, sah mich an und sagte ganz ruhig: »Sie werden wiederkommen.« Ich weiß nicht, ob sie es wußte oder ob sie es hoffte, aber ich fühlte mich auf einmal ganz ruhig und sicher. »Sie werden wiederkommen.«

Sie hielt meine Hand noch, als es schon ganz dunkel war. Da klingelte es an der Wohnungstür. »Komm, da sind sie«, sagte sie und ich lief zur Tür. Tatsächlich standen da meine Eltern. Sie nahmen mich in die Arme und waren genauso froh wie ich. Ihr Auto war kaputt, und sie hatten überall versucht, mich telefonisch zu erreichen. Aber Oma Berg hatte kein Telefon.

Ich bin später noch oft zu Oma Berg gegangen, wenn ich Trost brauchte oder Angst hatte. Es tat mir immer gut, bei ihr zu sein. Aber der Garten war nie mehr so wie an diesem Abend.

Vertrauen–
Zutrauen–
Mut

 *Hinführung*

Erinnern Sie sich noch an den Abschnitt aus dem kleinen Prinzen, den wir zum Stichwort Rituale zitiert haben (S. 46 ff.)? Er könnte sicher auch hier stehen. Vertrauen, Zutrauen und Mut sind wichtige Themen einer Freundschaft. Wenn Sie daran denken, mit wieviel Vertrauen Ihnen ein kleines Kind entgegenkommt, wie lange es den Eltern voll vertraut, dann entdecken Sie, daß die Kinder das Angebot ihrer Freundschaft mit ins Leben bringen.

Wenn ich nach einem Bild suche, das mir das Zusammenspiel von Vertrauen – Zutrauen und Mut anschaulich macht, fällt mir immer wieder das folgende ein: Ein Kind, ungefähr 15 Monate alt, liebt es sehr, von seinem Vater in die Luft geworfen zu werden. Es jauchzt und strahlt und fällt immer wieder in die Arme des Vaters zurück. Da kommt eine junge Frau hinzu, die das Kind auch mag, es wendet sich ihr zu, streckt die Arme aus und wirft sich ihr in die Arme. Und dann sieht sie wieder den Vater und läßt sich zurückwerfen. Ein Spiel, das nur im absoluten Vertrauen gespielt werden kann, entwickelt sich zwischen den dreien. Der Abstand wird größer und noch-mal und nochmal fliegt das Kind durch die Luft. Das Zutrauen des Kindes und sein Mut wachsen auf dem Hintergrund sicheren Vertrauens: die fangen mich auf.

Und wenn Sie es einmal nicht gehalten hätten? Es ist gut gegangen. Aber wir spüren dabei, wie sich ein »Vorsicht« bei uns meldet. Wieviel Vertrauen können wir wagen, und wo beginnt der Mißbrauch des Vertrauens? Dies sind sehr wesentliche Gedanken, auch wenn wir mit Kindern die Stille entdecken. Denn auch das Aushalten der Stille, das sich darauf einlassen, hat viel mit Vertrauen zu tun. Die Stille nimmt uns unsere normalen Handlungsmöglichkeiten, mit denen wir Unsicherheit überdecken können: reden, schreien, lachen, andere ärgern, necken, schlagen oder mich verschließen. Deshalb brauchen Kinder und genauso Erwachsene oft einen geschützten Raum, um sich überhaupt auf dieses Wagnis einzulassen, und natürlich Vertrauen zu dem(r), der/die ihnen Ideen und Wege dahin zeigt. Dies verlangt eine große Ehrlichkeit und Partnerschaft von uns.

Nach meiner Erfahrung können Kinder mit offenen Begründungen viel besser umgehen, als mit der Ungewißheit: Ei, was will die/der denn jetzt von mir.

Wenn Sie also das Gefühl haben, Ihrem Kind täte etwas mehr Ruhe gut, dann sagen Sie es ihm; probieren Sie nicht eine Übung nach der anderen und warten auf den Effekt. Tut es Ihnen nicht selbst gut, zur Ruhe zu finden? Dann sagen Sie auch dies, und schon haben Sie eine gemeinsame Grundlage, die offen ist für die Frage: Was wollen wir *gemeinsam* machen?

Der Fuchs im kleinen Prinzen erinnert uns daran, daß Vertrauen wachsen kann. Es ist wohl oft ein Auf und Ab, das unser Vertrauen bestimmt. Mal wagen wir es, und unser Vertrauen trägt. Mal wagen wir es und werden enttäuscht, mal wagen wir es nicht und sind deshalb enttäuscht. Doch erinnern Sie sich noch einmal an Ihre Erfahrung mit kleinen Kindern. Gab es da nicht Kinder, die auf Sie zukamen, Ihnen etwas erzählten, zeigten, Sie in ihr Spiel einbezogen, obwohl Sie fremd waren? – Mir tun solche Begegnungen mit Kindern gut, und ich spüre, wieviel Lebendigkeit dieses Vertrauen schenkt. Natürlich kann Vertrauen enttäuscht werden, deshalb braucht es Schutz. In der Stille kann die tiefe Erfahrung wachsen, daß ich in mir geschützt bin, daß nichts Äußerliches mir meinen Wert nehmen kann. Dieses Vertrauen hilft mir, lebendig zu leben.

Im Alltag Stille entdecken

Wo begegnen uns im Alltag Momente des Vertrauens, des Sich-und-anderen-etwas-Zutrauens und des Mutes, der aus Vertrauen erwächst? Ich habe viele Situationen innerlich durchwandert und bin immer wieder dem Bild der Hand begegnet, die eine andere hält. Zum Beispiel das kleine Kind, das an der Hand laufen lernt, eine Hand, die dem anderen über den Graben hilft, die Stütze ist beim Balancieren und Sicherheit im Dunkeln. So wichtig es ist, daß die Hand da ist, so wichtig ist es auch, daß die Hand loslassen kann. Nur so können Kinder, können wir uns etwas zutrauen und unseren Mut leben.

Einige Anregungen

– Kinder lieben es, bei jedem Spaziergang nach Möglichkeiten Ausschau zu halten zu *balancieren*. Ermutigen Sie Ihre Kinder, freuen Sie sich mit ihnen und machen Sie mit. Geben Sie soviel Stütze, wie gebraucht wird, lassen Sie los, wo es geht.
– Oft vorgeschlagen und bei den Kindern beliebt ist das *Blind-geführt-*

Werden. Machen Sie unterwegs oder auch zu Hause in der Wohnung ein Spiel daraus, kurze Strecken, einfach ohne jede Vorbereitung, sich gegenseitig zu führen. Entdecken Sie so, wie schön es ist, »sich blind zu vertrauen«, aber auch, wie sich die Wahrnehmung der Räume, der Umgebung ohne Sehen verändert. Führen Sie sich gegenseitig erst einfache Wege, und wenn Sie mutiger werden, so können auch die Wege spannender werden.

– Überhaupt können *Spiele mit verbundenen Augen* eine gute Einübung in Vertrauen und Zutrauen sein. Ich schreibe bewußt »können«, denn leider gibt es viel mehr Reinlegspiele in dieser Art als fördernde Spiele. Das vertraute *»Hänschen piep einmal«* ist ein Zwischenbeispiel: In liebevoller Weise gespielt, kann es sehr schön sein, aber bei entsprechender Stimmung kann es genauso zum Gegenteil führen. (Bis dahin, daß auf dem Schoß, auf den man sich setzen will, eine Schüssel Wasser steht …).

– Schön ist auch folgendes *Spiel* mit mehreren Kindern und Erwachsenen: Alle stehen im Kreis und sind die Bäume. Innerhalb des Kreises sind ein *Jäger und ein Hase*, beide mit geschlossenen Augen. Der Jäger muß nach Gehör den Hasen »orten« und versuchen, ihn zu berühren. Der Hase kann sich auf sein eigenes Geschick und Gehör verlassen, er kann sich aber auch dem Schutz der »Bäume« anvertrauen. Die Aufgabe des Jägers ist um so anstrengender, je besser Hase und Bäume zusammenspielen. Deshalb darf der Jäger der nächste Hase sein.

– Es gibt noch andere Situationen im Alltag, in denen wir uns gegenseitig in unserem Vertrauen stärken können. So bewährt sich Vertrauen oft im Gegenüber zur Angst. Wir können gemeinsam *Angst aushalten,* sie ansehen, und in der Stille spüren, daß uns mehr Schutz umgibt, als wir denken.

Ein Beispiel: Viele haben Angst vor Gewittern, und es ist sicherlich auch nicht gut, die Gefahren zu unterschätzen. Oft kommen die Kinder zu den Erwachsenen, um Schutz zu suchen. Schauen Sie dem Schauspiel eines großen Gewitters gemeinsam zu. Wenn Sie, während es draußen stürmt, blitzt und donnert, in einem geschützten Raum stehen, schweigen Sie und schauen und spüren, wie Angst und Vertrauen miteinander verwoben sind.

– Allein zu sein ist etwas, was Kinder im Laufe der Zeit lernen müssen. Am Anfang ist es oft nicht einfach, und die Kinder brauchen das Vertrauen, daß die Erwachsenen sie nicht ganz alleine lassen. Trotzdem mögen sie am Anfang Angst haben. Übergehen Sie die Angst nicht, sondern ermutigen Sie Ihr Kind, daß es seine Ängste zugeben kann. Ermutigen Sie es aber auch, auf ihr Vertrauen hin eine kurze, später auch längere Zeit des Alleineseins zu wagen. Und danach, wenn es geschafft ist, alle wieder zusammen sind, und sich Ihr Kind in Ihre Arme schmiegt – nehmen Sie die Stimmung dieses Momentes bewußt wahr.

– Später wechseln die Rollen, und es sind die Erwachsenen, die das Alleinesein und Warten lernen müssen. Ich denke an einfache Schritte, die aber für die Kinder (und auf anderer Ebene auch für uns) sehr wichtig sind. Zum Beispiel: Das Kind zum ersten Mal einen Weg ganz alleine gehen lassen; vertrauen, daß es eine verabredete Zeit einhält und vom Spielen zurückkommt; die erste Übernachtung außerhalb der Familie; alleine übernachten im Zelt; das erstemal alleine zu Hause bleiben und vertrauen, daß die Eltern zurückkommen; alleine lassen mit Freund/Freundin und vertrauen, daß sich die Heranwachsenden in ihrer Selbständigkeit bewähren; von zu Hause weggehen lassen und für sich selbst verantwortlich sein ... In all diesen Situationen, ob beim ersten oder beim wiederholten Mal, können wir uns in unserem gegenseitigen Vertrauen bewähren. Mag auch vieles für Sie ganz selbstverständlich sein – verdienen es solche Situationen nicht manchmal, gemeinsam noch einmal bedacht und bestätigt zu werden?

– In anderer Weise ist Vertrauen untereinander wichtig, wenn es um das Anvertrauen von Geheimnissen, von Nöten und Ereignissen, Hoffnungen und Sorgen geht. Mir erzählte einmal ein Mann, daß ihm als Jugendlicher der Ortspfarrer lange vor allen anderen anvertraute, daß er die Gemeinde verlassen würde. Er tat es, weil er dem Jungen sonst falsche Hoffnungen hätte machen müssen. Das Vertrauen, daß er dies für sich behalten und nicht weitergeben würde, hat der Junge als große Wertschätzung erlebt. Hören und Schweigen zu können, sind Zeichen echter Freundschaft, auch zwischen Eltern und Kindern.

– Noch etwas anderes kommt mir in den Sinn: Viele Kinder möchten Tiere haben, sicherlich aus vielerlei Gründen. Tiere sind ein Stück Ursprünglichkeit, Verbindung zur Natur. Sie sind Spielkameraden und (Ersatz für) Freunde. Je freier ein Tier ist, desto mehr Geduld wird ein Kind brauchen, wenn es sich wirklich mit ihm anfreunden will. Einen Hund oder einen Vogel zu besitzen ist eins, ihn zum Freund zu haben etwas anderes. Die Erfahrung, die Freundschaft eines Tieres wirklich gewonnen zu haben, ist für Kinder ein großes Geschenk. Nicht umsonst nehmen Tierbücher mit solchen Themen einen so großen Raum unter den Kinderbüchern ein.

Es muß aber nicht das eigene Tier sein, wir können uns der streunenden Katze annehmen; den Igel (im Keller) überwintern lassen; die Vögel in ihren Nestern beobachten, ohne sie zu stören; den Nachbarhund in Pflege nehmen; ein Lieblingszootier immer wieder besuchen – und in aller Stille erleben, daß eine Beziehung wächst, die aus der Beliebigkeit des oberflächlichen Kontaktes hinausführt.

 *Ausführliche Übungen*

Meinen Kopf in deinen Händen wiegen

In dem Abschnitt »Wahrnehmung – Konzentration – Entspannung« S. 55 ff.) finden Sie eine Partner-Übung, mit der Sie über das sanfte Bewegen der Arme bzw. der Beine Entspannung erfahren können. Die folgende Übung kann eine Fortsetzung davon sein. Sie ist ebenso entspannend, spricht darüber hinaus aber stärker als beim Bewegen der Arme und Beine noch andere Empfindungen an, wie Loslassenkönnen, Vertrauen, Mich-Anvertrauen.

Auch diese Übung ist eine Zweier-Übung, bei der im Wechsel der eine passiv und der andere aktiv ist. Sprechen Sie sich also vorher ab, wer zunächst wen wiegt. Sie können ja später tauschen. Als Begleitung zu dieser Übung eignet sich ruhige, wiegende Musik.

Anleitung

– Sucht euch einen schönen Platz, auf dem ihr euch bequem in der Rückenlage ausstreckt. Vielleicht möchtet ihr euch noch einmal kräftig recken und strecken, dehnen, gähnen und bewegen, ehe ihr langsam zur Ruhe kommt. Als Aktiver wartet, bis sich der Liegende ruhig hingelegt hat. Helft ihm, sich noch ein wenig besser loszulassen. (Ihr könnt auch mit einer der vorgenannten Entspannungsübungen beginnen, oder ihr fangt mit folgender Kurzform an:)

– Faßt euch mit beiden Händen von hinten so unter den Kopf, daß die Finger am Übergang vom Schädel zum Hals liegen. Hebt den Kopf ein wenig an und dehnt die Halswirbelsäule, indem ihr den Kopf mit viel Gefühl etwas zu euch heranzieht und ihn so wieder ablegt.

– Geht dann neben eine Schulter und schiebt eine Hand von der Seite unter das Schulterblatt. Krümmt die Finger wie zu einem Rechen und zieht so die Hand langsam wieder heraus. Wiederholt dieses »Glattrechen« der Schulter eventuell noch einmal. Wechselt dann auf die andere Seite und macht es dort genauso.

– Nun geht zu den Füßen, faßt beide Füße unter den Fersen und hebt sie ein wenig an. Dehnt den ganzen Körper ein paarmal von den Fersen aus und legt die Beine wieder ab. Eventuell streicht die Beine und Arme

nochmals aus. (Diese Vorbereitung könnt ihr auch als eigenständige kurze Entspannungsübung machen.)

– Jetzt wechselt wieder zum Kopf. Kniet oder setzt euch so hin, daß ihr den Kopf bequem vor euch in den Händen halten könnt. Bildet unter dem Kopf des Liegenden mit euren Händen eine Schale und spürt zunächst nur das Gewicht des Kopfes. Beginnt dann ganz vorsichtig, den Kopf zu bewegen. Achtet immer darauf, daß die Bewegungen sanft und nicht ruckhaft sind. Um so leichter kann der Liegende euch seinen Kopf überlassen.

– Wiegt, dreht, hebt, schaukelt den Kopf, solange es euch gut tut. Legt zwischendurch immer wieder einmal die Hände auf den Boden, um so beiden eine Ruhe- und Nachspürpause zu geben. Nach ca. 5 Minuten legt ihr den Kopf sanft ab und verabschiedet euch mit euren Händen von dem anderen, dann ruhen beide noch ein wenig aus. Anschließend könnt ihr wechseln. Vor dem Aufstehen das Durchräkeln und Dehnen nicht vergessen!

Weiterführung

Vielleicht mögt ihr in diese Stimmung hinein eine Geschichte erzählen. Zum Beispiel eine Phantasiereise durch die einzelnen Bereiche des Kopfes, oder die FaFeFiFoFu Reise mit dem Schiff zu dem Riesen, der seinen Kopf nicht mehr heben kann (s.S. 61 ff.).

Getragen, getragen, was immer wir wagen!

Eigentlich werden ja nur kleinere Kinder getragen, nach und nach verliert sich dieses Privileg – sie werden eben immer schwerer. Und doch kann die körperliche Erfahrung des Getragenwerdens auch größeren Kindern und Erwachsenen helfen zu verstehen, was es im übertragenen Sinne heißt, im Leben getragen zu sein und was dies mit Vertrauen zu tun hat. Die folgende Übung kann anregen, mich anderen anzuvertrauen und mich tragen zu lassen.

Wir brauchen dazu eine Decke und zwischen vier und acht Menschen, je nachdem wie schwer der/die zu Tragende ist. Damit die Übung nicht zur Mutprobe oder zum Karussellersatz wird, ist es gut, sich vorher ein wenig darauf einzustimmen. Dazu können alle das Lied »Ge-

tragen, getragen« lernen und singen. (Oder ein anderes, ruhiges wiegendes Lied, das ihnen vertraut ist.) Bei älteren Kindern kann auch die Geschichte »Wie die Adler fliegen lernen« eine gute Vorbereitung sein. Sie steht am Ende dieses Kapitels und greift ein Bibelwort auf, in dem Mose seine Erfahrung mit Gott beschreibt (Deuteronomium 32,11: »Wie ein Adler ausführt seine Jungen und über ihnen schwebt, so breitete er seine Fittiche aus und nahm ihn und trug ihn auf seinen Flügeln.«).

Damit laden wir ein, sich tragen zu lassen. Es gibt zwei Möglichkeiten, und wenn die Gelegenheit es erlaubt, ist es spannend, beide auszuprobieren und die Erfahrungen zu vergleichen.

Auf der Decke

Wer sich tragen lassen möchte, legt sich auf die ausgebreitete Decke. Möglichst in die Mitte und so, daß Kopf und Füße auf der Decke liegen. Die Träger verteilen sich um den Rand der Decke und warten etwas, bis alle ruhig und bereit sind. Wer sich tragen läßt, schließt, wenn möglich, die Augen. Auf ein stummes Zeichen hin heben alle die Decke gleichmäßig an und wiegen den/die Getragene(n) hin und her. Es ist schön, dies in einem ruhigen Rhythmus zu tun; dabei hilft es, den vorher geübten Kanon zu singen. Dadurch ist auch ein Zeitmaß gegeben. Der Kanon wird zwei- oder dreimal gesungen, und während er nochmals gesummt wird, sinkt die Decke und ihr Insasse zu Boden. Dann treten alle ein wenig zurück, und der/die Getragene hat noch einen gesummten Kanon lang Zeit nachzuspüren, wie es war, getragen zu werden.

(Nicht genauso, aber ähnlich ist die Erfahrung, wenn man sich in einer Hängematte schaukeln läßt. Dies hat den Vorteil, daß nicht so viele Menschen gebraucht werden und daß die Rollen auch bei großen Gewichtsunterschieden getauscht werden können.)

Auf Händen

Die zweite Variante kommt noch näher an die Erfahrung des Psalm 91 heran: »Denn er hat seinen Engeln befohlen, daß sie dich behüten auf allen deinen Wegen, daß sie dich auf den Händen tragen und du deinen Fuß nicht an einen Stein stoßest.«

Diesesmal wird nämlich jede(r), die/der mag, wirklich auf Händen getragen. Nach einer ähnlichen Vorbereitung wie bei der ersten Möglichkeit, verteilen sich wieder alle, die mittragen wollen, um den/die Liegende/n. Dabei sollten zwei (bei Kindern) bzw. drei (bei Größeren) sich auf jeder Seite gegenüberstehen und je einer am Kopf und an den Füßen. Sie legen zunächst sanft die Hände auf den Körper, um so Kontakt herzustellen. Beim Beginn des Kanons greifen Sie unter dem Liegenden durch, greifen die Hände des Gegenüberstehenden oder haken die Finger ineinander, und heben den Liegenden möglichst gleichmäßig hoch.

Nach zweimaligem Kanonsingen und Wiegen sinkt er wieder zu Boden, die Hände lösen sich und bleiben noch einen Moment – wie am Anfang – auf dem Körper liegen. Häufigster Kommentar beim Augenöffnen: »Noch mal!«.

Sicher sind die wenigsten Familien heute so groß, daß immer genügend Menschen zum Tragen da sind. Aber dies bewahrt die Übung für bestimmte Gelegenheiten auf und macht sie damit auch zu etwas Besonderem. So kann sie ihren Ort da haben, wo zum Beispiel am Geburtstag, zum Namenstag, zur Tauferinnerung, Firmung, Konfirmation oder bei anderen Großfamilientreffen genügend Menschen zusammen sind.

 ***Rituale –
den Rhythmus leben***

Stille-Übungen setzen ein gewisses Maß an Vertrauen zwischen den Menschen voraus, die sich in den Übungen begegnen und aufeinander einlassen. Wenn es ein wichtiges Ritual für diese Übungen gibt, dann ist es das der *Einladung* und des *Rechts, Ja und Nein* zu sagen. (Dies mag dann etwas eingeschränkt sein, wenn die Übungen in einem didaktischen Zusammenhang stehen, z.B. im Unterricht, allerdings verändert sich damit auch die Zielsetzung.)

Darüber hinaus ist die *Verläßlichkeit*, mit der bestimmte Dinge immer wiederkehren, für Kinder generell wichtig und vertrauensstiftend. So wie Kinder Märchen oft viele Male und mit immer wieder dem gleichen Text hören mögen, so gibt es für sie unverzichtbare Elemente, die zu wichtigen Ereignissen in ihrem Leben gehören: Sicherlich die Art und Weise, wie der Tag beginnt und endet, wie sich Werktag von Wochenende bzw. Sonntag unterscheidet, wie der Geburtstag beginnt, wie Weihnachten und Ostern gefeiert werden, welche Feste im Laufe eines Jahres stattfinden müssen, welche Besuche zu tätigen sind.

Wir können bestehende Traditionen unserer Familie fortsetzen, eigene Traditionen gründen oder es dem Zufall überlassen, wie sich neue Bräuche und Rituale entwickeln. Manchmal merken wir gar nicht, wie sich durch die *Wiederholung* längst ein fester Brauch entwickelt hat. So hatten wir in unserer alten Gemeinde die Idee, uns am Ostermorgen mit mehreren zu einem Spaziergang zu treffen und anschließend gemeinsam zu frühstücken. Dies wurde über mehrere Jahre fortgesetzt. Unsere Kinder kannten Ostern nur so. Wie sehr dies für unsere Kinder ein wichtiger Osterbestandteil war, merkten wir erst, als dieser Spaziergang zum ersten Mal ausfiel. Der ganze Tag war durcheinander geraten.

Es ist also nicht ein bestimmter Brauch, ein bestimmtes Ritual, durch das Vertrauen untereinander gefördert wird. Sondern es ist die grundlegende Frage, ob es in unserem Leben überhaupt verläßliche gemeinsame Bräuche, Rituale, *liebgewonnene Gewohnheiten* gibt, die nicht so ohne weiteres übergangen werden.

Eine Anregung

- Lassen Sie Ihr gemeinsames Leben einmal vor Ihrem inneren Auge Revue passieren. Gibt es bei Ihnen bestimmte Bräuche, die zu immer wiederkehrenden Anlässen fest dazu gehören?
- Gibt es für den Beginn des Tages und für sein Ende liebgewonnene Gewohnheiten, die Ihren Kindern (und Ihnen) wichtig sind?
- Wie gestalten Sie Abschied?
- Welche Grundregeln gibt es in Ihrem Zusammenleben, auf die sich alle verlassen können?
- Worauf vertrauen Ihre Kinder?

Sicherlich merken Sie, daß manches davon mehr »Ihres« ist, daß die Kinder gut darauf verzichten könnten. Anderes ist eher den Kindern wichtig, und es würde sie enttäuschen, wenn es wegfallen würde. Natürlich verändert sich einiges davon im Lauf der Jahre, wird vergessen und lebt wieder auf. Die Art, wie wir mit solchen Bräuchen umgehen, hat viel mit Vertrauen zu tun, aber auch mit gegenseitigem Ernstnehmen und Tolerieren.

Abschlußgeschichte

Die folgende Geschichte kann ohne die Einschübe in den Klammern einfach erzählt oder vorgelesen werden.

Sie kann aber auch zu einer Phantasiereise einladen. Dann fügen Sie beim Erzählen die Anregungen in den Klammern ein und lassen ausreichend Zeit, die inneren Bilder anzuschauen. Lesen Sie auf Seite 45, was zur Vorbereitung und zum Abschluß einer Phantasiereise hilfreich ist.

Wie der Adler fliegen lernt

Wer wissen möchte, wie die Adler fliegen lernen, muß mit hinaufkommen in die Berge. Denn dort oben, wo die Felsen immer steiler, die Wege immer schwieriger werden, leben die Adler.

(Wollt ihr sie besuchen? Dann stellt euch vor, daß ihr ganz hoch in die Berge gewandert seid. Schaut euch um. Wie sieht es dort aus?)

Die Adlereltern leben dort oben viele Jahre zusammen. Auf einem Felsvorsprung, unzugänglich für Raubtiere und neugierige Menschen, haben sie aus Ästen, Gras, Moos und Federn ein geräumiges Nest gebaut.

(Laßt euren Blick über die Felswände streichen – könnt ihr ein Nest entdecken?)

Dort bekommen sie einmal in jedem Jahr Nachwuchs. Es sind jedesmal nur wenige Junge, manchmal nur eines, manchmal zwei oder auch drei, die gemeinsam groß werden. Deshalb sind die Adler sehr wachsam und passen auf, daß ihren Kindern nichts geschieht.

(Schaut einmal, wie viele Adlerjunge in eurem Nest sind.)

Meist bleibt einer der großen Adler beim Nest, während der andere Futter holt. Und sie brauchen viel Futter, denn Hunger haben die Jungen immer. Es dauert eine ganze Zeit, bis aus den kleinen Federbällchen große kräftige Jungvögel geworden sind. Doch jetzt ist es soweit. Das Nest ist fast zu klein, und immer wieder sitzt ein Junges auf dem Nestrand und schlägt mit den Flügeln. Wenn es doch nur schon fliegen könnte! Aber das ist gar nicht so einfach, denn vom Nest geht es tief nach unten, und der nächste Felsvorsprung, der nächste Ast oder Hügel, auf dem es landen könnte, ist ganz schön weit.

(Könnt ihr euch den Blick aus dem Nest vorstellen? Klettert einfach zu dem Jungen ins Nest und schaut über den Rand.)

Da gehört schon Mut dazu. Doch die Adlereltern wollen ihrem Jungen helfen. Sie umkreisen das Nest immer wieder und rufen ihm zu: Trau dich, flieg los. Und da fliegt der junge Adler los. Unsicher zuerst noch, die Flügel heftig bewegend, dann immer sicherer. Und einer der großen Adler fliegt mit ihm, bleibt immer in seiner Nähe. Er fliegt über ihm, damit kein anderer Vogel ihn von oben gefährden kann. Und fliegt unter ihm, wenn er müde wird und kein Platz zum Landen in der Nähe ist. Dann läßt sich der junge Adler ein Stück tragen, bis er sich wieder ausgeruht hat und alleine weiterfliegen kann. So geschützt kann der Junge sich trauen, seine Kräfte zu erproben. Immer wagemutiger steigt er höher und höher, zieht Kreise und Schleifen, stürzt herab und spürt den Wind, der ihn trägt und wieder auffängt. Und immer ist einer der Eltern in der Nähe.

(Schaut dem Adler zu, wie er seine Kreise am Himmel zieht. – Oder mögt ihr mit dem jungen Adler fliegen? Dann werdet selbst zum Adler und traut euch, vom Nest abzustoßen. Spürt, daß ihr nicht alleine seid, daß ihr geschützt seid und getragen werdet, wenn ihr müde seid. Genießt euren Flug.) –

Dann ist der erste Flug zu Ende und es tut gut, sich im Nest auszuruhen. (Kommt auch ihr von eurem Flug zurück, spürt, daß ihr wieder festen Boden unter den Füßen habt.)

Noch oft fliegen die Adlerjungen mit ihren Eltern, bis sie so groß und sicher sind, daß sie alleine leben können. Aber manchmal erinnern sie sich noch, wie gut es war, so geschützt und getragen zu sein.

(Schaut euch noch einmal um und verabschiedet euch von den Adlern. Auch ihr nehmt die Erinnerung mit. War es schön?) –

»Du siehst nur mit dem Herzen gut«
Mitgefühl
Mitleiden
Barmherzigkeit

 *Hinführung*

Kinder überraschen uns immer wieder mit der Direktheit ihrer Gefühle. Sie erschrecken durch die Äußerung deutlicher Ablehnung, ja Abscheu, durch ungehemmten Ärger oder Zorn. Genauso machen sie uns manchmal verlegen in ihrer klaren Betroffenheit, ihrem Schmerz, ihrer Anteilnahme und ihrer Trauer. Eltern kennen die Situation nur zu gut, wenn ihre Kinder mit einem verletzten Tier, einem Wurm, einem Käfer, einem Frosch vor ihnen stehen und fordern: »Wir müssen dem Tier helfen!« Mit welcher Liebe werden dann Behelfsunterkünfte gebaut, Nahrung gesucht, Zeit mit dem Tier verbracht. Wie groß ist dann die Freude, wenn einmal die Rettung gelingt – und wie groß die Trauer, wenn das Tier stirbt (s. Kapitel »Leiden …«, S. 203 f.). Natürlich vergessen die gleichen Kinder auch, daß ihr Lieblingstier regelmäßig Futter braucht, daß ein unbedachtes Durch-die-Hecken-Streichen Nester zerstören kann – aber dies schmälert nicht ihr Mitgefühl in den Momenten, wo sie Leid bewußt wahrnehmen. Gerade die Liebe zu allem Natürlichen, ihr Mitgefühl vor allem für Tiere führen zum Beispiel bei älteren Kindern zu einem bewußten Verzicht auf Fleisch.

Auch wenn es viele Gegenbeispiele geben mag, so glaube ich doch, daß es für Kinder ganz natürlich ist, Mitgefühl für andere Lebewesen zu empfinden und zu zeigen. Sie schauen hin, wo Erwachsene längst (drüber)wegschauen, ohne gleich alles zu bewerten. Wir können von ihnen lernen, eingeschliffene Verhaltensmuster zu überdenken. Ich möchte dazu im nächsten Abschnitt einige Beispiele geben. Doch ist dies nur die eine Seite.

Denn auch Kinder brauchen die Erfahrung, daß andere *für sie* Mitgefühl empfinden. Gerade in Situationen, wo etwas schiefgegangen ist, wo sie Fehler gemacht haben, kann Mitgefühl und Barmherzigkeit oft mehr bewirken als gerechte Strafe. Kennen Sie den Spruch noch: Da hat jemand aber Barmherzigkeit vor Recht ergehen lassen!? In diesem Spruch klingt immer ein bißchen mit: Ach, da hast du ja Glück gehabt, der andere ist wohl ein bißchen dumm. Barmherzigkeit steht bei uns nicht hoch im Kurs. Es ist fast ein Fremdwort geworden. Und doch ist es ein Verhalten, das wie kein anderes Situationen neu öffnet. Der Vater in der biblischen Geschichte vom verlorenen Sohn steht dafür. Barmherzigkeit und Geborgenheit gehören zusammen.

Daß Stille auch in diesem Zusammenhang ihren Platz hat, mag Sie vielleicht erstaunen. Aber umgedreht wird es schon einsichtiger – Mitgefühl, Mitleiden bedarf der bewußten Wahrnehmung – ich muß hinschauen und das, was ich sehe, aushalten. Manchmal sind die Gefühle schwer auszuhalten, und es drängt uns zu handeln. Wo dies möglich ist, sollten wir es auch tun. Doch oft besteht die wichtigste Tat darin, nicht wegzuschauen.

 ### *Im Alltag Stille entdecken*

Wenn wir durch unseren Alltag gehen, begegnet uns vielerlei, was unser Mitgefühl weckt. Oft machen uns die Kinder darauf aufmerksam. Nutzen Sie manchmal die Gelegenheit, sich gegenseitig darauf aufmerksam zu machen und einen Moment zu verweilen. – Es sind wirklich nur Kleinigkeiten.
– Draußen, beim Spaziergang oder auf unserem täglichen Weg zum Kindergarten, zur Schule, beim Einkaufen sehen wir die Pflanzen, wie sie wachsen und sich im Jahresrhythmus verändern. Vielleicht gibt es einen Baum, einen Strauch, eine Blumenart, die es Ihnen oder Ihrem Kind besonders angetan hat. Und eines Tages ist der Baum gefällt, der Busch immer kümmerlicher geworden, jemand hat die Blüten abgerissen. Schade, denken Sie vielleicht. Spüren Sie einen Moment dieser Betroffenheit nach, lassen Sie sich durch diesen einen Baum, diese eine Blume mit all den vielen Pflanzen verbinden, die sinnlos jeden Tag zerstört werden. Nehmen Sie sich vor, selbst achtsamer mit Ihren Pflanzen umzugehen.
– Da liegt am Wegrand ein abgebrochener Ast, ein paar gepflückte Blumen. Jemand fand sie vielleicht schön, und dann war das Tragen zu lästig. Ist noch Leben darin? Nehmen Sie sie mit, und stellen Sie sie zu Hause ins Wasser. Wenn Sie Glück haben, können Sie sich noch ein wenig daran erfreuen und zeigen so Achtung vor dem Leben dieser Pflanze.
– Wieviel tote Tiere liegen am Straßenrand! Unsere Art zu leben, ist für sie tödlich. Wenn Sie einen Garten haben, überlegen Sie einmal mit den Kindern, wie Sie ihn so gestalten können, damit er einigen Tieren Schutz bietet.
– Bummeln Sie durch die Stadt. Nicht nur durch die Schauseite, auch durch die Gassen und Nebenstraßen. Wie mögen die Menschen dort leben?

- Sehen Sie sich die Menschen an. Wie viele fröhliche, aber auch wie viele traurige Menschen begegnen Ihnen. Schauen Sie bei Kranken, Behinderten weg? Sehen Sie die Armut auf unseren Straßen?
- Unseren Kindern fällt es schwer, an einem Bettler vorüberzugehen. Es gibt tausend sicherlich nachvollziehbare Gründe, jemandem nichts zu geben – aber muß das, was richtig und sinnvoll erscheint, uns bestimmen, oder geben wir dem Mitgefühl Raum?
- Der Bettler mag vieles falsch gemacht haben und für seine Situation selbst verantwortlich sein. Aber jetzt ist er arm dran und keiner möchte mit ihm tauschen. »Bettler geben uns die Chance, Barmherzigkeit zu üben«, heißt es in Indien.

Kinder sind da oft näher dran als wir. Vielleicht hilft bei diesem Wort aus Indien der Hinweis, daß dies das ganz konkrete Geschenk des Bettlers an die Gebenden ist. Es geht dabei nicht um Mildtätigkeit und Mitleid, sondern um Anteilnahme. Der Bettler verweist mich auf Mitgefühl, Mitverantwortung, mein Reichsein, meine Ohnmacht und erinnert mich, daß ich manche Spannungsfelder dieser Gesellschaft bewußt aushalten muß. Ich will nicht wegschauen, auch wenn ich nur wenig machen/ändern/helfen kann. Die Geschichte von R.M. Rilke nimmt bei den längeren Übungen diesen Grundgedanken wieder auf. Wir kennen selbst die Gedanken des sich Freikaufens / der Entlastung durch Spenden, wir wissen auch, daß jemand sich wieder Schnaps kauft, wir spüren auch die Schuldgefühle, die »Ärmere« in uns auslösen. Aber an unserer Haustüre waren zuviel Menschen, die auch Opfer dieser Gesellschaft und meines Lebensstiles waren, als daß ich irgendwo noch Schuldzuweisungen, Rechtfertigungen oder Beurteilungen abgeben kann. Was mir bleibt, ist meine Hilflosigkeit und meine Möglichkeiten, dies zu akzeptieren und in allen Menschen das Antlitz Christi zu sehen. Wenn es möglich ist, möchte ich einen kleinen Beitrag im Alltag leisten, damit diese Männer und Frauen ihre Würde bewahren oder wieder erlangen.

- Spenden, die keine echten Geschenke sind, nehmen den Empfängern die Würde. Spenden, die von Herzen kommen, lassen Freiheit und Entwicklung zu, sie erziehen nicht.
- Auch wir machen Fehler, schaden uns und anderen. Wie gut ist es da, wenn

uns andere nicht nach dem Maß des Rechtes, sondern dem des Mitgefühls messen. Auch den Kindern hilft dies. Wie wichtig dies ist, erzählt Reinhard Mey in seinem Lied: »Zeugnistag«. Lassen Sie sich von diesem Text berühren, lesen Sie ihn Ihren Kindern vor (CD »Mein Apfelbäumchen«, Intercord).

Zeugnistag

Ich denke, ich muß so zwölf Jahre alt
  gewesen sein.
Und wieder einmal war es Zeugnistag.
Nur diesmal, dacht' ich, bricht das
  Schulhaus samt Dachgestühl ein.
Als meines weiß und häßlich vor mir
  lag.
Dabei war'n meine Hoffnungen keines-
  wegs hochgeschraubt.
Ich war ein fauler Hund und obendrein
Höchst eigenwillig, doch trotzdem hätte
  ich nie geglaubt,
So ein totaler Versager zu sein.

So, jetzt ist es passiert, dacht' ich mir,
  jetzt ist alles aus.
Nicht einmal eine 4 in Religion.
Oh Mann, mit diesem Zeugnis kommst
  du besser nicht nach Haus,
Sondern allenfalls zur Fremdenlegion.
Ich zeigt' es meinen Eltern nicht und
  unterschrieb für sie.

Schön bunt, sah nicht schlecht aus,
  ohne zu prahl'n!
Ich war vielleicht'ne Niete in Deutsch
  und Biologie,
Dafür konnt' ich schon immer ganz gut
  mal'n!

Der Zauber kam natürlich schon am
  nächsten Morgen raus.
Die Fälschung war wohl doch nicht so
  geschickt.
Der Rektor kam, holte mich schnau-
  bend aus der Klasse raus.
So stand ich da, allein, stumm und
  geknickt.
Dann ließ er meine Eltern kommen,
  lehnte sich zurück.
Voll Selbstgerechtigkeit genoß er schon
Die Maulschellen für den Betrüger, das
  mißrat'ne Stück,
Diesen Urkundenfälscher, ihren Sohn.

Mein Vater nahm das Zeugnis in die
  Hand und sah mich an,
Und sagte ruhig: »Was mich anbetrifft,
So gibt es nicht die kleinste Spur eines
  Zweifels daran,
Das ist tatsächlich meine Unterschrift.«
Auch meine Mutter sagte, ja, das sei
  ihr Namenszug,
Gekritzelt zwar, doch müsse man ver-
  steh'n,
Daß sie vorher zwei große, schwere
  Einkaufstaschen trug.
Dann sagte sie: »Komm, Junge, laß' uns
  geh'n.«

Ich hab' noch manches lange Jahr auf
  Schulbänken verlor'n
Und lernte widerspruchslos vor mich
  hin
Namen, Tabellen, Theorien von hinten
  und von vorn,
Daß ich dabei nicht ganz verblödet bin!
Nur eine Lektion hat sich in den Jahr'n
  herausgesiebt,
Die eine nur aus dem Haufen Ballast:
Wie gut es tut, zu wissen, daß dir
  jemand Zuflucht gibt,
Ganz gleich, was du auch ausgefressen
  hast!

Ich weiß nicht, ob es rechtens war, daß
  meine Eltern mich
Da rausholten, und wo bleibt die Mo-
  ral?
Die Schlauen diskutieren, die Besser-
  wisser streiten sich.
Ich weiß es nicht, es ist mir auch egal.
Ich weiß nur eins, ich wünsche allen
  Kindern auf der Welt,
Und nicht zuletzt natürlich dir, mein
  Kind,
Wenn's brenzlig wird, wenn's schief-
  geht, wenn die Welt zusammenfällt,
Eltern, die aus diesem Holze sind,
  Eltern, die aus diesem Holz geschnit-
  ten sind!

Reinhard Mey

Aus: CD/MC »Mein Apfelbäumchen«, Intercord Tongesellschaft mbH. © Maikäfer
Musik-Verlagsgesellschaft mbH, Berlin.

 *Ausführliche Übungen*

Eine Rose für die Bettlerin:
Geben und die Würde schenken

Der Dichter Rainer Maria Rilke lebte
eine Zeitlang in Paris. An einem Platz,
an dem er immer wieder vorbeiging,
stand eine alte Bettlerin, die von den
Vorübergehenden Geldmünzen erhielt.
Die Frau nahm unbewegt das Geld entgegen. Rilke gab nie etwas, seine Begleiterin aber warf ihr immer wieder eine
Münze hin. Die Begleiterin Rilkes war
verwundert: »Warum gibt er nichts?«.
Sie sprach ihn an, aber Rilke reagierte
kaum.
Einige Tage später brachte Rilke eine
aufgehende schöne Rose mit und legte
sie in die faltige, geöffnete Hand der
Frau und verbeugte sich leicht. Er trat
zurück und wollte gehen, als die Bettlerin sich ihm zuwandte, ihn ansah, die
Hand drückte, ja die Hand küßte und mit
der Rose davonging.
Die Bettlerin blieb eine Woche verschwunden und stand dann wieder am
alten Platz. Sie hielt, wie gewohnt, ihre
Hand auf. Rilke ging mit seiner Begleiterin wieder vorbei. Fragend sah die Be-

gleiterin Rilke an: »Wovon hat sie die ganze Woche gelebt?«

Rilke murmelte: »Von der Rose, von der Rose«.

Wir fanden diese Geschichte interessant und für Kinder toll. Als wir sie aber unseren Kindern vorlasen, ernteten wir Achselzucken und von der Jüngsten die ernste Frage: »Hat die Frau die Rose gegessen, und ist sie davon eine Woche satt geworden?« Die Kinder fanden Geld und Nahrung angemessener als eine Rose.

Sollten wir die Geschichte nicht für unsere Stille-Themen aufnehmen? Wir kamen zu Hause in ein Gespräch darüber, ob das stumme, stille Schenken der Rose etwas bewirkt. Ist die Geschichte nicht doch eher eine Erwachsenengeschichte? Sind die Kinder im Alltag realistischer und handfester, oder schätzen sie Zeichen und Gesten nicht? Sind diese Zeichen nicht auch eine Entschuldigung? Ist das Schenken vom Herzen so mißverständlich, ja, unverständlich? Ist der kleine Respekt Rilkes unecht oder unwahr? Es geschah mit dieser Geschichte etwas Seltsames. Wir begannen zu überlegen, was wir verschenken und warum. Wie können wir Menschen, die voller Scham und Verletzungen sind, die an Mangel leiden, beschenken und ihnen ein wenig so begegnen, daß wir ihnen ihre Würde zurückgeben?

Wir entdeckten, daß Geld eine einfache und oft gewünschte Gabe ist. Der/Die Empfangende kann sich das kaufen, was er oder sie will. Dies gibt sicher etwas Menschenwürde zurück. Aber haben wir nicht auch andere Möglichkeiten zu geben?

Die Übung wurde eine Kontaktübung, wir geben sie an Sie weiter: Fragen Sie sich doch einmal, was diese Frau und Menschen in gleicher Situation – außer Geld – gebrauchen können. Einen Kaffeepott, einen Tauchsieder, Kleidung, Schuhe oder eine Decke, oder doch ein gutes, ein freundliches Wort? Vielleicht können Sie dies geben.

Warum ist dies alles nun eine Stille-Übung? Ist dies nicht eine ganz alltägliche Übung? Genau das ist sie. Barmherzigkeit ist der Weg des Handelns aus der Ruhe heraus. Rilke brauchte einige Tage Zeit, bis er sein Geschenk gefunden hatte. Es ist aus der Stille erwachsen.

Eine Übung für unterwegs

Um mitfühlen zu können, muß ich eine Vorstellung davon haben, was der/die andere fühlt. Dies betrifft nicht nur andere Menschen, sondern auch Tiere und Pflanzen. Einen Beitrag dazu kann folgende, wiederholbare Übung geben. Ausgangspunkt kann jede Wahrnehmung einer Pflanze um uns herum sein, zum Beispiel:

– Sie sitzen auf einer Parkbank und freuen sich an dem Baum, der Ihnen Schatten gibt.
– Die Kinder haben in einer schattigen Ecke einige Hundsveilchen entdeckt.
– Sie haben einen Baum, einen Busch, eine Staude im Garten, die Ihnen lieb ist, und/oder die nicht recht gedeiht.
– Sie haben mit den Kindern auf einem Spaziergang entdeckt, daß der Sturm einen Baum entwurzelt hat – daß einige Bäume im Frühjahr nur noch wenig grünen.
– Sie freuen sich an den Gänseblümchen auf Ihrer Frühjahrswiese.

Alle diese Wahrnehmungen, sowohl die erfreulichen als auch die weniger erfreulichen, können uns anregen, mit der Natur, mit diesen Pflanzen zu fühlen. Wenn Ihnen und/oder den Kindern etwas so auffällt, können Sie es gemeinsam in folgender Weise vertiefen:

1. Schritt: Schaut euch die Pflanze, die ihr ausgewählt habt, ausführlich an. War-um ist sie euch aufgefallen? Wie sieht sie aus? Was ist um sie herum?

2. Schritt: Wenn es geht, sucht euch einen Platz, wo ihr euch in aller Ruhe hinsetzen könnt und eure Pflanze seht. (Wenn dies nicht möglich ist, weil zum Beispiel die Pflanze in einem anderen Garten steht, oder weil zu viele Leute ständig vorbeigehen oder weil einfach kein Platz zum Sitzen in der Nähe ist, könnt ihr die Übung auch zu Hause fortsetzen. Dann beginnt damit, daß ihr euch gegenseitig noch einmal die Pflanze beschreibt, ihre Umgebung etc.)

3. Schritt: Seht euch die Pflanze in der Realität oder in der inneren Vorstellung an. Verweilt ein wenig dabei. Nehmt innerlich Kontakt mit ihr auf und versucht, euch in sie hineinzuversetzen: – Wie mag sie an diesen Platz gekommen sein? – Was mag sie schon alles erlebt haben? – Was erzählt sie uns? – Ist es ein guter Platz für sie? – Wie geht es ihr? – Was würde ihr Freude machen? Vielleicht schließt ihr ab mit einem vorgestellten Bild, wie es dieser Pflanze unter idealen Bedingungen gehen würde. Malt es euch in Gedanken richtig aus.

4. Schritt: Erzählt euch gegenseitig von euren Entdeckungen. Wenn ihr etwas entdeckt habt, was der Pflanze guttäte und ihr es tun könnt, dann tut es. Wenn ihr zu Hause seid, malt euer letztes Bild.

Anregung zur Vertiefung

Sie können in gleicher Weise Ihr Gefühl für ein Tier/Tiere vertiefen. Nehmen Sie nacheinander Ihre Lieblingstiere. Oder greifen Sie Berichte aus den Medien auf. Vielleicht merken Sie, daß Ihnen noch Informationen fehlen, um sich wirklich in das Tier hineinversetzen zu können. Dies kann ein Anreiz sein, nach Bilder- oder Sachbüchern zu suchen oder wieder einmal einen Zoobesuch zu machen. Umgedreht kann ein Zoobesuch auch Anlaß einer solchen »Einfühl-Übung« sein.

Erwachsene, die bereits Erfahrung mit Meditation haben, können die Übung weiter für sich vertiefen, indem sie ihre Gefühle für andere Menschen im Schweigen zulassen und sich und den anderen von innerer Liebe und Güte tragen lassen.

Arbeit mit einem Märchen

Viele Märchen enthalten Urbilder unserer Seelenlandschaft in feiner, verschlüsselter Form. Kinder spüren diesen Bildern nach, ohne nach Erklärungen zu suchen. Wenn Sie häufiger Märchen erzählen oder vorlesen, werden Sie entdecken, daß jedes Kind *sein* Märchen hat, das es besonders fasziniert und das es sich immer und immer wieder anhören kann. Das Kind findet in diesem Märchen etwas, das ihm hilft, sein inneres Erleben zu ordnen. So wie sich die Lebensthemen ändern, ändern sich auch die Lieblingsmärchen. Manche bleiben aber auch und begleiten uns. Umgedreht sind Märchen auch eine Einladung, Gefühle und Handlungsmodelle in einer offenen, nicht vereinnahmenden Form zu verbinden. Sie zeigen Spuren in unserer Seelenlandschaft, denen wir folgen können.

Das Märchen »Die Sterntaler«

Zu dem Thema »Barmherzigkeit – Mitgefühl« gehört für uns das Märchen »Sterntaler«. Dieses Märchen ist vielen erwachsenen Menschen vertraut. Wir erleben bei Seminaren, daß diese Vertrautheit unterschiedliche Reaktionen auslöst. Manche Menschen hören diese Geschichte als eine Aufforderung zum »Geben-Müssen«. Sie erleben einen moralischen Anspruch, den ich so in dem Märchen nicht entdecke, aber gut nachvollziehen kann. Oft genug ist uns von Eltern und anderen Erwachsenen gepredigt worden, daß Geben eine Tugend ist. Dies ist so-lange stimmig, wie wir von Herzen geben, und dies nicht zur Pflichtübung wird. Die-se Pflichtübung kann zum inneren Zwang werden, wenn ich Geben und Geliebtwer-den als Einheit erlebe. Nicht wenige Men-schen haben die Einstellung gelernt: Ich muß etwas oder sogar alles weggeben, damit ich geliebt werde oder eine andere große Belohnung von den Menschen bzw. von Gott erhalte.

Das Märchen »Sterntaler« befreit nun gerade von dieser Vor-Stellung.

Lesen Sie sich – als Erwachsene – das Märchen noch einmal durch. Vielleicht haben Sie Grimms Märchen zu Hause. Andernfalls finden Sie das Märchen am Ende dieses Kapitels nacherzählt (S. 171).

Danach möchte ich Ihnen einige *Impulse* mitgeben:

– Niemand veranlaßt das Mädchen zum Geben und zum Verschenken, nir-gends ist für das Mädchen eine Be-lohnung als Motivation in Sicht.

– Entdecken Sie in diesem Märchen den inneren, seelischen Aspekt. Das Mäd-chen befreit sich von alten Bindungen. Es hat das bisher Vertraute, das Ge-wohnte, das Sichere verloren. Dazu ge-

hört auch der intensive Lösungsprozeß vom Elternhaus (die Eltern werden als Verstorben erlebt). Es suchte mit dem wenigen, was es noch hat, den eignen Weg und begegnet sich selbst. Verste-hen Sie diese Armut nicht nur als reale Armut, sondern als eine Entdeckung, daß dieses Mädchen nichts besitzt, als sich selbst. Und dieses Mädchen nimmt sich selbst an und geht los. Wäh-rend der »verlorene Sohn« sich selbst sucht und sich ausprobieren will und seine persönliche Krise erlebt, löst sich das Mädchen vom Vertrauten und übernimmt dabei Verantwortung. Dies ist möglich, weil das Mädchen sich an den Urgrund angebunden hat und dort mit seinem Inneren in einer tiefen Be-ziehung steht. Es hat sich selbst mit seinen Stärken und Schwächen ange-nommen. So nimmt die junge Frau auch alles mit, was sie auf der Reise braucht: Nahrung, Kleidung und Barmherzigkeit. Die Begegnungen sind für die Persönlichkeitsentwick-lung im Märchen charakteristisch, nach vier Begegnungen mit Kindern rundet sich das eigene Menschsein.

– Sehen Sie sich die Begegnungen an: Das Mädchen begegnet dem armen Mann. Vielleicht ist es noch einmal der Vater, dessen Schattenseiten (er ist arm dran) es sich anschauen kann. Vielleicht ist es der männliche Aspekt in ihr, den sie mit Nahrung versieht. Vielleicht haben Sie eine ganz andere Idee …

— Anschließend begegnet das Mädchen vier Kindern, denen es Kleidung gibt. Für mich ist dies die Entdeckung des Kindes, das in uns lebendig ist und das wir so gerne verbergen und nicht ankleiden. Die Schönheit und die Verletzungen, die Stärke und die Schwäche des eigenen Kindseins anzuschauen, ist anstrengend, aber lohnend. Dies braucht Zeit und Geduld, deshalb begegnet Sterntaler gleich vier Kindern. So erfährt Sterntaler in den Kindern sich selbst, kleidet sich an, schenkt sich Zuwendung und Annahme und spürt dabei seine ganze Nacktheit. Indem Sterntaler sich annimmt, wird sie offen für den eigenen Weg.

— Nun geschieht es – ohne alles Fordern und Tun –: Sterntaler wird beschenkt, der Himmel öffnet sich. Diese Geschenke des Himmels werden als Taler bezeichnet, und Reichtum ist die Folge. Sehen Sie diesen Schluß auch einmal als inneren Prozeß. Im Sichselbst-Freigeben öffnen sich neue Dimensionen des Lebens, und Fülle erwächst dem Menschen.

Genau diesen Aspekt wollen die Stille-Übungen fördern, ohne daß sie dies als Versprechen oder als Ziel vor Augen haben.

C.G. Jung würde das Märchen als einen Individuations(Selbstfindungs-)prozeß des Mädchens beschreiben.

Vielleicht fragen Sie sich, ob und wie Sie diese Informationen und Auseinandersetzungen mit dem Märchen den Kindern mitteilen. Die Antwort ist einfach: gar nicht. Das Märchen teilt sich den Kindern auf seine Weise mit, wenn es nicht moralisierend erzählt wird. Diese Ausführungen sind für Erwachsene bestimmt, um sie zu diesem Märchen einzuladen und damit sie sich auf das Märchen einlassen können.

Zur Weiterarbeit mit den Kindern

Erzählen Sie das Märchen oder lesen Sie es. Lassen Sie nach dem Hören Raum, die Geschichte innerlich nachklingen zu lassen. Seien Sie neugierig, was spricht sie bei Ihnen, bei den Kindern an. (Erwarten Sie bitte nicht, daß das Märchen, weil es jetzt unter diesem Thema steht, genau diese Gefühle weckt. Jeder von uns ist ein anderer Boden, auf den die Geschichte fällt. Seien Sie offen auch für Ablehnung und ganz überraschende

Reaktionen. Dies gilt sicherlich für alle Übungen, wir müssen es uns nur immer wieder in Erinnerung rufen.)

Zu dieser Geschichte haben wir ein einfaches Mandala gemalt. Nach unserer Ansicht entspricht dies dem Märchen: Die Mitte ist Freiraum zum eigenen Gestalten. Dort kann ein Bild aus dem Märchen, aber auch eigene Form und Farbe, der eigene Reichtum, Raum haben. Gestalten Sie dieses Mandala ruhig öfter, benutzen Sie es auch als Rahmen für verschiedene Märchenbilder. Heben oder hängen Sie die Bilder auf.

Der verlorene Sohn – ein Bild von Marc Chagall

In diesem Kapitel erwähnte ich bereits das Gleichnis vom verlorenen Sohn (Lukas 15). Die Geschichte des Sohnes, der sein Erbe ausgezahlt bekommt und es locker ausgibt, sich in einer tiefen Krise besinnt und einen neuen Anfang wagen will, vom Vater voll Freude empfangen wird, gehört zu den bekanntesten Geschichten des Neuen Testamentes. Marc Chagall hat den Moment der Rückkehr in einem seiner Bilder gestaltet (gegenüber Seite 160). Wir können mit den Kindern ein Stück dieser Geschichte in diesem Bild erleben.

Anleitung zu einer geführten Begegnung mit dem Bild: (Für Jüngere)

Komm, schau mit mir das Bild an. Es hängt bei mir im Zimmer. Ein guter Freund hat dieses Bild für mich gemalt. Zur Erinnerung an einen besonderen Tag. Ich bin mit auf dem Bild. Du suchst mich? Es ist ganz einfach, mich zu finden, wenn du weißt, wer ich bin. Ich erzähle dir mit dem Bild meine Geschichte, und dann darfst du raten.

Siehst du das Dorf, die Stadt in der Ferne, da habe ich gelebt. Da bin ich lange gewesen. Das Hotel war gut. Ich habe dort teuer gelebt, und ich hatte Freunde. Du wirst meine Freunde auf dem Bild nicht finden. Sie sind verschwunden, als ich kein Geld mehr hatte. Danach war ich allein.

Siehst du mich hinter dem Dorf, ganz oben in der Ecke? Ja, der Mann mit dem Stock bin ich auch. Ich war Hirte, Schweinehirte. Keiner wollte das werden, aber ich hatte nichts zu essen. Ich mußte Hirte werden. Ich fraß den Schweinefraß mit den Schweinen. Glaub mir, da ging's mir dreckig.

Manchmal dachte ich an zu Hause. Aber ich wollte nicht mehr dorthin. Ich habe mich geschämt. Ich habe an meinen Bruder gedacht. Er sitzt ganz vorne rechts

im Bild. Siehst du ihn mit seinem Pferd? Mein Bruder hat bei meinem Vater gearbeitet, er hat den Hof geleitet. Er war immer schon besser und fleißiger als ich. Mein Bruder würde mich nie verstehen, vor ihm hatte ich auch etwas Angst. Wie würde er mir begegnen, wenn ich ihn je wiedersähe?

Und dann war ich am Ende. Eigentlich wollte ich sterben. Aber dann kam alles anders. Ich sah Licht. Siehst du das Licht? Mein Freund hat es als Sonne gemalt. Für mich war es das Licht am Ende eines finsteren Tales. Wie der Vogel groß und deutlich losfliegt, so habe ich gespürt: Steh auf, geh heim und arbeite mit deinen Händen.

Ich bin losgegangen – Schritt für Schritt, für Schritt. Du siehst noch das Ende der Straße, und am Ende der Straße stand mein Vater. Er hat nur die Arme aufgemacht und mich in die Arme genommen. Er hat mich festgehalten. Mich berührt und angenommen, so wie ich war: abgerissen, dreckig und mit Tränen in den Augen. Ich habe mich nur angelehnt. Es war wie Zu-Hause-Sein. Ich war immer noch sein Sohn, ich habe es gemerkt.

Und weißt du, was dann passiert ist? Siehst du den Mann mit der Geige und mit dem Blasinstrument? Siehst du die Frau mit den Blumen, die Menschen mit offenen Armen? Es wurde ein Fest gefeiert. Mein Vater hat ein Fest gefeiert, weil ich nach Hause kam. So ein Vater tut gut. Er hat mir keine Vorwürfe gemacht. Nein, er hat gefeiert.

Jetzt hängt das Bild hier in meinem Zimmer und erinnert mich daran, wie Väter und Mütter sein können. Und manchmal kommt mein Sohn und sagt: Erzähl doch noch einmal die Geschichte, und ich schaue auf das Bild und erzähle.

 ### Rituale – den Rhythmus leben

Mitgefühl ist weniger eine Sache fester Rituale; sie verführen schnell dazu, damit die Sache abzuhaken. Und doch sollte es im Rhythmus unseres Zusammenlebens Räume geben, die es uns erleichtern, Mitgefühl zu zeigen. Eine Möglichkeit ist es zum Beispiel, bei den Erzählungen der Kinder (und auch der Erwachsenen) ein Ohr dafür zu haben, wo von anderen Menschen, Tieren, Erlebnissen berichtet wird, die unser Mitgefühl wecken (oder wecken sollten). Hier können wir uns gegenseitig Raum geben im Zuhören, im Mit-dem-anderen-Fühlen. (Mitfühlendes Interesse ist kein Klatschen über!) In der kirchlichen Tradition hat das Fürbitten-Gebet dieses Anliegen aufgenommen. Vielleicht haben Sie Ihre eigene Form dafür.

Auch der Kreis der guten Wünsche (s. Übung S. 242) kann uns helfen, andere Menschen in unser Denken und Fühlen einzubeziehen.

Die Selbstverständlichkeit, mit der Mitgefühl und Güte zu unserem Leben gehören, hilft uns in der konkreten Situation, nicht wegzuschauen, sondern standzuhalten und sinnvoll zu handeln.

6-Wochen-ohne

Natürlich gibt es auch Möglichkeiten, darüber hinaus ab und zu ganz bewußt das Mitgefühl in den Vordergrund zu stellen. So könnte es eine gemeinsame Entscheidung sein, einmal im Jahr, zum Beispiel in der traditionellen Fastenzeit vor Ostern, eine Zeit bewußt ohne Fleisch/mit ganz bescheidenen Mahlzeiten zu leben. Eine solche Zeit kann unsere Aufmerksamkeit auf die Lebenssituation der Menschen lenken, die nicht genug zu essen haben, und unseren Blick für die Bedingungen schärfen, unter denen unser Schlachtvieh produziert

 *Abschlußgeschichte*

Sterntaler – Der Weg ist das Ziel

Es war einmal ein Mädchen, das hatte alles verloren. Vater und Mutter waren gestorben, und es hatte kein Zuhause mehr. Es konnte nirgends mehr in Frieden wohnen und schlafen. Es besaß nur noch einen Kanten Brot, die Kleider auf dem Leib und ein lebendiges offenes Herz. In seinem Herzen spürte es ein großes Vertrauen zu Gott und den Menschen und machte sich auf den Weg.

Unterwegs traf es einen armen Mann. Dieser Mann bat sie: »Gib mir etwas zu essen, ich bin so hungrig.« Das Mädchen reichte ihm den Kanten Brot und sprach: »Gott segne es dir.«

Als sie weiterging, begegnete ihr ein Kind. Das Kind klagte und sprach: »Ich friere so an meinem Kopf, schenk mir eine Kopfbedeckung.« Da schenkte das Mädchen seine Mütze und ging weiter.

Nach einer Weile traf sie ein weiteres Kind. Dieses Kind hatte nichts am Leib und fror. Sie gab ihm ihr Leibchen.

Während sie weiterging, kam noch ein Kind und bat sie um ihren Rock. Da gab sie diesem Kind ihren Rock. Als es schon dunkel geworden war, gelangte das Mädchen in einen Wald und traf dort noch ein Kind, das es um ihr letztes Hemd bat. Da niemand das nackte Mädchen im Wald sehen konnte, zog es ihr Hemd aus und gab es dem Kind.

So stand es im Wald und hatte nichts mehr.

Da öffnete sich der Himmel. Und aus dem Himmel fielen viele wertvolle Taler, und sie hatte ein neues feines Hemd an. Dort hinein sammelte sie die Fülle der Taler und war für ihr Leben reich beschenkt.

Von guten Mächten
wunderbar geborgen

 *Hinführung*

»Von guten Mächten wunderbar geborgen …«, so schrieb Dietrich Bonhoeffer in der Zeit, in der er mit dem Tod rechnen mußte. Er hatte sich als Christ im aktiven Widerstand gegen Hitler engagiert. Verantwortliches gesellschaftliches Handeln und Christsein gehörten für Bonhoeffer zusammen. Und von ihm hören wir die Worte: »Von guten Mächten wunderbar geborgen, erwarten wir getrost, was kommen mag …«

Als ich über dieses Kapitel zum erstenmal nachdachte, hieß die Überschrift noch »Engel«. Engel sind zur Zeit allgegenwärtig. Allerdings nicht so sehr als geistliche Erfahrung, sondern auf dem Buchmarkt, als Figuren, als Kunstobjekte, als Kitsch, als Hoffnungsträger. Wie gesagt: Engel haben Konjunktur. Es fällt mir auf, daß immer, wenn es den Menschen schlechter geht, wenn keine Vision und keine Hoffnung da sind, nach einem Hoffnungsträger gesucht wird. Und dann kommen immer wieder Engel ins Spiel des Lebens. Es gibt zwei mich überzeugende Erklärungen für dieses Phänomen, und beide Erklärungen gehören für mich zusammen. Sie beschreiben Zugangsmöglichkeiten:

1. Wenn nichts mehr hilft, besinnen sich die Menschen auch auf die geistlichen Mächte. Sie sollen Schutz geben und das Leben mit Sinn erfüllen, Unmögliches möglich machen. Engel werden zum Symbol für Hoffnungsträger, Heilbringer. Dies ist ein einfacher, aber selten Erfolg versprechender Weg, sich mit guten Mächten auseinanderzusetzen. Auf dem Hintergrund ihrer inneren oder äußeren Not warten die Menschen auf Antworten, Wegweisung, Hilfe, Geborgenheit, … von außen. Und wenn die Erwartungen nicht erfüllt werden, wenden sie sich enttäuscht ab und suchen den nächsten schnellen »Heilbringer«. Damit endet dieser Zugang schnell in einer Sackgasse.

2. Andererseits werden die Menschen in Krisenzeiten viel sensibler gegenüber guten und bösen Mächten. Martin Luther King sagte in einer Predigt, daß es nichts Realeres gäbe als das Böse. Ein Blick in die Welt zeigt uns dies. Nur die Menschen wollen es nicht wahrhaben. Denn wer wahrnimmt, daß es Krieg, Mißbrauch, Gewalt, Abwertung von Menschen gibt, entdeckt auch seine Verantwortung. Das Böse ist keine Schicksalsmacht, sondern meist ein Geschehen, das durch Menschen bewirkt wird. Menschen haben zum Beispiel Dietrich Bon-

hoeffer hingerichtet. Doch Menschen, die um die Macht des Bösen wissen, entdecken auch das Gute und die guten Mächte, und sie wissen gleichzeitig, daß durch Menschen Gutes geschieht. Manche Menschen werden so zu Engeln.

Aber dies ist nicht alles. Gerade Begegnungen und Situationen mit Überpersönlichem, in denen Menschen erschrecken über das Unbegreifliche, das ihnen geschieht, werden zu Engel-Orten: Im nachhinein werden solche Erfahrungen manchmal als eine Begegnung mit Engeln beschrieben. Auch wo Menschen Erfahrungen mit Gott machen, benennen sie diese Erfahrungen mit Engeln. Mir fällt dazu die Stelle in der Bibel ein, an der der Engel Maria gegenübertritt und Jesu Geburt ankündigt, oder ich denke an die Engel in der Weihnachtsgeschichte, durch die die Hirten von der Geburt erfahren. Gottes Geist nimmt vielfältig Gestalt an.

In diesem Abschnitt möchten wir aus der Stille heraus anregen, sich auf heute mögliche Erfahrungen mit Gottes guten Mächten einzulassen.

Viele Kinder haben einen sehr direkten, von der biblischen/kirchlichen Tradition oft unbelasteten Zugang zu Engeln. Mich hat es immer wieder verwundert, daß Kinder, die kaum etwas aus der christlichen Tradition wußten, Kontakte und Gespräche mit Engeln hatten. Psychologisch wird dies oft als subjektive Projektion auf eine ausgedachte Erscheinung bezeichnet. Ich finde dies als Verallgemeinerung unzulässig. Mir erscheint es psychologisch wahrscheinlicher, daß Kinder einen unmittelbareren Zugang zu überpersönlichen Bereichen haben.

 ## Im Alltag Stille entdecken

In unserer Alltagssprache begegnen wir Engeln in mancher Weise. Manchmal sagen wir zu Kindern oder zu jemandem, den wir mögen, »mein Engel«, und heben sie so bewußt oder unbewußt in höhere Dimensionen. Wir sprechen auch von Engelsstimmen, wenn uns jemand mit »süßer« Stimme überzeugen möchte. Manche Menschen leben so, daß wir sie ganz ernsthaft als Engel bezeichnen, zum Beispiel der »Engel von Kalkutta« – Mutter Teresa. Und wenn jemand gefährdet war und »Glück« gehabt hat, denken wir darüber nach, ob es vielleicht doch so etwas wie einen Schutzengel gibt.

Aber wo begegnen uns Engel so, daß sie uns innehalten lassen? Wo fühlen wir uns »von guten Mächten« geborgen? Während wir in den ausführlichen Übungen stärker auf unsere Engelbilder eingehen, scheint mir die Alltagserfahrung eher von den guten Mächten her zu erschließen zu sein. Sie laden uns ein, aufmerksam zu werden und innezuhalten,

- wo uns unverhofftes Glück begegnet;
- wo Befürchtungen und Angst sich in Erleichterung auflösen;
- wo etwas gerade noch gutgegangen ist;
- wo in ausweglosen Situationen plötzlich ein Hoffnungsschimmer leuchtet;
- wo Menschen selbstlos handeln und dadurch neue Wege eröffnen;
- wo gegen alle Vernunft Vertrauen gelebt wird;
- wo Liebe Haß besiegt.

Vielleicht fallen Ihnen zu dem einen oder anderen Satz eigene Erfahrungen ein und/oder Sie können diese Zeilen aus Ihrer Erfahrung ergänzen.
Vielleicht spüren Sie dann, daß Bonhoeffer nicht trotz, sondern wegen seiner ausweglosen Situation sagen konnte:

»Von guten Mächten wunderbar geborgen,
erwarten wir getrost,
was kommen mag ...
– er war sich sicher –
... Gott ist mit uns am Abend und am Morgen,
und ganz gewiß an jedem neuen Tag.«

 ***Ausführliche Übungen***

Engelbilder

Überall gibt es Bilder von Engeln. Nicht nur in der Weihnachtszeit begegnen wir ihnen in Dekorationen und in der Werbung. Engel schmücken Karten und wachen über Häuser und Kirchen. Bilder mit vielerlei Engelsgestalten begleiten uns auch durch die Kunst. Meist sind es menschenartige Wesen mit Flügeln und mit Licht umgeben. Die Flügel deuten dabei nur vordergründig darauf hin, daß Engel fliegen können. Eigentlich umschreiben die Flügel, daß Engel überall gegenwärtig sein können. Viele Maler und Malerinnen haben sich (in vielen Religionen) mit Engeln auseinandergesetzt.

Dazu eine Anregung

– Sammeln Sie über einen längeren Zeitraum gemeinsam *Bilder mit Engeln*, ohne sie zu bewerten. An einem gemütlichen Abend schauen Sie sich Ihre Sammlung an, und jeder und jede wählt für sich die ein bis zwei ansprechendsten Bilder aus. Dies geschieht still und leise. Wer mag, kann erzählen, warum er diese Bilder ausgewählt hat. Versuchen Sie, sich zu verstehen, aber lassen Sie die Aussagen der anderen gelten. Durch das Aufeinanderhören geschieht genug.

– Eine zweite Idee: Besuchen Sie Kirchen und Ausstellungen, schauen Sie sich die *Engelsgestalten* an. Wie haben andere Menschen Engel dargestellt?

– Eine dritte Idee: Sammeln Sie *Engelsgeschichten*, die Ihnen begegnen. Lesen Sie sich die persönlich ansprechendsten Geschichten vor. Hören Sie auch Lieder. Mich hat als Kind ein Lied von Alexandra sehr angesprochen. Sie fragte: »ob ein Engel nicht auch schwarz sein kann«.

– Die vierte Idee eignet sich mehr für Erwachsene und ältere Jugendliche: In der Tradition der Ostkirche spielt die Ikone (ein Bild, das in einem geist-lichen Prozeß nach bestimmten Regeln entstand) eine große Rolle. Ich habe erlebt, wie Menschen, die nicht malerisch begabt waren, einen der *Erzengel* (Gabriel, Raphael, Michael, Uriel …) in einem Prozeß von einem Jahr selbst als »*Ikone* gestalteten«. Dies ist sicherlich ein intensiver Weg, sich mit Engeln, dem eigenen Glauben und sich selbst auseinanderzusetzen.

Die beiden folgenden Übungen können anregen, eigene Engelbilder zu entdekken. Sie können uns überraschen und völlig anders sein als die, die wir kennen. Ich möchte in diesen Übungen – ausgehend von zwei biblischen Texten – Grunderfahrungen von Menschen aufnehmen, die Engeln begegnet sind. Ich sehe dies nicht als einmalige vergangene, geschichtlich Erfahrungen an, sondern so etwas geschieht auch heute noch …
Ein Beispiel dazu:
Eine Frau erzählte mir, daß sie als Kind in der äußersten Kriegsbedrohung eine Lichtgestalt gesehen hatte, die sich zwischen einen Soldaten und sie gestellt hatte. Der Soldat konnte sich nicht rühren und bewegen, sie konnte weglaufen. In einer Therapie wurde diese Erfahrung als eine Angsterfahrung durchgearbeitet, und sie versuchte, diese Erfahrung zu

verstehen. Eine religiöse Deutung war dem Therapeuten fremd. Die Erfahrung des Berührtwerdens durch das Göttliche konnte nicht integriert werden.

An einem Meditationswochenende arbeitete ich – ohne von der Lebensproblematik dieser Frau etwas zu wissen – mit der Geschichte, in der Maria dem Engel begegnet, der ihr die Geburt Jesu anvertrauen will.

Die Frau entdeckte in dem Erschrecken Marias vor der Engelsgestalt ihr eigenes Erschrecken nach über 50 Jahren wieder und konnte ihm im Malen Gestalt geben, ja sogar in der Meditation den Erfahrungen Raum geben. Dies war nicht nur befreiend, sondern ihr wurde das große Vertrauen hinter allem, was sie erlebt hatte, deutlich.

Da tritt ein Engel ein – Maria begegnet dem Engel

Diese Übung paßt gut in die Vorweihnachtszeit. Sie knüpft an den Beginn der Weihnachtsgeschichte an. Maria erfährt durch einen Engel (Lukas 1,26-38) von der Geburt ihres Sohnes Jesus. Ich möchte diese Geschichte kurz so nachzeichnen, wie sie uns heute betreffen kann.

Viele Menschen hören diese Geschichte als einen Bericht über ein biologisches Wunder. Dies ist aber gar nicht ihr Thema, sondern Maria erfährt eine Antwort auf eine Grundfrage des Lebens: »Wie kann Gott in uns lebendig sein, wie kann Gott im Menschen wohnen?« Und sie erfährt als Antwort, daß Gottes Geist wirksam wird, wenn der Mensch (in diesem Fall Maria) es durch die eigene Zustimmung zuläßt. Meister Eckardt, ein Theologe und Mystiker, sagte, daß diese Geschichte uns darauf verweist, daß in jedem Menschen Gott geboren werden soll. Es geht also darum, Gott im Leben zuzulassen, und nicht um die Frage: »Ist Josef der leiblich biologische Vater?« Auch wenn Maria und Josef die leiblichen Eltern Jesu wären, änderte sich an der Zusage des Engels nichts. Schwangerschaft ist gerade auch in der Umgangssprache symbolisch besetzt. Wenn ein Mensch etwas in sich bewegt, wenn etwas in seinem Inneren heranwächst und reift, sprechen wir davon, daß jemand mit »etwas« schwanger geht. Es wird als ein innerer umfassender Gebärprozeß angesprochen; es wächst in einem Menschen etwas Neues heran.

Der Engel leitet solch eine neue Situation ein, er betritt den Raum, in dem Maria sich aufhält, und sie erschrickt. Mit dem Raum ist der Ort gemeint, an dem sie sich befindet, also auch der innere (leib-seelisch-geistige) Raum. Sie ist erschüttert und klärt trotzdem oder gerade deswegen ihre eigene Situation. Dann sagt sie »ja«.

Ich habe so ausführlich den Hintergrund der Geschichte erzählt, damit besonders Erwachsene sich leichter auf diese kleine Übung einlassen können:

Übung: Dem Engel Gestalt geben

Sie brauchen bei dieser Übung für jede/n eine Kugel Ton. Bitte kneten Sie den Ton vorher weich. Setzen Sie sich bequem hin. Vielleicht an einen Tisch, auf dem eine Unterlage liegt. Sie können auch auf dem Boden sitzen.

– Stimmen Sie sich zunächst in das Thema ein. Vielleicht gab es einen konkreten Anlaß, der Sie über Engel nachdenken ließ.
– Lassen Sie dann Stille einkehren, damit alle bei sich selbst Zuhause sein können. Beginnen Sie mit dem Impuls: Es gibt eine Geschichte in der Bibel, die erzählt von Maria, einer jungen Frau. Eines Tages passierte ihr etwas Ungewöhnliches. Sie war alleine, da trat ein Engel ein.
– Wie mag dies wohl aussehen, wenn ein Engel eintritt? Stellt euch dies einmal vor: Da trat ein Engel ein.
– Sagt diesen Satz ein paar Mal leise vor euch hin und dann in eurem Innern: Da trat ein Engel ein… Laßt euch einige Minuten von dem Satz begleiten.
(Für Erwachsene: Nehmen Sie wahr, was dieser Satz bei Ihnen auslöst: an Zustimmung, an Ablehnung, an inneren Bildern, an inneren Gesprächen und lassen Sie es geschehen.)
– Nehmt nach einiger Zeit den Ton auf und laßt das innere Geschehen im Ton Gestalt werden. Wenn ihr könnt, laßt die Augen geschlossen, und laßt euch überraschen, was in euren Händen entsteht.
– Wenn ihr fertig seid, stellt ihr das Gewordene vor euch hin und gönnt euch eine Zeit des Nachklingens. Anschließend könnt ihr alles Gewordene betrachten, und euch, wenn ihr es möchtet, darüber austauschen. Ihr könnt aber auch eure Erfahrungen, wie Maria in der Weihnachtsgeschichte, still im Herzen bewegen.

Jakob – wie Himmel und Erde sich berühren

Manchmal fragen Kinder, ob es denn wirklich Engel gibt, wie sie aussehen und was sie machen. Die folgende Übung kann sie einladen, ihre eigenen Engelbilder zu entdecken. Hintergrund der Übung ist ein Erlebnis Jakobs, wie es in der Genesis, dem ersten Buch des Alten Testaments, erzählt wird.

Jakob hat sich bei seinem Bruder das Erstgeburtsrecht (Erbrecht) erkauft und bei seinem Vater den Segen durch Betrug erschlichen. Nun muß er fliehen. Bei seiner Flucht lagert er an einer scheinbar belanglosen Stelle auf Steinen (Genesis 28). Er erfährt in einer Vision, wie Gott ihn segnet. Diese Vision habe ich als Imagination (eine Form der Traumreise) ausformuliert. Ich leite diese Imagination so an, daß Sie sich so in die Person des Jakob versetzen können.

Übung

– Lege dich gut hin. Bette deinen Kopf auf ein Kissen oder eine Decke. Suche dir eine Haltung aus, die jetzt gut für dich ist.

– Nimm den Boden wahr, auf dem du liegst, spür, daß er dich trägt. Wenn du es magst, schließ die Augen.

– Wir wollen heute in unserer Vorstellung an einen Ort draußen im Freien gehen, an dem nichts außer Himmel und Erde zu sehen ist. Stell ihn dir vor, und schau dir die Erde an.

– Schau nach oben und stell dir den Himmel vor, schaue ihn an.

– Vom Himmel zur Erde reicht eine große breite Treppe. Sie verbindet Himmel und Erde.

– Engel gehen vom Himmel zur Erde, von der Erde zum Himmel.

– Vielleicht kannst du sehen, wohin sie gehen, woher sie kommen. Vielleicht besuchen sie einen konkreten Menschen, ein konkretes Geschöpf.

– Stelle dir jetzt eine Hand vor, die sich dir nähert. Die sich vielleicht auf deinen Kopf legt oder über dir ist. So kannst du Segen erfahren.

– Vielleicht hörst du auch eine Stimme, die zu dir sagt:
  »Du bist gesegnet. Ich bewahre dich, was immer in deinem Leben auch geschieht.«

– Lasse die Bilder langsam ausklingen. – Spüre, wo du jetzt liegst. – Nimm diesen Raum wahr. Du bist jetzt hier. –

- Welches Bild, vielleicht auch welches Wort klingt in dir nach. Such dir einen Platz, an dem du gerne bist und male dieses Bild (mit guten Kreiden). Hänge das fertige Bild in deinem Zimmer/in der Wohnung auf.
- Vielleicht wollt ihr euch auch über eure Bilder unterhalten. Bitte tut dies liebevoll. Erfahrungen sind aus sich heraus nie dumm oder schlecht, es sei denn, sie werden schlechtgemacht. Sie können sicherlich anstrengend und schwierig sein. Achtet darauf, was ihr miteinander besprecht.

Eine andere Übung, die den Aspekt »Schutzengel« weiterführt, finden Sie im Kapitel »Gott begegnen« (S. 191).

Rituale – den Rhythmus leben

Ich möchte Sie einladen, das Thema Engel – oder offener: der guten Mächte – nicht zu tabuisieren. Begreifen Sie Engel als Mittler, als Vermittler des Geistes Gottes. Es gibt dazu Gedichte, zum Beispiel von R.O. Wiemer: »Die Engel – es müssen nicht Männer mit Flügeln sein« und auch Geschichten, zum Beispiel von Otfried Preußler: »Der Engel mit der Pudelmütze«, die uns und den Kindern helfen, ein wenig davon zu verstehen.

Indem Sie den Engeln mit Geschichten, Märchen, in Bildern und Liedern Raum in Ihrer gemeinsamen stillen Zeit geben, können Sie sie in den Rhythmus Ihres Lebens mit einbeziehen.

 *Abschlußgeschichte*

Von guten Mächten wunderbar geborgen

Robert lag an diesem Abend schon früh im Bett. Sein Vater hatte ihn sanft, aber beharrlich ins Bett gebracht. Robert konnte nicht schlafen, ihm zogen die Bilder immer wieder durch den Kopf: Er sauste mit dem Rädchen den Bürgersteig entlang, einem großen Fahrrad wich er eben noch aus. Der Radfahrer fluchte und mußte abspringen. Auch das Motorrad, das aus der Einfahrt rollte, hatte er nicht gesehen. Er war immer so schnell. Richtig brenzlig wurde es dann, als er über den Zebrastreifen schoß … Ihm fiel gerade noch ein: »Hier mußt du langsam machen«, und deshalb bremste er scharf ab. Von dem Auto hörte er nur die Bremsen. Anscheinend hatte der Autofahrer damit gerechnet, daß Robert zügig weiterfuhr. Jetzt erwischte das Auto das Rädchen. Robert selbst erwischte es nicht. Robert war blitzschnell auf die andere Seite gesprungen und war wütend. Dies war ein Zebrastreifen, dies wußte er aus dem Kindergarten. Fußgänger und Kinderfahrräder hatten Vorfahrt. Jawohl, der Polizist Helmut hatte dies deutlich gesagt. Und er sagte es der Frau, die aus dem Auto stieg, auch: »Hier hab' ich Vorfahrt. Du mußt warten.« Seine Mutter kam angelaufen, Menschen standen um ihn herum und schwatzten auf ihn ein. Plötzlich wurde er hochgehoben und auf den Arm genommen. Die Stimme war ihm bekannt: »Dein Schutzengel macht wohl Überstunden«. Er kannte die Stimme seines Vaters. Die Tonlage verriet Ärger und

Erleichterung. Seine Mutter regelte alles mit der Autofahrerin. Sein Vater trug das Fahrrädchen und stellte es an die Mülltonne: »Morgen kannst du dem Fahrrad Tschüß sagen. Ich kann es noch nicht mal mehr reparieren!«

Dann aßen sie zusammen Abendbrot, und er sollte sich im Bett ausruhen. Aber er konnte nicht einschlafen. Er schloß fest die Augen und öffnete sie langsam wieder. Der Satz, den sein Vater schon so oft gesagt hatte, fiel ihm wieder ein: »Robert hat einen vielbeschäftigten Schutzengel. Ihm passiert nie etwas. Bei seinem Unfug!« Er dachte an seinen Schutzengel. Warum kannte er ihn gar nicht?

Er blinzelte und sah zur Decke und schaute über sich zur Wand. Da sah er über seinem Kopfende eine Gestalt, schemenhaft und hell. Ein Gesicht konnte er nicht entdecken, aber er wußte sofort Bescheid: »Bist du mein Schutzengel? Guten Tag, ich heiße Robert.« Fast sah es so aus, als ob die Gestalt lächelte. »Wie heißt du denn, Herr Engel oder bist du Frau Engel?« Robert hörte eine Stimme in seinem eigenen Inneren: »Ich bin Raphael«. Robert erschauderte: »Bist du wirklich mein Schutzengel?« Er mußte länger auf eine Antwort warten: »Wenn du willst, kannst du mich so nennen. Ich begleite dich. Und manchmal stelle ich mich vor dich.« »Auch heute?«, fragte Robert. Er mußte nicht laut reden, es reichte, wenn er sich die Worte nur dachte, Raphael verstand ihn sofort. Robert sah ein Nicken. »Ich habe dich begleitet. Wenn ich laufen müßte, wärst du schneller als ich gewesen.« »Stimmt«, fiel Robert ein, »du kannst ja fliegen«. Er sah genauer auf die unscheinbare helle Gestalt. Er sah nur Umrisse aus mildem Licht. Flügel sah er nicht. »Hast du keine Flügel?«, versuchte er es noch einmal. Raphael schien den Kopf zu schütteln: »Engel brauchen keine Flügel. Ich bin immer und überall da.« Robert hörte gar nicht zu. Er überlegte: »Wenn du immer da bist, dann kannst du auf mich aufpassen, wie Rosi. Rosi ist meine Erzieherin im Kindergarten. Sie paßt auf, daß mir nichts passiert.« Robert schwieg eine Weile: »Vielleicht bist du ja der Chef der Erzieherinnen?« Raphael mußte jetzt wirklich lachen: »Robert, ich bin nur dein Begleiter. Ich bin wie ein Freund. Du mußt schon selbst aufpassen.«

Robert war erstaunt: Ein Engel als Freund? Und der Freund war immer da. Warum hatte er dies nicht vorher gemerkt? Plötzlich wußte er warum: Er hatte nie an einen Engel gedacht, – und jetzt konnte er sogar mit ihm reden. Man mußte nur wissen, daß er da ist, und dann hat man einen Freund. Ein Freund konnte ihm Tips geben, ihn vor Dummheiten bewahren, ihn erinnern und vielleicht sogar ihm helfen. Er sah, wie Raphael bei seinen Gedanken nickte.

Trotzdem, war ein Schutzengel nicht mehr als ein Freund? Mußte er ihn nicht schützen? Diesmal schüttelte Raphael energisch den Kopf: »Ich bin kein Polizist und kein Notarzt. Ich kann deinen Blödsinn nicht dauernd verhindern.« Robert war nachdenklich: »Aber heute warst du mir doch nah, oder?«

Raphael schien sich herabzubeugen und ihm über die Stirne zu streichen. Robert schlief ein.

Am nächsten Morgen wurde er früh wach. Er sah Raphael nicht. Er schloß die Augen und schaute wieder hinter sich. Da sah er die Gestalt. Er hatte das Gefühl, daß Raphael den ganzen Tag mit ihm ging.

Nachmittags spielte er auf einer Baustelle. Er sprang von der Treppe. Er sprang immer weiter von oben. Er war ein guter Springer. Da sah er neben der Mauer Bretter liegen. Sie federten wunderbar, als er darüberging. Er stieg auf die Mauer dahinter. Sie war ein ganzes Stück höher als er. Von ganz oben sprang er auf das mittlere Brett. Es gab nach. Er fiel zur Seite, knallte mit dem Arm auf einen Betonrand. Es tat weh, sehr weh. Der Arm hing herab. Schreiend lief er nach Hause. Mutter wurde blaß, sie sah, daß der Arm gebrochen war. Am selben Abend lag Robert fein und weiß verbunden in seinem Bett. Er war unzufrieden und traurig. Keiner hatte geschimpft.

Erst jetzt fiel ihm Raphael ein. Er sah hoch, und Raphael war da. Robert wurde wütend: »Hättest du nicht besser auf mich aufpassen können? Du bist vielleicht ein Freund!« Raphael schien ihn ernst anzusehen: »Robert, ich war da, ich war unter dir.« Robert verstand ihn nicht.

In diesem Augenblick kam sein Vater zur Tür herein. Er hatte Tränen in den Augen und streichelte ihm über das Haar. »Robert, mach' das nie wieder! Diesmal hast du mehr als nur Glück gehabt. Wenn du keinen Schutzengel hast! Das Brett, auf das du gesprungen bist, war schon durchgebrochen. Es war morsch. Ich habe es mir gerade angeschaut. Ich weiß nicht, warum es gehalten hat.« Robert wurde blaß. »Weißt du, was unter dem Brett war, Junge?« Robert schüttelte langsam den Kopf. »Ein großer Kanalschacht, er ist sehr tief. Einen Sturz da hinein hättest du kaum überlebt, oder du hättest im Rollstuhl gesessen«, fuhr sein Vater fort. Robert durchzuckte es wie ein Blitz. Er dachte an Raphaels Worte und verstand sie. Er drückte feste Vaters Hand und murmelte leise: »Danke«.

Sein Vater hörte die Worte und wiederholte sie genauso leise. Da wurde es im Zimmer etwas heller, so als ob Raphael sich freute.

Gott begegnen

Hinführung

Gott begegnen ist eine Einladung. Erinnern Sie sich noch an die Brunnen-Geschichte in dem Kapitel »Wer bin ich – ich bin wer« (S. 112)? Der alte Mönch erkennt sich in der Spiegelung des Brunnenwassers und sieht durch die Oberfläche auf den Grund. Dieses Bild ist ein Gleichnis und erzählt: Wenn ich mir selbst begegne, wenn ich mich mit mir auseinandersetze, suche, kämpfe, stille werde, dann kann ich dabei Gott begegnen. In der biblischen Tradition geschieht dies vielen Menschen. Sie machen dabei ihre ganz persönlichen Erfahrungen mit Gott. Mose erfährt den Namen »Ich bin der ich bin da«, Jakob kämpft und ringt eine Nacht mit Gott und wird gesegnet, Maria nimmt Gott in sich auf, wird Wohnort Gottes, und dem Propheten Elia begegnet Gott gegen alle seine Erwartungen in der Stille. Im Neuen Testament wird immer wieder betont, daß Gott Liebe ist und daß Gerechtigkeit auf dieser Erde sein Wunsch für alle Lebewesen ist.

Aber hinter dem Wort Gott verbirgt sich ein Geheimnis. Gott ist nur die Anrede, die Beschreibung. Wer Gott ist, wie Gott ist, erfahren wir nur in Beispielen, in bildhaften Geschichten, aus Lebenserfahrungen anderer Menschen oder an uns selbst. In diesem Kapitel laden wir dazu ein, Gott selbst zu begegnen. Dafür gibt es leider keine Garantiekarte, aber eine gute immer wieder neue Möglichkeit, wenn wir uns selbst nicht zu sehr im Wege stehen. Aber selbst dann kann das geschehen, was Paulus geschah: Urplötzlich erschien sein Leben in einem anderen Licht, als Jesus ihm ganz nahe war.

Gott zu beweisen, ist unmöglich, und keine Wissenschaft kann es. Genausowenig kann ich meine Liebe zu unseren Töchtern beweisen oder zu einem anderen Menschen. Entweder sie machen Erfahrungen mit mir, die guttun und sie vertrauen mir – oder sie stellen fest, daß da keine Liebe ist. Gott will nicht bewiesen werden, Gott will nicht festgelegt werden, Gott will uns in unserer Erfahrung begegnen, teilhaben an unserem Leben, in Beziehung treten. Falls es möglich ist, daß Erwachsene und Kinder dies ein wenig in diesen Übungen und Anregungen entdecken, dann sind wir dankbar und froh. Denn – wir spüren beim Schreiben, wie schwer es ist, Gott mit Worten näherzubringen. Uns tröstet immer, daß Gott einfach und immer da ist, und Menschen dies wahrnehmen können.

 ***Im Alltag Stille entdecken***

Gott im Alltag entdecken

Dieser Abschnitt hat eine phantastische Überschrift. Wo sonst ist Gott wichtig, als im menschlichen Alltag? Im Alltag – im Alltäglichen Gott begegnen ist viel wertvoller, als Gott im Besonderen, in Glanz und in Gloria zu suchen.

Jeder Mensch ein Ebenbild Gottes

Gott im Alltag begegnen hat etwas mit wacher Achtsamkeit zu tun. Leo Tolstoi erzählt in seiner Geschichte: »Martin, der Schuster«, daß Jesus uns in jedem Menschen begegnet. Ganz besonders gilt dies für die Menschen, die uns brauchen. Leider ist der Zusammenhang zwischen Achtsamkeit und der Achtung und Wahrnehmung der anderen Menschen oft vergessen worden. Übt einmal diese Aufmerksamkeit und schaut die Menschen wirklich an, denen ihr begegnet. Senkt bei keinem Menschen den Kopf, schaut vielmehr – wenigstens einen Augenblick – in die Augen. Schaut auch in den Spiegel, schaut euch selbst in die Augen, auch in euch begegnet ihr Jesus.

Spuren Gottes

Aber wie geschieht diese Begegnung? Anders als wir sie uns oft vorstellen. Wenig spektakulär, eher leise. Unsere Kinder lieben ein Lied, das uns da weiterführen kann:

»Wir haben Gottes Spuren festgestellt,
auf unsren Menschenstraßen,
Liebe und Wärme in der kalten Welt,
Hoffnung, die wir fast vergaßen.«

Malt euch die nackten Füße doch einmal mit Fingerfarben bunt und lauft langsam über eine Tapetenrolle. Achtet darauf, daß die Fußspuren deutlich sichtbar sind. Schreibt in diese Fußspuren hinein, was ihr für die Spuren Gottes auf dieser Welt haltet. Das Lied gibt euch schon drei Hinweise: Liebe, Wärme, Hoffnung, aber es gibt sicher noch mehr. – Nehmt euch dann einen Stoß Illustrierte und schneidet Bilder aus, die solche Spuren Gottes unter den Menschen zeigen, z.B. Geborgenheit oder Frieden stiften. Klebt die Bilder jeweils um die Fußspuren herum. Vielleicht entdeckt ihr, daß wir Menschen auch Spuren Gottes auf der Erde sind. Und unser Tun kann dabei auch zu neuen Spuren Gottes werden.

Gott in der Schöpfung entdecken

Gott kann uns in allem Leben begegnen. Im Baum, im Blatt, im Tier, überall ist Leben, das aus Gott kommt. Fällt es Ihnen schwer, das Gewusel der Mikroorganismen in einer Handvoll Erde genauso wichtig und wert zu schätzen wie uns Menschen? Mir hilft da eine einfache Vorstellung: Wenn ich mich in meiner Vorstellung weit hinaus in den Weltraum begebe und auf die Erde schaue – was bleibt da von unserem menschlichen Können und unserer Geschäftigkeit?

Vielleicht müssen wir wie die Forscher an die leisen Lebenszeichen dieser Erde nur näher herangehen und sie durch die Vergrößerung unserer Herzen anschauen, um zu entdecken, was uns mit der Blume und der Ameise gleicherweise verbindet.

Eine kleine Übung:
Erinnert ihr euch noch an die Reise mit dem FaFeFiFoFu zum Mond (S. 108 f.)? Fliegt noch einmal hinaus und schaut euch den Erdaufgang hinter dem Mond an. Malt dieses Bild der Erde.

Wenn wir diese Zusammenhänge ernst nehmen, verletzen wir nicht nur die Natur als einen Teil der Schöpfung, wenn wir sie zerstören, sondern Gott ist immer mitbetroffen. Umgedreht bedeutet es auch, daß wir Gott begegnen können in einer kleinen Blume, in einem winzigen Insekt, daß ein Sonnenstrahl reicht, um unsere Wahrnehmung für das Ganze zu vertiefen.

 ***Ausführliche Übungen***

Gott in der Stille zu begegnen, ist die Grundlage dieses Abschnittes. Sicher ist die Begegnung mit Gott nicht auf die Stille eingeschränkt, aber die Stille hat ein eigenes Gewicht. Das Leise hören, am Leisen Anteil nehmen, das Leise in einer lauten Umwelt hören, führt uns zurück zum Wesentlichen des Menschseins. Die nächsten Übungen führen über die Bewegung in die Stille und ins Schweigen. Dies kann kleinen und großen Menschen eine Möglichkeit schenken, sich auf die Stille zu konzentrieren und sie erst einmal als Teil des Lebens kennenzulernen.

Psalm 23 als Gebärde

Der Psalm 23 ist einer der bekanntesten Bibeltexte. Ich lade Sie ein, diesen Psalm als Gebärde zu erleben. Eine Gebärde ist eine Bewegung(-sfolge), die Worte oder den Geist eines Textes innerlich und äußerlich unterstreicht. Meine innere Zustimmung gibt der Bewegung ihren Sinn, zum Beispiel einer Verbeugung beim Danksagen. Wir haben auf viele Gebärden im Alltag verzichtet, weil sie ohne inneres Bewußtsein und innere Teilnahme geschahen. Sie haben ihre Bedeutung für uns verloren.

Vielleicht gibt eine neue Gebärde uns neue Möglichkeiten. Diese Gebärde und der Psalm 23 bilden zusammen eine Einheit, mit der Sie jeden Morgen gemeinsam den Tag begrüßen oder am Abend den Tag verabschieden können. Anfangs kann jemand den Text vorlesen, und Sie üben Satz für Satz diese Gebärde ein. Nehmen Sie jeden Tag ein bißchen mehr hinzu. Vielleicht kann jemand den Text schnell auswendig, dann ist der rote Faden leichter zu halten. Nach und nach können alle gemeinsam diesen Psalm miteinander sprechen. Die Bewegungen folgen dem Text und nach unserer Erfahrung vertiefen sie den Text.

Der Psalm 23 beschreibt Lebensbilder, Seelenlandschaften und damit Lebenssituationen. Die Bilder Wiese, frisches Wasser, Weg, finsteres Tal, gastliches Haus, nehmen auf eine eigene und allgemeingültige Weise persönliche Lebenserfahrungen auf. Geborgenheit und Vertrauen werden erfahrbar beziehungsweise nachvollziehbar.

Die Übung

Die Gebärde geschieht im Stehen. Wir beginnen deshalb damit, uns ganz bewußt hinzustellen und aufzurichten. Findet einen guten Stand: Beide Füße stehen mit etwas Abstand ganz auf dem Boden, die Knie sind locker, aber nicht gebeugt, das Gewicht ist gleichmäßig auf beide Füße verteilt, der Rücken wird gerade aus dem Becken aufgerichtet und der Kopf zeigt mit dem Scheitel zur Decke, beide Schultern und Arme hängen.

Hört so aufmerksam den Text und folgt der Anleitung zur Gebärde.

Der Herr ist	– Die Hände gehen von unten nach oben über den Kopf (Kelchform)
mein Hirte,	– und gehen mit offenen Handflächen zum Herzraum und legen sich dort auf.
mir wird nichts mangeln.	– Die Hände öffnen sich jeweils zur Seite, die Handfläche zeigt nach oben, bildet eine Schale.
Er weidet mich auf einer grünen Aue	– Die Hände und Arme wandern zum Kopf weiter und bilden ein Dach über dem Scheitel – die Fingerspitzen berühren sich.
und führt mich zum frischen Wasser.	– Aus dem Rumpf geschieht eine Beugung nach unten, die Arme und Hände hängen und bilden langsam eine Schale.
Er erquicket meine Seele.	– Der Körper richtet sich langsam auf, die schöpfenden Hände legen sich auf den Brustraum.
Er führet mich auf rechter Straße	– Die Arme öffnen sich streckend nach oben
um seines Namens Willen.	– und strecken sich nach vorne
Und ob ich schon wanderte im finsteren Tal,	– und ziehen vor das Gesicht, verdecken es, das Gesicht legt sich hinein; Kopf ist leicht gebeugt.
fürchte ich kein Unglück,	– Die Hände ziehen sich vom Gesicht ab, legen sich über Kreuz auf die Brust, der Kopf richtet sich auf.
denn du bist bei mir.	– Der Kopf blickt mit leichter Beuge nach oben, die Arme breiten sich zur Seite aus.
Dein Stecken und Stab trösten mich.	– Die Haltung wird aufrecht, der linke Arm fällt langsam, der rechte Arm geht gerade nach vorne und bildet eine offene Faust, »die den Stab hält«.
Du bereitest vor mir einen Tisch	– Der linke Arm folgt nach vorne, beide Hände drehen sich, so daß die Handflächen offen nach oben zeigen.

im Angesicht meiner Feinde.	– Die Arme und Hände ziehen sich zurück, so daß es vor dem Herzraum offene Hände sind.
Du salbst mein Haupt mit Öl	– Die Hände legen sich auf den Kopf. Die ganze Haltung ist aufrecht!
und schenkst mir voll ein.	– Die Arme und Hände öffnen sich zur Seite, bereit zum Empfangen.
Gutes und Barmherzigkeit werden mir folgen mein Leben lang;	– Mit einer Kreisbewegung ziehen sie nach oben, die Handflächen berühren sich.
und ich werde bleiben im Haus des Herrn immerdar.	– Die Handflächen drehen sich nach außen, und die Arme und Hände gehen langsam nach unten. Sie hängen wieder. Die Haltung entspricht dem Anfang.

Gott, umhülle uns mit deinem Segen

Dem Psalm 23 folgt ein Segenswort, das im Stehen, Sitzen oder Liegen die Erfahrung ermöglicht, daß Gott uns mit seinem Segen umhüllt. Vielleicht fragen Sie sich, warum dies für Erwachsene und Kinder, für eine Familie – für Eltern und Kinder – so wichtig sein kann oder von Bedeutung ist. Segen ist für mich mehr als ein Zeichen, es ist die Zusage, also ein Versprechen Gottes, daß seine Kraft und Energie in uns wirksam ist. Im Segen soll(te) diese Kraft Gottes wirksam sein und zu den Menschen fließen. Aber nicht ein Mensch segnet, Gott *ist* der Segen. Darauf zu vertrauen, kann unserem Leben Grund geben.

Zuerst einmal der Text, der sich an einem alten irischen Segenswort orientiert. Ich habe den Segen zunächst so formuliert, daß alle, die ihn sprechen, gemeinsam bitten können:

Gott, sei vor uns und leite uns.
Gott, sei neben uns und begleite uns.
Gott, sei hinter uns und schütze uns.
Gott, sei unter uns und trage uns.
Gott, sei über uns und öffne uns.
Gott, sei in uns und schenke uns ein lebendiges Herz.

– Als ersten Schritt reichen Sie sich die Hände und sprechen den Segen gemeinsam. Dazu kann eine Person den Text vor sich legen und Zeile für Zeile lesen, alle anderen wiederholen gemeinsam. Zwischen jeder Zeile ist eine Pause. Zum Abschluß werden die Hände gelöst und jede und jeder steht noch eine Weile für sich alleine und läßt den Segen nachklingen.

– Eine Vertiefung erfährt dieses Geschehen, wenn alle am Anfang den rechten Arm heben und die Hand wie eine Schale nach oben halten. Jede/r konzentriert sich auf die eigene Handfläche und stellt sich vor, der Segen wird in diese Hand gelegt. Danach faßt die eigene linke Hand die rechte Hand des Nachbarn/der Nachbarin. So entsteht ein Segenskreis. Schließen Sie nun den Ablauf, wie beim ersten Spiegelstrich beschrieben, an.

– Als Veränderung können sich alle dichter zusammenstellen, damit Sie sich die Hände gegenseitig auf den Kopf legen können. Jede/r wird so von zwei Menschen berührt. Die Hände, die den Kopf berühren, liegen nebeneinander. Dieser Segenskreis sollte nur von Menschen gestaltet werden, die sich so berühren wollen und die einen solchen Vorgang ernst nehmen. Also: Dieser Segenskreis kann nicht am Anfang einer Erfahrungskette stehen.

– Eine Intensivierung: Alle stehen im Kreis und gestalten den Segenskreis, wie gerade beschrieben. Dann werden die Hände gelöst, und die Sprecherin wiederholt jeden einzelnen Satz in der Ich-Form, dann sprechen die anderen – leise in sich – diesen Satz nach. Nach jedem Satz folgt die Einladung, dem Segen nachzuspüren: Stell dir vor, Gott ist (vor) dir.

Einer/Alle: Gott, sei vor mir und leite mich.
Einer: Stell dir vor, Gott ist vor dir.
Einer/Alle: Gott, sei neben mir und begleite mich.
Einer: Stell dir vor, Gott ist vor dir.
Einer/Alle: Gott, sei hinter mir und schütze mich.
Einer: Stell dir vor, Gott ist hinter dir.
Einer/Alle: Gott, sei unter mir und trage mich.
Einer: Stell dir vor, Gott ist unter dir.
Einer/Alle: Gott, sei über mir und öffne mich.
Einer: Stell dir vor, Gott ist über dir.
Einer/Alle: Gott, sei in mir und schenke mir ein lebendiges Herz.
Einer: Stell dir vor, Gott ist in dir.

– Bleibt nach dem letzten Satz noch einen Moment stehen und spürt noch einmal nach, wo ihr von einem Wort berührt ward, wo ihr vielleicht den Eindruck hattet, umhüllt zu sein. Man-

che werden mehr, manche weniger gespürt haben, vielleicht auch einige gar nichts oder ganz wenig. Gerade sie überlegen sich, wo sie am liebsten etwas gespürt *hätten:* vor, neben oder hinter sich, unter, über oder in dir. Und dann wünscht euch dies gegenseitig und nehmt den Wunsch mit.

Zum Abschluß könnt ihr noch ein Bild malen, wie ihr umhüllt seid. Dieses Bild ist nur für euch selbst.

Schau eines Bildes

Im Mittelpunkt dieser Übung steht ein Bild. Menschen machen sich immer wieder Vorstellungen und Bilder von Gott. Doch jede(r) weiß, daß dies keine wirklichen Bilder von Gott sein können, weil Gott, genau wie Liebe oder Frieden, nicht sichtbar ist. Wir können, wie bei der Liebe, die Wirkung von Gott spüren, aber von Gott fehlt jedes Bild. Und dies ist gut so, weil wir so offenbleiben für alle Möglichkeiten Gottes. Und damit niemand sich ein falsches Bild macht, sagt die Bibel: Macht euch kein Bild von Gott, legt euch nicht fest, täuscht euch nicht selbst, seid und bleibt offen für die Überraschungen Gottes.

Dasselbe gilt auch für Erfahrungen mit Gott. Es ist genau wie bei Menschen, es ist gut, gerade auch mit vertrauten und bekannten Menschen immer wieder neue Erfahrungen zu machen. Nein, es ist doch nicht genauso. Erfahrungen mit Gott sorgen für Überraschungen, sie sind vorauszusehen und führen immer wieder in neue Lebensmöglichkeiten.

Die Übung

Ein Freund von uns, Hans-Jürgen Wertens, hat – ausgehend von einem mittelalterlichen Motiv – ein Bild, eine Ikone, gemalt, das einem Gleichnis entspricht. Dieses Bild ist der Versuch, Gott zu verdeutlichen, ohne Gott darzustellen. Sie finden dieses Bild gegenüber S. 192. Es gibt mehrere Zugangsweisen zu diesem Bild.

Offenes Schauen

Die erste Zugangsweise ist das offene Schauen, das sich frei auf das Bild einläßt. Auch Kinder lieben diese Art, mit einem Bild umzugehen, sie schauen es sich »einfach nur« an.
– Setzen Sie sich gemeinsam oder allein vor das Bild, und schauen Sie es schweigend eine lange Weile an.

- Schauen Sie das Bild an, ohne es in irgendeiner Weise zu bedenken.
- Lassen Sie Ihren Blick wandern, beginnen Sie, einmal von außen zur Mitte hin zu blicken und schauen danach von der Mitte nach außen.
- Schauen Sie konzentriert in die Mitte; wohin führt Sie das Bild?
- Verweilen Sie bei der Hand und der Öffnung, aus der die Hand in der Mitte kommt.
- Entdecken Sie für sich, auf was die Hand für Sie hinweist oder was die Hand/das Bild Ihnen erzählt.
- Schließen Sie jede Betrachtung/Schau mit einem Blick auf das Ganze.

Könnte das *Lied:* »Komm, bau ein Haus...« (S. 230) für Sie dazu passen?

Zugang mit einer Geschichte

Die zweite Weise, sich diesem Bild zu nähern, geschieht mit Hilfe einer meditativen Geschichte. Sie führt zum Bild hin:

Ganz am Anfang war ein leeres rundes Holzbrett. Es wurde mit einem Gipsgrund gespachtelt und geschliffen, bis es ganz weiß und glatt war. Und jetzt auf einmal ist das Bild fertig. Ich sehe den großen runden Kreis, der alles umschließt, einen Kreis auf dem die Sterne um die Erde tanzen. Ich sehe die Luft die uns umgibt, dünn, zart und grün. Darunter die dünne Kruste der Erde, die tiefe Bräune der Erde, das rote Feuer in der Erde, goldglühend führt es mich zur Mitte hin. Lebe ich auf so einer Erde? Da begegne ich einem Strahl und sehe dann alle vier Strahlen. Sie bilden Ecken, voller Schwung und Farbe. Vielleicht die vier Himmelsrichtungen? Vielleicht die Richtungen, aus der die Winde kommen? Oder sind es die vier Elemente Feuer, Wasser, Erde und Luft, die alle aus der Mitte erwachsen?

Ich schaue auf die Mitte, und da sehe ich den violetten tiefen Kreis. Das Violett wird blau, und das Blau wird heller. Ich spüre den schwarzen Sternenkreis, die tiefe Nacht und sehe das Licht. Ich schaue mir das Licht an, länger und länger, und ich schaue auf die Mitte. Kann ich vielleicht durch die Mitte schauen, was geschieht? Ich schaue und halte inne. –

Ich sehe die Hand, die aus der Tiefe ragt. Sie ist ganz offen, so als ob sie etwas hält oder halten kann. Kann sie mich halten? Ist sie offen für mich, für dich? Auf was zeigt sie? Weist sie auf etwas hin? Ich habe Ideen: Sie weist auf mich, auf dich. Vielleicht liegt in der Hand etwas, was ich nicht sehen kann. Vielleicht liegt da Liebe in der Hand? Vielleicht schenkt sie Liebe? Vielleicht weist sie auf die Liebe hin, die uns allen guttut? Vielleicht weist sie auch auf Menschen hin, die sich nach Liebe sehnen? Die Hand verbindet innen und außen. Mein Blick wird wieder weiter, nimmt das Ganze auf. Wozu will es mich einladen?

Vielleicht nähern Sie sich dem Bild in ganz anderer Weise, haben ganz andere Ideen. Wir sehen immer nur einen Teil des Ganzen.

Vielleicht würden Sie, würdest du das Bild auch ganz anders malen. Wie würde es aussehen? Vergrößern Sie den Entwurf/die Skizze, die hier eingedruckt ist, und gestalten Sie Ihr Bild dazu.

Rituale – den Rhythmus leben

Vielen Menschen fällt es schwer zu beten. Sie haben die Worte, die Form und das ständige Wiederholen als sinnlos und nicht einsichtig erlebt. Oder es war nur eine Formsache, die mit dem gelebten Alltag nichts zu tun hatte oder gar im Widerspruch dazu stand. Können aus alten Erfahrungen nicht neue werden? Lassen Sie sich einladen, die Begegnung mit Gott gemeinsam neu zu wagen und dieser Beziehung in eigenen Worten Ausdruck zu geben. Dann kann das Beten und Singen mit Kindern wieder zu einem sinnvollen Ritual werden, das uns mit Gott verbindet.

Aus den vorangegangenen Übungen können Sie den Psalm 23 und die dazugehörende Gebärde, wie schon beschrieben, immer wieder aufnehmen (vgl. S. 189 ff.).

Auch das Segensgebet kann regelmäßig wiederholt werden, vielleicht im Wechsel mit anderen Möglichkeiten (vgl. S. 191).

– Wer diese Vorschläge nicht aufnehmen möchte, sucht vielleicht aber nach anderen Wegen, die Gemeinschaft und Dank ausdrücken und aufnehmen.

– Für mich sind die *gemeinsamen Mahlzeiten* da ein guter Zeitpunkt. Mich selbst nervt es, egal ob in der Familie oder bei Freizeiten, wenn Menschen einfach zu essen anfangen oder sich die Teller vollhamstern, ohne Rücksicht auf andere. Ein gemeinsamer Anfang nimmt die anderen wieder mit in den Blick. *Zwei Anregungen:*

– Sie können sich an den Händen fas-

sen und einen Augenblick schweigen. Wenn alles leise wird, kann noch das Wort »Danke« folgen. Dann wünschen wir uns guten Appetit und fangen an.

– Lieder, besonders Kanons, singen, sind eine schöne Gelegenheit, vor dem Essen etwas gemeinsam zu tun. Es ist selbstverständlich, daß alle sich nacheinander Lieder wünschen können; vielleicht sammeln Sie Ihre Lieblingslieder in einem (Familien-)Liederheft.

 ***Abschlußgeschichte***

Isabelle und die violetten Handschuhe

Isabelle hatte viel zu große neue Handschuhe an. Die Handschuhe waren violett und Fäustlinge. Sie hatte Herbstferien und schlenderte mit ihrer Oma durch den Park der Großstadt. Auf einer Bank dort saß ein Mann und murmelte vor sich hin. Neben ihm stand ein Rucksack mit einem Schlafsack. Vielleicht war der Mann 50 Jahre alt, vielleicht war er älter. Er trug feste Schuhe, ein paar alte Jeans, eine warme Jacke, einen dicken, langen Vollbart und eine runde Nickelbrille. Neben der Bank lag eine kleine Stofftasche im Gras. Der Mann wirkte auf Isabelle komisch, aber nett. Nur – warum murmelte er?

Isabelle runzelte die Stirn und ging auf ihn zu. »Warum trinkst du so viel, daß du mit dir selbst redest«, rief sie, als sie noch zwei Meter von der Bank entfernt war. Der Mann bewegte nicht einmal den Kopf, sondern schaute ihr über die Brillengläser direkt in die Augen und lächelte. »Warum trägst du viel zu große Handschuhe«, hörte Isabelle ihn statt einer Antwort fragen. Die Stimme klang angenehm tief und freundlich. Oma war herbeigeeilt und wollte ihren Schützling bremsen, doch die Augen des Mannes zwinkerten ihr zu.

»Ich habe zuerst gefragt«, konterte darauf Isabelle, »und außerdem gab es »violette Handschuhe im Sonderangebot – nur viel zu groß. Und ich wollte violette Handschuhe. Ich wachs' da schon hinein.« »Daran habe ich keinen Zweifel«, hörte Isabelle, »und ich trinke keinen Schnaps, und ich führe keine Selbstgespräche.« Isabelle ließ nicht locker: »Und warum hast du dann vor dich hingeredet?«

Der Mann blickte ihr wieder in die Augen und gab ihr endlich die Antwort: »Ich rede fortwährend mit einem guten Freund.« Isabelle war zum erstenmal sprachlos. »Aber hier ist doch niemand. Wo ist er denn?« »Mein Freund ist Gott.« Der Mann lächelte ihr zu. Sie brauchte eine Weile, bis sie sich von ihrer Überraschung erholt hatte: »Ich dachte, du wärst ein Tippelbruder und die saufen zu viel, sagt Papa immer. Darum gibt er ihnen kein Geld, und dies würde ich auch nicht machen. Denn sie versaufen alles, sagt Papa.«

Oma sah verlegen auf den Weg und kickte wie ein Fußballspieler die Steine weg. »Ich bin schon so etwas wie ein Tippelbruder. Ich wandere das ganze Jahr, egal ob es schneit oder regnet. Ich weiß genau, wann ich wo bin. Und unterwegs rede ich mit meinem Freund Gott«, erklärte die Stimme und Isabelle hört ein leises Schmunzeln heraus.

»Aber von was lebst du, mußt du betteln, und was machst du nachts? Mama sagt, nachts ist die Stadt gefährlich«, Isabelles Stimme klang besorgt. Der Mann zeigte Isabelle seine Hände: »Davon lebe ich. Ich arbeite in jeder Stadt. Es gibt Menschen, die auf mich warten. Manche geben mir Geld, manche Kleidung, bei manchen esse und übernachte ich. Bei manchen, zum Beispiel bei den alten Lehmanns hier, mache ich den Garten winterfertig und schneide die Obstbäume. In jeder Stadt habe ich Freunde, die besuche ich. Manchmal übernachte ich auch in einem Kloster. Mir geht es gut.«

Isabelle hörte zu und wurde begeistert: »Übrigens, ich heiße Isabelle, aber du kannst mich Isa nennen. Ich bin 8 Jahre und in der dritten Klasse. Du bist also kein Tippelbruder, dein Glück. Sonst wäre Papa sauer, wenn ich mit dir rede.« Der Mann wiegte den Kopf: »Ich bin Erich, ich rede

mit allen Menschen, mit den Tippel-
brüdern und mit dir und mit deiner
Oma, wenn sie will.« Oma wurde ein
wenig rot, suchte ihr Taschentuch und
schneuzte verlegen herum: »Es ist gut,
wenn wenigstens noch einer betet.«

Jetzt sah der Mann sie wirklich an,
er hatte den Kopf gehoben und antwortete: »Es ist gut, daß wenigstens
einer schwimmen kann, sagte der
Mann, als das Schiff unterging.« Bevor Oma sich von ihrem Schreck
erholte, hatte Isa schon eingegriffen:
»Wie kann denn ich beten?«

Er sah sie ruhig an: »Du kannst es
so machen wie ich. Jeder hat ein
Wort, einen Satz, ein Gebet, das ihm
gehört. Das wiederholst du immer,
wenn du möchtest. Du kannst es oft
oder auch wenig sagen. Der Satz wird
dich begleiten.«

Isabelle war überrascht: »Das ist beten? Ich dachte, da müßte ich was
auswendig lernen oder mir etwas ausdenken. Gut, wenn es so einfach ist,
will ich es versuchen. Und wie heißt
der Spruch?«

Erich schwieg eine Weile und sagte:
»Ich weiß ein Wort für dich – paß
auf …« Isa unterbrach ihn: »Dies ist

mein Spruch und er bleibt mein Geheimnis. Sag mir das Wort ins Ohr.«
Erich kam dem Wunsch nach und
flüsterte Isa das Wort ins Ohr. Der
Bart kitzelte sie ein wenig. »Das gefällt mir«, und summend zog Isa ihre
Oma davon.

Plötzlich drehte sie sich nochmal um:
»Erich, morgen komm ich wieder.
Auch wenn es regnet. Ich erzähle dir,
wie es war.« Erich nickte: »Also,
morgen um 14 Uhr.«

Pünktlich und glücklich war Isa am
nächsten Tag zur Stelle: »Es ist gut. Es
ist wie eine Melodie, die mich begleitet. Ich konnte gut damit einschlafen.«

Drei Tage lang kam Isa vorbei. Sie
erzählte und manchmal saß sie auch
wie Erich murmelnd auf der Bank.
Am dritten Tag sauste Isa auf ihn zu
und konnte es kaum abwarten, sie
strahlte: »Stell dir vor, da war ein
Licht, sonst nichts. Hier, ich habe es
dir gemalt. Ich schenke es dir.« Erich
bekam ein Blatt und sah es sich an.
Erich blickte sie liebevoll an: »Ich
wünsche dir noch viel Licht in deinem Leben. Morgen wandere ich weiter. Dann müssen wir Abschied nehmen.«

Am nächsten Tag kam Isa mißmutig und ärgerlich an: »Nichts geht mehr. Ich krieg das Wort nicht mehr raus. Es steckt mir im Hals.« Erich fragte sie rundheraus: »Mit wem hast du Streit?« Isa war überrascht: »Mit Doris, sie war doof zu mir, und dann habe ich sie an den Haaren gezogen.« »Und das war es schon?«, fragte Erich. »Nein«, murmelte Isa, »sie ist meine beste Freundin und sie hat ganz langes Haar. Und ich habe nicht gezogen, ich habe ganz fest gerissen. Ich denke, sie hat großes Kopfweh. Sie hat nur noch geweint.« »Und jetzt traust du dich nicht zu ihr, oder?«, flüsterte Erich leise. Isa nickte nur und weinte auch. Erich hielt eine Weile ihre kleine Hand und kramte dann in seiner Jackentasche und gab Isa etwas Geld: »Hier, kauf zwei Eis und lauf zu Isa. Grüß sie auch von mir.« Isa lief wie ein Blitz los und rief nur noch: »Aber du mußt warten. Erich!«

Erich wartete, und nach einer Weile kamen zwei Mädchen vergnügt auf ihn zu. Isa sprudelte nur so: »Es geht wieder. Als Doris sich freute und mich drückte, als ich ihr das Eis gab, da war das Wort wieder da.« Erich erhob sich: »Ich geh los, auf Wiedersehen bis nächstes Jahr.« »Schreib mir mal«, bat Lisa leise, »damit ich das Wort nicht vergesse.« Erich strich ihr über das Haar: »Du wirst es kaum vergessen. Aber wenn, werde ich dich erinnern.«

Isa vergaß Erich und immer öfter auch das Wort. Ein Jahr später erhielt sie eine Karte mit sechs Worten: »DU bist meine Freude. Bis morgen.« Isa wußte sofort Bescheid.

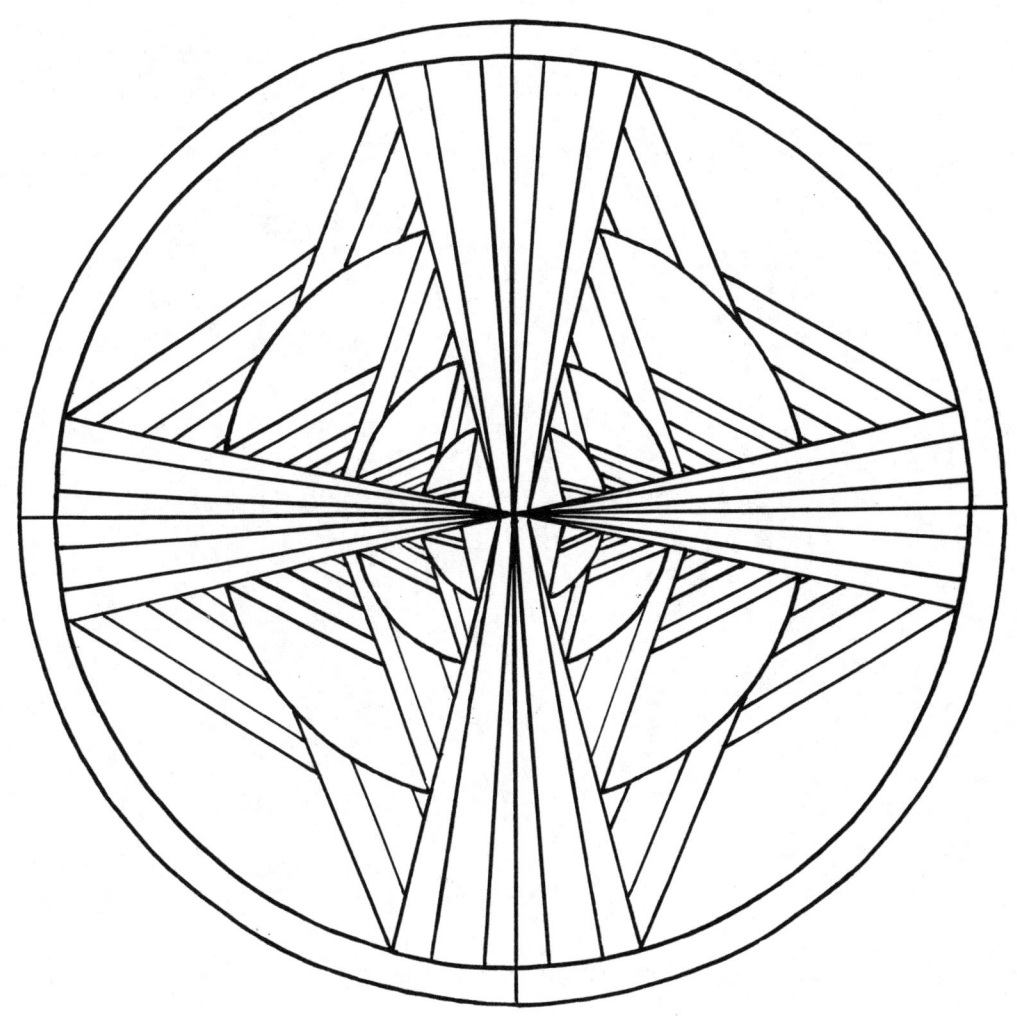

Leiden, Sterben
und das Leben
neu entdecken

 *Hinführung*

Kranksein, Leiden und Sterben erleben Erwachsene und Kinder gleichermaßen. Sie spüren, wenn sie krank sind, wie sie Schmerzen haben, Ängste ausstehen, und sie erleben dies auch in der Begegnung mit anderen Menschen, in der Begegnung mit Geschöpfen. Da sterben vertraute Kinder und Erwachsene, da sterben Tiere oder der Baum ist tot. Unsere eigene Einstellung zu diesen Fragen entscheidet darüber, wie wir Kinder an diese Erfahrungen heranführen, wie wir sie begleiten. Übrig bleibt oft die Frage: Warum? Meist gilt die Frage nicht den Menschen, sondern es wird zu einer Anfrage an Gott: Warum macht Gott dies, oder auch: Warum läßt Gott dies zu?

Das Schwierige an dieser Frage ist, daß es letztlich keine Antwort darauf gibt, weil die Frage dem Sterben und dem Leid nicht gerecht wird. In diesen Fragen nach dem »Warum« ist die Sehnsucht nach einem Verantwortlichen, nach einem Benennbaren, nach Einem, mit dem ich um das Leben und das Leid ringen kann, enthalten. Vielleicht möchten wir auch verstehen, einsichtig werden, Argumente finden, Schuldige benennen

können. Dahinter steht manchmal die Hoffnung, daß dies den Schmerz lindert, die Trauer erträglich macht und die Liebe bewahrt.

Ich möchte Sie einladen, die Frage »warum« nicht zu stellen, sondern sie auszuhalten und Sterben und Leben als Einheit – oder anders ausgedrückt, als zwei Seiten einer Münze zu begreifen: Wir leben, um zu sterben, und wir sterben, um zu leben. Manchmal können wir die äußeren Ursachen von Krankheiten, Leiden und Tod benennen. Es gab z.B. einen Unfall, einen Sturz. Es gibt Ungerechtigkeit, die andere Menschen verhungern läßt. Es gibt Machtinteressen, Haß und Lust an Gewalt, die andere Geschöpfe bedenkenlos vernichtet. Oft genug liegt die Ursache von Leiden und Tod in hohem Maße an den Einstellungen und am Verhalten der Menschen. Es ist für uns nachvollziehbar: Hier macht Gott gar nichts, hier veranlaßt Gott nichts. Gott fügt Tod nicht zu. Bitte begreifen Sie in diesen Situationen Leiden und Sterben erst einmal als Folge von …, einem Unfall, von Alter, von Gier usw.

Bei Krankheiten und Naturkatastrophen wird das Begreifen schwieriger. Und wenn auch Krankheiten und Naturkatastrophen geschehen – ohne daß sie gemacht werden – bleibt die Frage, die auch für den vorigen Abschnitt gilt: Warum läßt Gott dies zu, oder es ergibt sich die Behauptung: Wenn Gott dies zuläßt, dann kann es Gott nicht geben. Wozu ist Gott nütze?

Sie sehen, daß diese Hinführung *Antwortversuche* enthält. Damit möchte ich Sie einladen, sich (anders) auf Leiden, Sterben und das Leben einzulassen. Nehmen Sie die Antwortversuche als Anregung, Leid und Tod, Sterben und Leben intensiv zu begegnen. Lassen Sie die nächsten fünf Anregungen auf sich wirken, nehmen Sie dabei auch Ihre Empfindungen wahr und an.

Ein erster Antwortversuch: Leben und Sterben, Leiden und Freude gehören zur Schöpfung, sie sind Teil des menschlichen Seins. Dies gibt dem Menschen eine große Verantwortung für alles Handeln und Denken. Im Leiden und Sterben, im Kranksein und Tod liegt nicht der Sinn des Lebens, sondern sie sind Teil des Lebens, genauso wie Freude und Angst.

Ein zweiter Antwortversuch: Wenn wir akzeptieren, daß Krankheit und Tod Teil des ganzen Lebens sind, können wir vom Tod lernen. Der Tod erinnert uns, daß wir Menschen alle gleich sind. Der Tod erinnert uns, daß wir nur die Zeit leben

können, die wir haben, und er lädt uns ein, diese Zeit bewußt und verantwortungsvoll zu gestalten.

Ein dritter Antwortversuch: Wer krank wird, wird krank. Wer stirbt, stirbt. Nicht die gelebte Zeit bestimmt den Wert des Lebens, sondern jedes Leben hat seinen Wert in sich. Wir trauern verständlicherweise um ein verstorbenes fünfjähriges Kind. Wir trauern, weil wir traurig sind. Es hat aber oft den Anschein, als trauern wir für das Kind. Wir sagen leicht, es hat seine Chance nicht gehabt. In Wirklichkeit trauern wir auch um unseren Verlust. Wir sind geschädigt, uns fehlt dies Kind, wir fühlen uns verletzt. Der Tod nimmt uns einen Menschen. Wir sind eingeladen, den Wert jeder Lebens-Zeit zu schätzen.

Ein vierter Antwortversuch: Der Tod verweist uns auf fortwährenden Abschied, auf Veränderung und Wandlung. Wir können lernen, das Sterben zu leben. Dies ist ein innerer Prozeß des Wandelns. Im christlichen Glauben werden diese Auseinandersetzung mit dem Tod und dieser Wandel als Auferstehung beschrieben und immer wieder gefeiert.

Ein fünfter und letzter Antwortversuch: Die Auseinandersetzung mit Tod und

Krankheit verweist uns auf das Leben. Jesus ermutigt, in der *Gegenwart* zu sein. Ewigkeit ist die Zeit außerhalb von Raum und Zeit, sie ist da in der Zeit des gegenwärtigen gelebten Augenblicks. Ewigkeit ist niemals eine Zeit in der Zukunft. So lädt der Tod ein, *jetzt* zu leben, jetzt auch in Leid und Krankheit zu leben. Wenn vom Sieg über den Tod gesprochen wird, meint dies, daß nicht der Tod oder die Angst vor dem Tod das Leben bestimmen. Dieser gegenwärtige Augenblick ist erfülltes Leben (in Gott). Das ist ein befreiender Sieg.

Im Alltag Stille entdecken

Im Alltag Leben und Sterben, Leid und Erfüllung entdecken

Selten wird Stille als so heilsam erlebt, wie in Zeiten des Schmerzes, des Krankseins und des Leidens, wenn – als ein Schritt der Wandlung – das Kranksein und das Leid akzeptiert worden sind.

Viele Menschen wehren sich gegen Kranksein, Leid und Sterben. Sie entdecken aber in dieser Auseinanderset-

zung manchmal: »Die Kunst des Lebens und die Kunst des Sterbens« hängen zusammen. Wehren aber heißt oft, etwas aus meiner Lebensgeschichte wegschieben und verdrängen wollen, was doch dazugehört. Akzeptieren ist die Voraussetzung für Heilwerden, auch wenn Heilwerden heißen kann, daß ich mit Narben, Verletzungen und Behinderungen leben werde. Akzeptieren bedeutet, die eigene Situation so annehmen, wie sie jetzt ist, um dann aktiv mit der eigenen Situation umgehen zu können. Es gibt ein aktives Geschehenlassen. Meine Verantwortung und meine Energie sind genauso gefragt, wie es not-wendend ist, die Veränderungen, die sich für alle ergeben, geschehen zu lassen und zu gestalten.

– Es ist schwierig zu fragen, welchen Sinn hat diese oder jene Krankheit. Es ist Mode geworden, Krankheit reichlich dümmlich zu deuten, z.B. du hast Krebs, weil du alles in dich hineinfrißt. Solch eine Aussage weist nur Schuldgefühle zu und erzeugt neue Ängste. Ich lade kleine und große Leute ein, sich jeweils mit der Krankheit vertraut zu machen. Welche Zeit schenkt dieser Beinbruch, was möchte ich im Angesicht des Krankseins verändern? Was ist mir wichtig, wenn im weitesten Sinne Sterben oder Abschied auf mich zukommen? Krankheit kann so eine Zeit zum Innehalten und eine Zeit der Veränderung werden. Wichtig dabei ist, daß ich im Kranksein in aller Gelassenheit mein Leben mitgestalte und daß auch Kinder zu diesem Schritt ermutigt werden.

– Kinder werden oft wütend, wenn sie sehen, wie Menschen anderen Lebewesen Leid zufügen. Manche Kinder überlegen, ob sie sich im Tierschutz engagieren können. Krieg, den Kinder als Bericht erleben, erzeugt Schrecken und Ängste. Dieses Mitgefühl gilt es zu fördern, indem Kinder es bewahren dürfen. Sicherlich werden sie mit solchen Erfahrungen und Auseinandersetzungen nicht reibungslos funktionieren und anstößig sein. Dies kann unserem Zusammenleben, in dem das Sterben durch Verkehr, Unfälle, Hunger und Krieg an der Tagesordnung ist, nur guttun. Tragen Sie Kinder mit, die aktiv an ihrer Umwelt leiden und sie mitgestalten wollen. Diesen Kindern hat Gott die Erde anvertraut. Achten Sie darauf, daß Kinder ihre Ohnmacht und ihre Grenzen auch wahrnehmen, und erweitern Sie den Handlungsspielraum von Kindern, indem Sie sich mitengagieren. Ein Beispiel: Kinder haben einen Streichelzoo in der Stadt eingerichtet, damit ein Pferd nicht geschlachtet wird und Katzen aus dem Tierheim nicht getötet werden müssen …

– Wir haben Sterben und Tod oft ins Krankenhaus und Altenheim verlagert. Trotzdem erleben Kinder Tod, auch wenn sie oft erst im nachhinein von dem Geschehen erfahren. Tod und Sterben berühren uns, wenn wir es zulassen. Einige Erinnerungen: In jeder Familie sterben Menschen, auch Kinder sterben – Klassenkameraden, Kindergartenkinder. Tiere sterben oder werden vom Tierarzt eingeschläfert. Wie können sie im Alltag damit umgehen? Einige *Anregungen:*
– Sprechen Sie über die Erfahrungen, und lassen Sie Gefühle zu. Trösten Sie sich weniger durch Worte, als durch Berührungen. Schenken Sie sich Geborgenheit.
– Verniedlichen Sie den Schmerz nicht, zum Beispiel durch: Es wird alles gut, es ist ja nicht so schlimm, Opa ist jetzt ein Engelchen. Zuerst einmal ist Trauigkeit wirklich Traurigkeit. Benennen Sie in Gedanken und Worten den Schmerz.

– Kinder hängen oft intensiv an Tieren, und es entsetzt sie, wenn diese Tiere gestorben sind. Wenn Eltern tote Tiere in die Mülltonne werfen, heimlich wegbringen usw., entsteht nicht nur Traurigkeit, sondern Wut. Beerdigen Sie mit Ihren Kindern die (kleinen) Tiere, sprechen Sie ein Gebet, verweilen Sie einen Augenblick an der Grabstelle, zünden Sie ein Grablicht an dieser Stelle an. Falls das Beerdigen nicht zu Hause geht, gibt es sicherlich andere sinnvolle Orte. Mit diesem bewußten Abschied und mit dem Aushalten des Schmerzes bringen Sie sich selbst und den Tieren Respekt und Liebe entgegen.

 ***Ausführliche Übungen***

Dem Schmerz Ausdruck verleihen

Wenn Erwachsene und/oder Kinder traurig sind, vielleicht weil die Freundin weggezogen ist, oder weil jemand gestorben ist, oder wenn Menschen sich trennen, dann kann es guttun, dem Abschied und dem Schmerz Ausdruck zu verleihen und Gestalt zu geben. Wie kann dies geschehen?

Einige kleine Hilfen:
– eine befristete Zeit ein Bild aufstellen und ab und zu/immer wieder mal eine Kerze davor anzünden;
– einen Brief an die vermißte Person schreiben und abschicken bzw. wenn er nicht mehr abzuschicken ist, sich selbst diesen Brief nach einigen Tagen laut vorlesen;
– ein Bild mit einer wohltuenden Erinnerung malen und aufhängen;
– Licht und Schatten einer Beziehung ansehen, im Gespräch fragen: Was hat mir einerseits gut getan, was vermisse ich jetzt? Andererseits, was war schwierig, was schenkt mir neue Freiräume?
– Vielleicht wollen Sie dies alles gar nicht besprechen, sondern beim Gestalten eines Mandalas ins Malen hineinnehmen? Das Mandala hilft, in einem Rahmen sich zuzulassen und die eigene Struktur wiederzufinden. Ein Mandala mit Kreuz regt vielleicht besonders an, Leben und Tod als Einheit zu erfahren.
– Kindern (und Erwachsenen) tut eine Sprechpuppe gut, also eine Puppe, die den Mund bewegt, die stellvertretend erzählen kann. Dies kann auch eine Tierpuppe sein. Diese Puppe kann in der Hand des Erwachsenen zum Er-

zählen und Gespräch anregen. In der Hand des Kindes kann sie stellvertretend erzählen, mitteilen und hören. Kinder sind gerne alleine mit diesen Puppen und reden gerne alleine mit ihnen: Bitte akzeptieren Sie diesen Wunsch des Kindes.

Abschied nehmen

Eine wichtige Erfahrung für Erwachsene ist es, daß Kinder Abschied sehr ernst nehmen und immer überprüfen, ob die Erwachsenen wirklich wiederkommen. Manche Unpünktlichkeit löst nicht nur Angst (kommt Papa wieder) aus, sondern zerstört bei kleinen Kindern sogar Vertrauen. Kinder werden lernen, daß Verspätungen nichts Tragisches sind, wenn sie sich aufgehoben fühlen und es einsichtige Erklärungen gibt. Falls das Kind aber zum Beispiel eine viertel Stunde alleine vor der Grundschule warten muß, und nie abgesprochen wurde, was jetzt zu geschehen habe, kann die Angst riesengroß werden. Genauso dann die Erleichterung, wenn Mama endlich kommt.

Im Abschied lernen Kinder, daß Vertrauenspersonen wiederkommen. So ist es wichtig, genauso Abschied zu vollziehen, wie das Wiederkommen bewußtzumachen.

Der Tod verändert die Situation: Ein Mensch kommt nicht wieder. Deshalb lade ich Sie ein, Kinder auch von sterbenden Menschen, wenn es möglich ist, Abschied nehmen zu lassen. Bitte belügen Sie Kinder und Sterbende in diesen Situationen nicht. Sie können nichts wieder-holen! Dies muß z.B. nicht auf der Intensivstation sein, sondern gegebenenfalls bei der Aufbahrung oder auch vor einem Bild. Ich gehöre zu den Menschen, die es bedauern, daß tote Menschen uns nicht noch einige Zeit/Tage begleiten. Da, wo es möglich war, und ich es erlebt habe, war der Abschied von Frieden geprägt, innere Auseinandersetzungen waren verstärkt möglich. Kinder konnten z.B. ihre Oma noch einmal berühren, Grundfragen des Lebens wurden gestellt. Stille und Innehalten kehrten ins Haus ein, Lebensbilanz wurde gezogen, Ärger und Verletzungen wurde wahrgenommen, und Dank war möglich. Ich weiß, daß dies manche Menschen entsetzt, aber warum? Weil ein Tabu (Tod/Trauer) gebrochen wurde, weil Kinder dies angeblich nicht verkraften? Oder sind es doch die Erwachsenen, die ihre Ängste haben und sie nicht wahrnehmen wollen?

Die Übung dieses Abschnittes ist einfach und deshalb schwer. Sie bedarf einer täglichen Konsequenz: Nehmen Sie im Alltag bewußt Abschied und begrüßen Sie sich! Nehmen Sie sich diese Zeit. Diese kleine Zeit wird allen guttun, aber überfrachten Sie diese Situationen auch nicht.

Alles hat seine Zeit

Krankheit und Tod erinnern uns an den Wert des Augenblicks. Wir können nichts wieder-holen oder für die Zukunft festlegen. Der Tod und das Kranksein nehmen uns nichts weg, was noch nicht/oder nie ist, sondern helfen uns, verantwortungsvoll im Augenblick zu sein. Das heißt nicht, sich treiben zu lassen, dem Zufall zu folgen, sondern jeden Tag bewußt zu leben, jeden Tag ein Stück Zukunft zu gestalten. Kinder können Erwachsene anregen, in der Jetztzeit zu leben. Kinder gestalten den Augenblick und haben doch eine Perspektive für ihr Leben. Und wenn es nur die Perspektive ist: Wir werden immer größer, jeden Tag ein Stück, wir werden immer größer, das ist ein Glück. Ein *kleiner Text/ein Lied/ein Kanon* nach dem Prediger Salomo kann in diesen traurigen Situationen helfen, das Geschehen anzunehmen. Sie können diese Worte sprechen oder auch singen: S. 211.

Die Übung des Dankes

Die wertvollsten Dinge im Leben sind einfach und schlicht. Sie fallen immer wieder leicht in die Vergessenheit, weil wir sie gerne für selbstverständlich nehmen. In den stillen Augenblicken des Lebens spüren wir dann, wie uns die Gefühle einholen, berühren und auch Kraft und Energie freisetzen.

– Halten Sie einmal am Tag inne und schauen auf das, was Ihnen zugute gekommen ist. Dies hilft Ihnen zu spüren, wo Sie dankbar sein können. Sie können innerlich oder auch den Menschen konkret Dank sagen. Manchmal sagen Kinder und Erwachsene: »Danken kann ich nicht«. Wenn Sie möchten, beginnen Sie dann, inwendig – also leise – Dank zu sagen. Finden Sie Ihre eigenen Worte: »Das war schön.« »Das hat mir gut getan.«
– Nehmen Sie den Dank mit in den Alltag. Danken Sie im Alltag, nicht nur durch Worte, sondern durch ein Lächeln, eine Geste (ein Zuwinken, eine Verbeugung), einen Handschlag, ein Schulterklopfen, ein Umarmen, so wie es sich von Herzen ergibt. Danken ist auch eine Geste der Aufmerksamkeit.

Kanon zu 4 - 6 Stimmen

Text: *Rüdiger Maschwitz, nach Kohelet / Musik: Norbert Schoog*

Anmerkungen zum gemeinsamen Singen:

Soll der Kanon nur 4-stimmig gesungen werden, so könntet Ihr ausprobieren, die Zeilen 3-4 oder 5-6 ganz wegfallen zu lassen. Vielleicht klingt das besser, als alle sechs Zeilen mit fehlenden Einsätzen zu singen.

Am Ende sollte nicht an einer gemeinsamen Stelle unterbrochen werden, sondern alle Stimmen sollten bis zum Ende durchsingen und ausklingen.

- Danken Sie nicht aus Pflichtbewußt-
sein, sondern von Herzen. Danken
Sie, wo Sie dankbar sind.

Zwei Nachsätze:
- Es gibt Menschen, denen fällt es
schwer, Dank anzunehmen. Auch dies
kann geübt, zugelassen werden. Dabei
ist es wichtig, sich deutlich zu machen, daß Dank nicht vereinnahmen
will oder verpflichtet.
- Zwingen Sie kein Kind und keinen
Erwachsenen zum Danksagen. Er-
zwungener Dank oder Dank als Höf-
lichkeit kommt nicht von Herzen und
ist leicht sinnlos.

Das Leben feiern – eine Osterkerze gestalten

Im Leiden, im Kranksein und auch im
Sterben gilt es, das Leben zu entdecken,
zu vertiefen und zu feiern. Dies ist leichter gesagt als getan. Die Osterkerze zum
Beispiel ist ein Zeichen des neuen Lebens. Warum sollte nicht jede Familie
eine Osterkerze haben?

Anleitung

Kaufen Sie eine große (weiße) Kerze,
die Sie ein Jahr begleiten kann. Diese

Kerze kann bei Festen, aber auch tag-
täglich angezündet werden. Im Bastel-
geschäft gibt es dünne Zierwachsplatten.
Setzen Sie sich zusammen, und überlegen Sie sich Zeichen, Wünsche und
Aspekte des Lebens und der Hoffnung.
Sie können diese Symbole und Zeichen
ausschneiden, sich mitteilen und auf die
Kerze aufdrücken. Die Jahreszahl kann
ebenso hinzugefügt werden. Diese Kerze
begleitet und erinnert Sie an die Hoffnung, die Sie *jetzt* leben können.

Das Leben pflanzen

Jesus erzählt in einem Satz oft eine ganze
Lebens-Geschichte. So nimmt er ein
Weizenkorn in die Hand und sagt: Wenn
dieses Weizenkorn in die dunkle Erde
gelegt wird und stirbt (sich wandelt),
bringt es unzählige Frucht. Wandelt es
sich aber nicht (stirbt es nicht), bringt es
keine Frucht, bleibt es wirklich tot.

- Diesem Gedanken möchte ich an
Ostern mit Kindern ganz praktisch
nachspüren. Säen Sie *Weizenkörner*
zu Beginn der Passionszeit (direkt
nach Karneval) in zwei Schalen mit
Erde, die Weizenkörner werden kei-
men. Achten Sie darauf, wann und

wie das Korn durch die Erde ins Licht bricht.

– Eine Schale (oder Obststiege) wird zu einem *Osterlebensgärtchen*. Sie können je nach Größe Tulpen und Krokuszwiebeln mit einstecken und andere Blumensamen hinzufügen. Es entsteht ein buntes Gärtchen, in das Sie Symbole des Lebens (z.B. die Ostereier) legen können.

– Das Korn in der zweiten Schale (bitte groß genug auswählen, damit genug Nahrung für den gesamten Wachstumsprozeß da ist) wächst, bis es groß wird, dann kann es geerntet werden. Vielleicht wollen Sie die neuen Körner herausdreschen. Legen Sie dazu die Ähren in ein Küchenhandtuch, und klopfen sie mit einem Fleischklopfer auf oder rollen Sie mit einer Teigrolle über die Ähren. Sie sehen, wieviel Neues gewachsen ist.

Sie ahnen und wissen nun, was Jesus in diesem Gleichnis andeuten wollte: Große und kleine Menschen sind zu einem Leben eingeladen, das sich und die Menschen wandelt. Dazu gehört es auch, das Dunkle, das Angstmachende und Schwere im Leben zu durchschreiten, um das Licht – wie das Weizenkorn beim Durchbrechen der Erde – zu entdecken.

Rituale – den Rhythmus leben

Die Rituale ergeben sich in diesem Kapitel aus den Übungen:

Danken

Üben Sie Ihre Wahrnehmung und danken Sie von Herzen, wenn Ihnen etwas geschenkt wurde. Lassen Sie alles pflichtbewußte Danken los und entdecken Sie die Geschenke, die Sie immer wieder erhalten. Nehmen Sie die Impulse der obigen Übung auf, und halten Sie mit Kindern am Abend inne und schauen (ab und zu) auf das, was dankenswert ist.

Abschied nehmen im Alltag

Nehmen Sie die Anregung auf, immer mit bewußtem Abschied auseinanderzugehen und sich genauso bewußt wieder zu treffen. Solange dies keine Routine wird, ist dies wohltuend.

 *Abschlußgeschichte*

Einmal noch will ich den Sonnenaufgang fangen

Werner war zehn Jahre alt. Er hatte Krebs. Schon ein paar Mal war er für mehrere Wochen in der Klinik gewesen. Er bekam Spritzen, ihm fielen die Haare aus, er hatte Schmerzen, Angst und Hoffnung. Er fühlte sich allein, auch wenn er von seinen Eltern Besuch hatte.

Er hörte den Ärzten zu, wenn sie ihm erzählten, was sie tun wollten. Er tat nichts, was er nicht tun sollte. Schon lange spielte er nicht mehr Fußball, dabei war er vor einem halben Jahr noch der beste Stürmer seiner Mannschaft gewesen. Er wollte gesund werden und fühlte sich immer schwächer. Seine Ärztin tröstete ihn: »Halt durch, wir können es schaffen.« Aus seiner Klasse kamen ihn hin und wieder Kinder besuchen. Manche Kinder durften auch nicht kommen, sie sollten das »Elend« nicht sehen. »Ich bin kein Elend«, dachte Werner dann, manchmal wurde er richtig wütend.

Seit gestern war er wieder in der Klinik. »Die Werte waren nicht gut«, hatten sie gesagt. Er wollte raus, nur ein bißchen spazierengehen. Leise verließ er das Krankenhaus, er hatte sein ganzes Geld dabei. Niemand achtete am Hinterausgang des Kinderkrankenhauses auf den Jungen. Still und leise verschwand er. Er lief die Straße entlang und stieg in den Bus, der gerade ankam. Werner sah alles an sich vorbeiziehen ... So sah er den Bahnhof und stieg aus.

Jetzt wußte er, was er wirklich wollte: Er wollte das Meer sehen, den Sonnenuntergang am Meer. Zu Opa wollte er reisen und alleine ans Meer gehen. Es war toll, langsam ging abends rot die Sonne unter, und am nächsten Morgen ging die Sonne wieder auf. Noch nie war er so lange wach geblieben, er wollte jetzt die ganz dunkle Nacht wachen und dem Mond zusehen.

Am Schalter holte er eine 1/4 Kinderkarte, wer noch zwei Schwestern hat, reist billiger. Sein Geld reichte. »Einmal Grömitz – erst Zug – dann

Bus —«, hatte er gesagt. Der Beamte lächelte: »Du weißt ja Bescheid. Fährst du ganz allein?« Werner zögerte nicht: »Nein, ich wollte nur die Karte selbst kaufen.« Und leise sagte er: »Können Sie mir den Bahnsteig und den nächsten durchgehenden Zug sagen, dann weiß ich genausoviel wie die anderen?«

Wie zwei Verschwörer tauschten sich die beiden aus. Werner ergatterte einen Fensterplatz und ließ die Landschaft an sich vorüberziehen. Es reichte gerade noch für den letzten Bus nach Grömitz.

Die Fahrerin weckte den Jungen an der Endstation: »Sag mal, wer holt dich denn ab?« Werner erschrak und stotterte: »Mein Opa – Telefon 7890«. Die Fahrerin benachrichtigte die Zentrale per Funk. Sie nahm den Jungen – so groß er schon war, in den Arm und wartete. Opa kam alleine. Das war gut. Opa war schon alt, bald 70 Jahre alt, aber stark wie ein Bär.

Werner sah klein aus in seinen Armen, und die Arme waren fest und sicher. »Junge, was machst du denn alleine hier?«, hörte Werner in seinem Ohr.

Die Stimme war leise und brüchig. Werner staunte und sah Großvater an: »Ich wollte den Sonnenuntergang an deinem Meer sehen – einmal noch – auf unserem Platz. Und den Sonnenaufgang will ich fangen – ganz alleine.«

Opa schaute Werner in die Augen, und Werner sah in Opas Augen Tränen. Werner drückte sich fest an ihn: »Du mußt nicht um mich weinen, ich lebe noch ewig.«

Opa atmete tief aus. Werner sah den feinen Atemhauch weiß in der Abendluft unter der Laterne. Und der Atemhauch löste sich auf. »So wie dem Atem geht es mir auch mal, Opa. Ich werde immer weniger. Aber das ist nicht schlimm. Ich habe keine Angst.«

Opa schluckte und sah Werner wieder ins Gesicht: »Ich bin für jeden Tag froh, den du lebst.« »Na, klar Opa – und morgen fange ich die Sonne. Sei nicht traurig – der Tod ist mein bester Freund. Manchmal spricht er abends mit mir. Aber verrate es nicht Mama, Papa, Oma, Kirstin und Birgit. Das ist mein Geheimnis.«

Träume, Visionen
und Hoffnungen

Hinführung

»Welche Träume erzählt der weiße Mann am Abend seinen Kindern?«, diese Frage aus der Rede des Häuptlings Seattle hat mich in den letzten Jahren begleitet.

Nun wird »Träumen« in unserem Alltag in zwei Richtungen verstanden:

– Meist meinen wir die Träume, die nachts ungesteuert als Bilder und Erlebnisse durch unseren Kopf ziehen, aber auch die Träume und inneren Bilder, denen wir uns tagsüber manchmal überlassen.

– Doch nennen wir ebenso ganz bewußte Hoffnungen und Visionen, die wir haben und/oder mitteilen, Träume, weil sie oft der Realität zu widersprechen scheinen.

In der Frage des Indianers Seattle schwingen beide Ebenen mit: Welche inneren Bilder beschäftigen den »weißen Mann«, und welche Hoffnungen erzählt er seinen Kindern?

Für mich steckt dahinter eine Grundfrage des Lebens. Daher hat es mich in den letzten Jahren immer wieder erschreckt, wie viele Menschen keine Visionen und Lebensträume mehr haben oder auch gar nicht danach suchen. »Mir stellt sich diese Frage gar nicht«, sagt ein Gesprächsteilnehmer, »wir müssen erst einmal den Alltag bewältigen«.

Aber wie soll das geschehen? – Denn: Ohne Träume und Visionen bewältigt der Alltag den Menschen. Unser Menschsein verkümmert und stirbt, wenn keine Visionen gelebt werden. Welche Welt wünschen Sie/wünschen sich Ihre Kinder? Kinder brauchen Visionen, um ihrem Leben und Handeln eine Richtung zu geben: Erwachsene ebenso.

Unsere bewußten und unbewußten Träume erzählen von den Aufgaben und Chancen, den Nöten und Sorgen, den Lösungsmöglichkeiten und dem Versagen, den Verzweiflungen und den Ängsten, die wir erleben. In den Träumen spiegeln sich eigene Lebenssituationen und -perspektiven. Kinder haben ihre Visionen und Träume, sie träumen zum Beispiel vom Großwerden, von Vorbildern, von Pferdegeschichten, aber auch von Krieg und zerstörter Umwelt. Wenn wir ihnen nichts mehr zu erzählen haben, sollten wir ihnen dann nicht um so mehr zuhören?

In diesem Abschnitt möchten wir Eltern und Kinder anregen, gemeinsam zu träumen, sich davon zu erzählen und Traumzeiten, Hoffnungszeiten also, zu gestalten.

Im Alltag Stille entdecken

Träume in der Nacht

Kleine Kinder wissen noch nicht, was Träume sind. Sie benennen das Geschehen aus ihrer Sicht. Zum Beispiel sagte ein Kind: »Ich sehe Bilder in meinem Kopf.« Oder: »Nachts läuft der Fernseher bei mir im Kopf.« Nehmen Sie solche Stichworte auf.

Es ist sinnvoll, Kinder zur Traumwahrnehmung zu ermutigen. Regen Sie Ihre Kinder an, eins ihrer Traumbilder oder eine ganze Serie zu malen. So erfahren Kinder schon früh, daß es gut tut, innere Bilder zu malen. Dies ist gerade dann gut, wenn ein Kind sagt: »Ich habe Angst vor diesen Bildern.« Im Ausdrücken des Bildes durch Erzählen, Malen oder Kneten wird dieser Angst Gestalt gegeben, und sie können sich ansehen, was ihnen angst macht. Dies ist ein ganz wesentlicher Schritt im Umgang mit Angst.

Manchmal geschieht es aber, daß Kinder soviel Angst haben, daß sie ihren Träumen keine Gestalt geben wollen. Akzeptieren Sie dies immer. Ich nehme das Kind auf den Schoß oder in den Arm – suche die Nähe und begleite so das Kind – zumeist hilft dies, die Angst ein wenig loszulassen. Ich neige nicht zu den Sätzen: »Das ist alles nicht so schlimm«, oder: »Stell dich nicht an, das war ja nur ein Traum«. Ich nehme – so gut ich kann – Ängste, Sorgen und Leid ernst und teile sie mit den Kindern. Ich finde es wichtig, daß Kinder auch diese Lebenserfahrung anzunehmen üben und Gegenerfahrungen der Geborgenheit machen.

Träume als Wandlungsprozesse

In der Auseinandersetzung mit Träumen entdecken wir, wie manchmal Veränderungsprozesse angedeutet werden. Dies ist für Kinder und Erwachsene gleichermaßen wichtig. Ein elfjähriges Kind träumte zum Beispiel davon, Lehrerin zu werden. Sie erfährt, wie sie im Traum eine wilde Klasse spielerisch unterrichtet. Der Schlußsatz des Traumes kam durch eine Stimme, die sagte: »Du machst dies aber gut.« Das Kind erzählt den Eltern – ohne sich an den Traum zu erinnern –, ich will Lehrerin werden. Erst sehr viel später, als sie bereits Lehrerin war und jemand anderes sie für nicht geeignet hielt, fiel ihr dieser Traum wieder ein. Sie hat bis heute – als Erwachsene – nicht vergessen, daß sie im Traum leicht und spielerisch unterrichtet hat. Dies hat ihr geholfen, sich auf diese Seiten zu besinnen, ihnen Raum zu geben und auf dieser Basis Kindern zu begegnen. Ich halte diese Frau für eine fähige, kreative und (mittlerweile wieder) gelassene Pädagogin. Die Berufswahl erscheint mir stimmig.

So half ein alter, scheinbar vergessener Traum, die eigene Basis wieder zu entdecken und leitete bei der erwachsenen Person einen intensiven – und manchmal auch schmerzhaften – befreienden Veränderungsweg ein.

Mit diesem Beispiel lade ich Sie *nicht* ein, aus den Träumen der Kinder deren Zukunft zu deuten. Allerdings sind Träume eine Chance, sich anbahnende Veränderungen wahrzunehmen.

Tagträume

Im Alltag haben Kleine und Große Tagträume. In den Tagträumen und Phantasien (die ich an dieser Stelle bewußt nicht unterscheide) entwickeln sich Wünsche, Bedürfnisse; auch neue Lebensschritte werden vorweggenommen. Kinder werden zu Helden, Prinzessinnen, Stars und Millionärinnen. Jungen und Mädchen erleben zum Beispiel in den Tagträumen ihre Sexualität und versuchen, sie auszuphantasieren. So werden Entwicklungswünsche wach, aber auch Sehnsüchte deutlich. Mancher Tagtraum führte zu einem Berufswunsch. Es ist auffällig, daß ältere Menschen sich nicht nur an die Erlebnisse ihrer Kindheit erinnern können, sondern auch an die Wünsche und Träume.

Kinder brauchen diese Träume. Aufmerksam werden sollten Sie nur, wenn Kinder so in ihren Tagträumen aufgehen, daß sie den realen Alltag fliehen. Dies ist aber eher selten. Häufiger beobachte ich, daß das Erfahrungsfeld für Tagträume immer enger wird. Kinder träumen sich seltener in Gegenwelten, als in Karrierewelten. Sie reproduzieren Tagträume aus Videos und Filmen. Leider fehlen auch ihnen schon oft Visionen und Hoffnungen, die Zukunft neu mitzugestalten.

Traumzeit und Jetztzeit

Träumen geschieht immer im Augenblick. Träume kennen nicht Vergangenheit, Zukunft und Gegenwart. Auch wenn vergangenes Geschehen auftaucht, der Träumende erlebt es *jetzt* – in diesem

Moment. Deshalb ist Traumzeit immer Jetztzeit. Träume erzählen also etwas über die augenblickliche Befindlichkeit des Menschen. Sie können uns deshalb helfen, uns selbst zu fragen: Was beschäftigt mich im Moment? Oder: Wie geht es mir wirklich?

Träume sind zunächst immer die Träume der jeweiligen Person. Aber auch jede Zeit, jede Generation hat ihre eigenen gemeinsamen Träume. Die nachfolgende Generation hat andere Träume, und dies ist wichtig. Wenn das Lied der Rolling Stones: »I can get no satisfaction« zur Hymne einer Generation wurde, dann drücken sich damit erst einmal Träume und Elend dieser Generation aus. Wenn Jahre später die Kids singen »I don't need no education«, dann ist dies deren Traum und gleichzeitig eine Äußerung gegen zunehmende Pädagogisierung.

Gerade weil Träume immer nur *unsere* Träume sind, können wir sie auch nur selbst leben. Die Kinder müssen ihre eigenen Träume haben und leben. Aber wir können sie mit unseren Träumen anregen und ermutigen, mehr als das gerade Machbare zu erhoffen.

Vom Wert der Wünsche

Kinder träumen von einem Pferd, träumen von einem Fahrrad, von einem Geschwisterchen, von einem Meerschweinchen, von einer größeren Wohnung, von einem Garten, von weniger Lärm … Wir benutzen das Wort »Träume« auch für Wünsche, von denen wir wissen, daß sie nicht so einfach oder gar nicht in Erfüllung gehen können. Trotz dieses Wissens sind Träume nicht erledigt, sie ruhen oft im Menschen weiter. Und nicht selten erfüllt sich ein Erwachsener einen »Kindertraum«. Da kauft »Mann« sich nicht nur die elektrische Eisenbahn oder »Frau« die erwünschte Puppenstube (oder umgedreht), sondern das eigene Kind bekommt Wünsche erfüllt, die es sich gar nicht gewünscht hat. Manchmal entsteht dadurch Leid und Spannung. Die Wünsche wirken also noch weiter. Wer will schon Ballett lernen, weil Mutter es nie durfte – oder Klavier, weil Vater davon träumte – oder Ärztin werden, weil Vater der Weg verbaut war? Solche unausgesprochenen, unbewußt übertragenen Wünsche helfen keinem Kind und auch nicht unbedingt dem Erwachsenen. Denn gleichzeitig befriedigen wir als Erwachsene so das Kind in uns, das innere Kind, oft ohne allerdings die Erwachsenenbedürfnisse von heute von den Kindheitswünschen von damals oder den Wünschen unserer Kinder zu unterscheiden.

Wichtig für uns alle ist es, die eigenen Träume wahrzunehmen und diese zu gestalten, zu befragen und es auszuhalten, wenn sie nicht alle gelingen.

 ## *Ausführliche Übungen*

Ein Bild lädt zu Traumreisen ein

Vielleicht gehören Sie zu den Menschen, die sich mit der Erinnerung an Träume und der Wahrnehmung innerer Bilder schwertun. Wir beziehen ganz bewußt immer wieder Phantasiegeschichten ein, weil sie – neben der Freude daran und der Entspannung – eine gute Möglichkeit sind, diese Seite unserer Wahrnehmung zu üben. Vielleicht sehen Sie am Anfang keine Bilder, sondern denken sich Ihre Vorstellung. Sie werden merken, daß Sie mit der Zeit auch Ihre Sinne in Ihre Wahrnehmung mit einbeziehen können. Und das Sehen ist ja nur einer davon.

Übung

In diesem Buch ist ein Bild von dem Maler René Magritte. Schauen Sie sich dieses Bild gegenüber Seite 224 an. Lassen Sie sich dafür Zeit. Vielleicht fasziniert Sie dieses Bild genauso wie mich. Ich möchte Sie mit diesem Bild zu eigenen Traumreisen einladen. Die Tür kann für jeden die Pforte zu einer eigenen Traumreise sein. – Schauen Sie sich dieses Bild an, und gehen Sie in Ihrer Vorstellung durch die Tür hindurch in ein anderes Land. Lassen Sie Ihre Bilder und Gedanken wie einen Luftstrom durch diese Tür strömen. Seien Sie überrascht, wo Sie der innere Schritt durch diese Tür hinführt. – Lassen Sie die Bilder und Gedanken sich zu einer Geschichte formen. Sie können in diesen Bildern handeln und so den Verlauf der Geschichte mitbestimmen. – Kommen Sie am Ende wieder durch die Tür zurück. –

Die Tür wird so zur Öffnung, zur Einladung für Ihre Phantasie.

Die Abschlußgeschichte dieses Kapitels erzählt dazu ein Beispiel (S. 228). Lassen Sie sich weitere Beispiele selbst einfallen, und beginnen Sie immer wieder mit diesem Bild.

Sich Träume mitteilen

Kinder und Erwachsene haben nachts und tagsüber Träume. Sie träumen sich in eine andere Welt und in andere Bezüge. Sie probieren im Traum Rollenwechsel und Rollenerweiterung. Kinderträume können aus Sicht der Erwachsenen oft komisch und seltsam sein. Für den, der mit Kindern über Träume und Visionen reden will, gelten *kleine Regeln:*

– Kinder erzählen gerne ihre Träume, Erwachsene sind da vorsichtiger. Dies gilt besonders für Nachtträume. Tagträume erzählen beide weniger gerne, und dies ist gut so. Tagträume sind intimer, offener und bedürfen des Schweigens.
– Hören Sie sich die Träume an. Im Erzählen wird der Traum ausgedrückt, manchmal neu gestaltet und verarbeitet. Dieses gegenseitige Zuhören hat seinen Wert in sich. Lassen Sie Freude und Weinen geschehen, nehmen Sie sich ernst.
– Behutsame Fragen sind möglich, aber jeder kann jederzeit die Antwort vermeiden. Bewerten Sie gegenseitig Träume nicht, z.B. dies war ein toller Traum oder aus diesem Traum lernen wir.
– Wir müssen Träume nicht deuten. Erinnern Sie sich daran, daß viele Träume uns nicht bewußt werden und daß diese Träume trotzdem wirken und etwas klären.
– Trauminterpretationen und Deutungen werden manchmal zum Gesellschaftsspiel. Dies ist weder hilfreich noch sinnvoll, da Träume sich nicht generell und verallgemeinert erschließen lassen. Meist zeigt sich darin nur ein Stück Voyeurismus und Sehnsucht nach Kontrolle.
– Wenn Kinder Träume erzählen, können Erwachsene auch – angemessen und überlegt – eigene Träume einbringen. Bitte beachten: *Kinder sind nicht der Müllplatz für Probleme der Erwachsenen!*

Träume verändern die Welt

Mich hat als recht junger Mensch Martin Luther King beeindruckt. Seine Worte: Ich habe einen Traum, daß eines Tages weiße und schwarze Kinder miteinander leben … haben mich geprägt. Bis heute wird mir daran die Einheit von Handeln, Mitverantwortung und Vision deutlich.

Für ein erfülltes Leben ist diese Einheit not-wendend.

Kinder nehmen die Welt wahr und suchen nach Hilfen, diese Wahrnehmungen zu verarbeiten. Oft fehlen ihnen dabei Visionen. Kinder reagieren besonders auf sie belastende Situationen. Einige Hinweise: Nehmen Sie sich im Alltag Zeit, mit den Kindern in der Stille alternative Möglichkeiten/Gegenwelten zur erlebten Sorge zu träumen, damit sich Visionen und Hoffnungen immer wieder neu entwickeln können. Frust und Desillusionierungen kennen Kinder genug.

Beschreiben Sie miteinander eine Welt, für die und in der es Freude macht zu leben. Vielleicht haben Sie Lust, am »Lagerfeuer« Hoffnungen und Träume zu erzählen.

Folgende *Übung* kann Ihnen dabei helfen:

1. Schritt: Die Sorge (ohne Rück-Kommentare) aussprechen – Erfahrung: Ich werde ernst genommen.

2. Schritt: Die Sorgen austauschen und aushalten – Erfahrung: Ich bin nicht allein.

3. Schritt: Still werden, Einfälle sammeln. Dabei helfen die Anknüpfungs-Worte: Ich habe einen Traum, daß ... –

Teilen Sie sich Einfälle mit: Wir träumen gemeinsam – Erfahrung: Ich bin nicht hilflos.

4. Schritt: Angemessene Ideen umsetzen: Wir träumen und beginnen bei uns – Erfahrung: Wir können die Welt verändern.

Ich möchte Ihnen auch hier ein Beispiel schildern: Während des Golfkriegs habe ich (Grundschul-)Kindern intensiv zugehört, wie sie den Krieg miterlebten. Mich haben vier Dinge beeindruckt: Die Ernsthaftigkeit der Kinder, der hohe Informationsgrad, den die Kinder besaßen, das Mitgefühl, der Wille zu eigenem Handeln (helfen) und nicht zuletzt ihre Angst vor Krieg. Besonders deutlich war, daß die Mädchen viel intensiver die Situation wahrnahmen, als die Mehrzahl der Jungen. In dieser Situation suchte ich Möglichkeiten, nicht bei Informationen und Mitgefühl stehenzubleiben. Folgende Schritte sind wir miteinander gegangen:

Kinder haben ihre Wünsche und Träume, Sorgen und Ängste im Gespräch mitgeteilt und in Bitten alleine (Fürbitten) formuliert und ausgesprochen. Dann haben wir in Träumen und Hoffnungen einer Gegenwelt Ausdruck gegeben und nach Möglichkeiten unseres Handelns gefragt. Einige Klassen haben an den

Bundeskanzler geschrieben und ihm ihre Bilder geschickt. Mut macht uns ein afrikanisches Sprichwort:

Viele kleine Leute, an vielen kleinen Orten, die viele kleine Schritte tun, können das Gesicht der Welt verändern.

Geistliche Übungen

Träume haben einen intensiven Bezug zum geistlichen Leben/Glauben. In der jüdischen Tradition können wir uns an die Träume und Traumdeutungen Josefs

Die Worte zum Klingen bringen

Nach einem Text von Rüdiger Maschwitz
Musik: Bernd Schlaudt

Zum Vor- und Nachspielen und -sprechen!

Die ꭙ ꭙ-Noten werden mit Percussion-Instrumenten gespielt oder einfach geschnippt.

Die letzte Zeile sollte sich in der Lautstärke deutlich von den ersten absetzen, evtl. flüstern.

Kennenlernen – Einüben sollte über Vor- und Nachspielen und -sprechen geschehen. Danach kann es phasenversetzt, als Kanon, ohne VorspielerIn oder SprecherIn laufen.

erinnern. Die Propheten hatten Visionen, die sie den Menschen vermittelten. Ja, ich kann mir gut vorstellen, daß Gott eine Vision, einen Traum von der Schöpfung hat. In der Bibel wird diese Vision in der Schöpfungsgeschichte (Genesis 1) beschrieben: »Und es war gut.« Diese Vorstellung kann großen und kleinen Menschen helfen, die Welt verantwortlich zu gestalten. Die Ausgangsbasis, die Grundlage, ist gut. Schauen Sie sich dazu die Imagination zur Schöpfungsgeschichte auf Seite 87 an.

Jesus hat auch einen Traum, eine Vision vom Menschen, Er beschreibt diesen Traum sehr konkret: »Werdet wie die Kinder.« Vielleicht möchten Sie einmal nachspüren, welches Menschenbild dies für Sie konkret bedeuten würde. Sie können in ähnlicher Weise, wie auch am Anfang der Übung »Friede auf Erden« (S. 236 ff.) beschrieben, vorgehen. Lassen Sie Ihre Bilder zu, die Ihnen Kinder, wie sie als Kinder gedacht sein könnten, zeigen. Träumen Sie Ihr »Shalom des Kindes«.

»Werdet wie die Kinder« heißt für mich nicht: »Seid kindisch und niedlich«, sondern: »Mensch, bewahre dein Grund-(ur)vertrauen, bei allem was im Leben geschieht.«

Denn jedes Kind erlebt Dunkles, Angst, Grenzen. Jedes Kind *kann* dies erleben und verkraften, wenn die Basis, das Vertrauen zu Menschen (besonders zu Vater und/oder Mutter) stimmt.

Für die Erwachsenen bedeutet dies, sich immer und immer wieder wichtiger Vertrauenserfahrungen (gerade als Kind) bewußt zu werden. Manchmal werden damit Urerfahrungen aktiviert, die weit über das menschliche Vertrauen hinausgehen.

Für manchen Menschen scheint das Folgende eine reine Annahme zu sein, für mich ist es eine Erfahrung, die ich mit vielen anderen Menschen teile: Fast jedes Kind besitzt eigene und tiefe Gotteserfahrungen. Wir haben es nicht gelernt, diese Erfahrungen wahrzunehmen, zu benennen, auszusprechen und zu teilen. Geschweige denn, diese Erfahrungen zu bewahren und zu pflegen. In der Meditationsbegleitung erlebe ich, wie ohne jedes Zutun Menschen sich diese Erfahrungen vergegenwärtigen und wie heilsam es ist, darüber das Urvertrauen wieder zu entdecken und zu pflegen. Daraus kann sich eine Übung für Sie, als Erwachsene, ergeben. Nehmen Sie sich Zeit für sich, vielleicht beginnen Sie mit Meditation oder suchen eine andere Form der »Stillen Zeit«.

Wenn Ihnen dabei die Entdeckung des inneren Kindes, also Ihrer eigenen Kindheitserfahrungen, wichtig ist, schreiben Sie alles, was Ihnen über Ihre Kindheit einfällt, in ein Tagebuch. Mit der (langen) Zeit werden Zusammenhänge deutlich und Erfahrungen bewußt. Sie entdecken dabei auch Ihre ersten und wichtigen religiösen Erfahrungen als Kind.

Daraus folgt:
Unterstützen Sie Kinder – ohne jeden Überschwang –, *geistliche Erfahrungen* wahrzunehmen und zu benennen. Dies erscheint schwer, da Sie vermutlich nicht wissen, was für Erfahrungen ich meine oder/und weil Sie sich nicht kompetent fühlen.
Erinnern Sie sich einmal an sich selbst: Was hätten Sie gerne als Kind erzählt oder gefragt, wozu Sie sich nicht trauten, weil es der religiösen Einstellung Ihrer Eltern, Verwandten, Nachbarn, haupt- und ehrenamtlichen Vermittlern der Kirche zuwiderlief oder dort keinen Raum hatte. Ermöglichen Sie solch tiefe Erfahrungen den Kindern, indem Sie Fragen und Erzählungen ernst nehmen, nicht abwerten und sie vielleicht vertiefen, indem Sie Anteil nehmen.

Rituale – den Rhythmus leben

Hoffnungsträume leben

Viele biblische Geschichten erzählen von Hoffnung. Dabei wird in diesen Geschichten Böses und Leid nicht ausgeklammert. Erzählen Sie solche Hoffnungsgeschichten. Befragen Sie biblische Geschichten unter dem Aspekt: »Wozu ermutigen sie, welche Hoffnung tragen sie weiter?« Dies läßt viele Geschichten neu lebendig werden.

Angstträumen Ausdruck/Gestalt geben und sie akzeptieren

Ich nehme hier einen Impuls aus den vorhergehenden Ausführungen auf. Alle Menschen erleben immer wieder Träume, die sie erschrecken oder ängstigen. Wir können einüben, mit diesen Träumen umzugehen. Sie sind nicht schrecklich, sondern wir erschrecken über etwas im Traum, was uns zutiefst berührt. Indem wir diesem Erschrecken Gestalt geben, es also z.B. malen, nimmt der Traum Gestalt an. Lassen Sie deshalb

Kinder zu diesen Träumen malen, töpfern, kneten, reden, Körperkontakt haben, wenn (!!) die Kinder dies möchten. Akzeptieren Sie immer, wenn Kinder (jetzt) nichts erzählen oder gestalten möchten, vielleicht geschieht dies ein anderes Mal.

Abschlußgeschichte

Traumtagebuch

Ein Ritual für Erwachsene kann es sein, die eigenen Träume, an die Sie sich erinnern können, in ein Traumtagebuch zu schreiben. Sie entdecken so nicht nur Wiederholungsträume leichter, sondern manche Träume klären sich im Auf schreiben, Nachlesen, Nachklingen und mit der Zeit.

Unter den ausführlichen Übungen in diesem Kapitel habe ich die Grundidee dieser Abschlußgeschichte ausgeführt. (Ein Bild lädt zu Traumreisen ein.) Hier möchte ich ein Wort Martin Luthers aufgreifen, das Hoffnung beschreibt:

»Und wenn morgen die Welt unterginge, würde ich heute noch ein Apfelbäumchen pflanzen.«

Schlagen Sie gemeinsam das Bild von René Magritte (gegenüber Seite 224) auf. Schauen Sie sich dieses Bild schweigend eine längere Zeit an. Es wäre schön, wenn dieses Bild nachher noch vor Ihrem inneren Auge gegenwärtig ist.

(Für eine größere Gruppe Kinder können Sie sich auch für jedes Kind eine Postkarte mit dem Motiv besorgen. Dies wäre eine Idee für eine Geburtstagsfeier. Die Kinder können dann die Karte mitnehmen.)

Anleitung (im Sitzen oder Liegen)
– Schau dir das Bild an. Betrachte es eine Weile. Schließ nun die Augen und erinnere dich an das Bild. Sieh den Sand, das Meer, die Wolken und die offene Tür vor dir.
– Ich möchte dich heute einladen, einen – genauer deinen – guten Ort in dieser Welt zu entdecken und dort einen kleinen Apfelbaum zu pflanzen.

- Bevor du losgehst, schenke ich dir ein Apfelbäumchen, das leckere Früchte tragen wird. Nimm es bitte mit auf deinen Weg.
- Gehe jetzt durch das Tor und laß Bilder und Landschaften an deinem inneren Auge vorüberziehen. Suche einen Ort in der Natur, der dir gefällt. Laß dich dort nieder.
- Schau dich um. Nimm den Platz, den du dir ausgesucht hast, ganz wahr. – Wohin möchtest du dein Bäumchen pflanzen?
  Wenn du diesen Platz gefunden hast, nimm deine Hände, grabe und pflanze den Baum.
- Hörst du die Quelle? Hole dort Wasser und gieße deinen Baum.
- Dein Baum wächst heran und schenkt dir Früchte.
- Tiere, deine Freunde, kommen dich besuchen. Sie lagern mit dir um den Baum.
- Lade Menschen zu deinem Baum ein. Deine Freunde und Freundinnen kommen gerne. Du gibst ein kleines Fest für Menschen, Pflanzen und Tiere.
- Pflanzen und Tiere schenken dir Essen und Trinken für dein Fest.
- Tiere und Menschen machen Musik. Vielleicht wollt ihr tanzen.
- Es wird dunkel. Mond und Sterne scheinen. Glühwürmchen fliegen eine Lichterkette und leuchten euch.
- Das Fest klingt aus, du ruhst dich aus. Menschen und Tiere verabschieden sich. Dein Baum winkt dir bis zum nächsten Besuch mit den Zweigen.
- Du verabschiedest dich. Durch die Tür kehrst du zurück und bist nun wieder hier.
- Bewege dich langsam. Recke und strecke dich.
- Magst du erzählen, wie es war? Oder ein Bild von deinem Baum, deinem Fest malen? *So kannst du noch ein wenig bei deinem Traum bleiben.*

Es gibt ein Lied, das diesen Traum aufnimmt. Wenn wir es singen, kann es uns an unseren Traum erinnern:

Komm, bau ein Haus, das uns beschützt, pflanz ei- nen Baum, der Schatten wirft, und be- schrei- be den Himmel, der uns blüht, und be- schrei- be den Himmel, der uns blüht.

1. Lad vie- le Tie- re ein ins Haus und füttre sie bei un-serm Baum, laß sie dort mun- ter spie- len, wo kei-ner sie in Krei- se sperrt, laß sie dort lan- ge spie- len, wo der Him- mel blüht. (von vorne)

Text: F. K. Barth, P. Horst, H.-J. Netz / Melodie: P. Janssens. Aus: »Unkraut Leben«, 1977. Alle Rechte im Peter Janssens Musik Verlag, 48291 Telgte

2. Lad viele Kinder ein ins Haus, versammle sie bei unserm Baum, / laß sie dort fröhlich tanzen, wo keiner ihre Kreise stört, / laß sie dort lange tanzen, wo der Himmel blüht. – Komm, bau ein Haus,…

3. Lad viele Alte ein ins Haus, bewirte sie bei unsrem Baum, / laß sie dort frei erzählen von Kreisen, die ihr Leben zog, / laß sie dort lang erzählen, wo der Himmel blüht. – Komm, bau ein Haus, …

4. Komm, wohn mit mir in diesem Haus, begieß mit mir diesen Baum, / dann wird die Freude wachsen, weil unser Leben Kreise zieht, / dann wird die Freude wachsen, wo der Himmel blüht. – Komm, bau ein Haus, …

Frieden, Schalom –
Streiten und Versöhnen

Hinführung

Wenn ich die Zeitung aufschlage, Radio höre oder fernsehe, überall schlägt mir Unfrieden entgegen. Nicht nur die Kriege überall auf der Welt zerstören jede vorschnelle Illusion von Friedlichkeit, auch die Nachrichten über Morde, Totschlag, Mißbrauch, Schändung, Haß, Vorurteile, Mißachtung des Rechtes auf Leben von Pflanzen, Tieren und Menschen machen es schwer, an die Friedensfähigkeit des Menschen zu glauben. Vielleicht hätten wir das Thema Frieden im Abschnitt Träume belassen sollen. Und doch: Verwundert es nicht, daß alle, Kind oder Erwachsener, ihr Bild vom Frieden haben? Wir haben im Kapitel Träume bereits Anregungen gegeben, sich auf diesen Friedenstraum einzulassen (Träume verändern die Welt. S. 223). In diesem Kapitel möchte ich zeigen, was ich tun kann, um diesen Traum zu leben. Denn mir scheint, daß Frieden eines der wichtigsten Ziele ist, die unserem Leben Sinn und einen unverwechselbaren Weg geben. Dabei meint Frieden nicht Harmonie um jeden Preis, Stillstand, Bewegungslosigkeit, Langweile, wie manche befürchten, sondern ein lebendiges Sich-Einlassen auf die ständig neuen Herausforderungen des Lebens, eines Lebens, das jedem Teil dieser Erde sein Recht zugesteht. Dies ist eine große Herausforderung, denn wenn alles auf der Erde das gleiche Existenzrecht hat, müssen wir unsere Lebenswünsche mit denen der anderen Lebewesen, seien es Pflanzen, Tiere oder Menschen, in Beziehung setzen. Friede braucht deshalb unser Einfühlungsvermögen, Toleranz und Kompromißbereitschaft. Dies schließt Streit nicht aus. Doch auch Streit verändert seine Qualität, wenn er von der grundsätzlichen Annahme des anderen getragen ist.

Und wo kann ein Kind dieses Bemühen um Frieden besser erfahren und lernen als in einer Familie?

Im Alltag Stille entdecken

Die Erfahrung des Unfriedens in mancherlei Form begleitet unseren Alltag. Da sind Mißverständnisse, harte Worte, Vorwürfe, da ist belastende Stille, Aggression, Neid und Mißgunst zwischen uns. Meist tut es uns gleich schon wieder leid – aber wer wagt den ersten Schritt zur Versöhnung? Kinder können sich streiten und gleich wieder versöhnen, manchmal sagen wir dann: »Eben habt ihr mich noch verrückt gemacht mit eurem Streit, jetzt ist schon alles vorbei?« Das klingt dann wie ein Vorwurf. Sollten sie denn weiterstreiten, um den Ernst ihres Anliegens zu beweisen? Besser wir freuen uns und loben sie, und lernen von ihnen, *daß kein Streit ewig dauern muß.*

Eine große Hilfe, um den Kreislauf gegenseitiger Verletzungen zu unterbrechen, ist es, wenn es uns gelingt, einen Moment *innezuhalten,* ehe wir reagieren. Wir können es uns angewöhnen, wirklich zwei, drei Mal tief durchzuatmen, wenn wir merken, daß uns der Ärger, die Wut mitreißt. Diese wenigen Atemzüge können reichen, damit wir unseren Ärger so ausdrücken können, daß nicht alle weitere Verständigung unmöglich wird. Dies heißt, nicht alle Gefühle zu unterdrücken, im Gegenteil, denn unterdrückte Gefühle stauen sich auf und kommen irgendwann mit noch größerer Kraft wieder zum Vorschein. Doch die Gefühle könnten sich gezielter auf die Tatsache richten, die sie ausgelöst haben, und die wir vielleicht verändern können, und werden nicht zu einem grundsätzlichen Rundumschlag gegen den anderen Menschen oder gar eine ganze Personengruppe.

Ein Beispiel: Da fliegt der Ranzen in die Ecke, die Jacke fällt und bleibt mitten im Weg liegen. Sicher nicht das erste Mal, sicher nicht das einzige, was uns ärgert. Und im Zorn kommt dann so ein Satz: »Du bist das unordentlichste Kind, das ich kenne. Du wirst es nie lernen.« Die Reaktion ist klar: Angriff oder Rückzug, je nach Temperament, auf jeden Fall schließen sich innere Türen. Wie anders sieht es aus, wenn der Ärger gezielt ausgesprochen wird: »Mensch, ich freue mich, wenn du nach Hause kommst. Wenn ich dann aber gleich über deine Sachen stolpere, wo ich vorher aufgeräumt habe, werde ich einfach wütend. Machst du das eigentlich mit Absicht?« Da ist Einlenken oder Entschuldigung, Verteidigung oder Erklärung möglich.

Im folgenden ist eine ausführliche Übung beschrieben, wie wir nach Wegen suchen können, Uneinigkeit und Streit versöhnlich enden zu lassen. Es ist eine *ständige Übung im Alltag,* immer wieder nach Wegen der Versöhnung zu suchen. Bevor wir abends schlafen gehen, bevor wir uns verabschieden, ist es gut, noch einmal nachzuspüren, ob es Unversöhntes zwischen uns gibt. Gibt es keinen Weg, dies noch miteinander zu lösen?

Wie oft werden in kleinen Nebensätzen, in Sticheleien und Blödeleien Worte und Sätze gebraucht, mit denen wir andere verurteilen, lächerlich machen, abwerten. Wir sollten uns Mut machen und gegenseitig darauf aufmerksam machen, wenn sich in unsere Sprache solche Vorurteile einschleichen.

Frieden suchen heißt auch, nicht wegzuschauen, wo Hilflosigkeit und Schwäche ausgenutzt werden, um eigene Stärke zu beweisen. Es ist für mich ein Mißverständnis von Friedfertigkeit, Kinder dahin zu bestärken, sich aus allem Streit herauszuhalten. Sicherlich sollen sie nicht anfangen, Ihre Konflikte mit Prügeleien und anderen Aggressionen zu klären. Aber Kinder sollen sich wehren können; nur dann können wir sie auch ermutigen, sich einzumischen und anderen zu helfen. Wenn wir heute die Berichte über Gewalt gegen Ausländer lesen, stellt sich immer wieder die Frage: Warum hat sich keiner eingemischt? Stille im Alltag kann heißen wahrzunehmen, wo ich als Friedensstifter gefragt bin – und dies kann schon im Sandkasten anfangen.

 ***Ausführliche Übungen***

Gibt es keinen anderen Weg?

Eine alltägliche Situation – da war Streit, harte Worte sind gefallen, Türen geknallt, Tränen geflossen. Und was war der Anlaß? Meist eine Nichtigkeit.
Während des Streites, während die Emotionen hochgehen, sind wir oft blind für alternative Lösungen. Doch nachher haben wir die Chance, uns den Streit nochmals in aller Ruhe anzusehen, um für das nächste Mal vielleicht angemessenere Verhaltensmöglichkeiten zu haben. Eine Idee dazu ist die *folgende Übung:*

Gehen wir davon aus, da ist ein heftiger Streit gewesen. Mit oder ohne Lösung, die Luft ist raus. Alle sind betroffen, fühlen sich verletzt, mißverstanden.
Da wäre es gut, wenn einer – vielleicht ein Nichtbeteiligter – den Vorschlag machte, sich doch nochmals anzusehen, was da gelaufen ist. Und *ansehen* ist hier – fast – wörtlich gemeint.

Dazu sollte jede(r) sich zunächst einmal einen Platz im Raum suchen, an dem sie/er für sich alleine sein kann. (Ohne direkte Berührungen, Blickkontakte). –

Da es bei dieser Übung um ein Sich-Vorstellen, d.h. ein inneres Bild geht, ist es wie bei einer Phantasiereise wichtig, zunächst einmal die eigene Körperbefindlichkeit wahrzunehmen. Dies meint Äußerlichkeiten – wie habe ich mich hingesetzt, gelegt – und auch ein Wahrnehmen der inneren Spannung, meiner Gefühle. Wie geht es mir jetzt nach dem Streit? Was sind da noch für Reste an Ärger, Wut, Trauer etc. Kann ich die jetzt für eine kurze Zeit loslassen?

Anleitung

– Versucht jetzt, euch so gut wie möglich zu entspannen. Atmet ein paar Mal ganz tief durch. Wenn ihr könnt, schließt die Augen. – Geht in eurer Erinnerung noch einmal zurück. Wißt ihr noch, wie es begann? Versucht, euch noch einmal ganz in diese Situation hineinzufühlen. In welcher Stimmung wart ihr? – Wie habt ihr die anderen erlebt? Laßt den Streit wie einen Film langsam vor eurem inneren Auge ablaufen. Was habt ihr getan, gesagt, empfunden? – Wie ging es euch am Ende? – Mußte es so ausgehen?

Manchmal reicht ganz wenig, damit alle am Ende zufriedener sein können.

Wie hätte der Streit anders verlaufen können?

– Geht noch einmal an den Beginn zurück. Wie könnte der Streit verlaufen, wenn ihr nur ein wenig anders reagieren, handeln würdet? – Stellt euch den Verlauf genau vor. Wie geht es euch damit? – Wie geht es den anderen? Spielt in eurem Inneren mehrere Möglichkeiten durch. Was müßte geschehen, damit alle zum Schluß versöhnlich miteinander umgehen können? – Kommt langsam aus der Vorstellung wieder zu euch zurück.

– Spürt euren Atem, spürt, wie ihr sitzt oder liegt, spürt, wo ihr euch bewegen wollt. Wie geht es euch jetzt? – Überlegt, was ihr den anderen über eure Lösungswege erzählen wollt. – Könnt ihr miteinander darüber reden? Schaut euch an und tauscht euch darüber aus, wie jeder von euch zur Lösung des Streits beitragen kann.

Diese Übung eignet sich gut als Einzelübung, um für sich nach einem Streit, in Konflikten zu klären, wo die eigenen Anteile liegen, und was ich, der ich übe, zur Klärung beitragen kann. Dies nimmt nicht die Verantwortlichkeit der anderen am Konflikt Beteiligten, – letztlich ändern kann ich aber nur mich.

Dazu ein *Gebet:*
Gib mir die Gelassenheit, Dinge hinzu-
nehmen, die ich nicht ändern kann,
gib mir den Mut, Dinge zu ändern,
die ich ändern kann;
Und gib mir die Weisheit, das eine von
dem anderen zu unterscheiden.

Friedrich C. Oetinger

Friede auf Erden – zufrieden sein

Neulich sagte meine älteste Tochter zu
mir: »Ich habe noch einen Weihnachts-
wunsch, aber den könnt ihr nicht erfüllen, – das kann nur Gott.« »Und was ist
das?«, fragte ich. »Frieden auf der Welt«
– so ihre Antwort.

Es gibt für viele, wenn nicht die meisten
Menschen, Kinder wie Erwachsene, keinen größeren Wunsch als Frieden. Dies
ist ein Wunsch, der so groß ist, daß wir
uns mit unseren Möglichkeiten ganz
klein vorkommen. Mit der *folgenden
Übung* möchte ich kleinen und großen
Menschen Mut machen, unsere Möglichkeiten auszuschöpfen.

Aus dem Hebräischen kommt der Gruß
»Schalom«, mit dem wir uns »Friede sei
mit dir« wünschen. Der Friede, der mit
Shalom angesprochen wird, meint nicht
so sehr den großen Frieden, die Abwe-
senheit von Krieg (obwohl er auch dies
umfaßt), sondern vielmehr den inneren
Frieden. In einer anderen Übersetzung
meint Shalom nämlich »Ich wünsche dir
bestmögliches Gedeihen«. Dies mag erst
einmal ein merkwürdiger Wunsch sein.
Wie kann das aussehen?

Wenn wir im Garten etwas anpflanzen,
dann wissen wir, daß wir den Boden
vorbereiten, gießen und vielleicht dün-
gen, andere Pflanzen und Tiere, die schaden könnten, fernhalten müssen, damit
unsere Pflanzen gedeihen. Aber was
braucht ein Mensch, als Kind, als Erwachsener, zu seinem bestmöglichen
Gedeihen?

Anleitung

Auf der Erde gibt es viele Menschen,
die in ganz verschiedenen Ländern, in
ganz verschiedenen Landschaften, unter
ganz verschiedenen Lebensbedingungen
leben. Doch was braucht der Mensch,
um würdig leben zu können?

Es gibt einen Gruß, mit dem wünscht
man sich »bestmögliches Gedeihen«.
Könnt ihr euch vorstellen, was das ist?
Was braucht ein Kind, ein Erwachsener
für sein *bestmögliches Gedeihen?* Sicherlich fällt jedem sofort etwas ein.

Aber was brauchen wir unbedingt, und was wäre zwar gut, aber nicht ganz so wichtig? Ich möchte mir das einmal genauer ansehen.

Jede/r, der mitmachen will, bekommt ein großes Blatt Papier und bunte Stifte. Auf das Papier malt jede/r zunächst einmal eine Baumscheibe mit ganz vielen Ringen. Dies soll für uns ein Zeichen des Wachstums sein. Legt dieses Blatt dann vor euch und

- *setzt euch so hin, daß ihr eine Zeitlang ganz bei euch sein könnt. – Spürt, wie ihr euch hingesetzt habt. Geht es euch gut so? – Wenn nicht, verändert noch einmal eure Haltung. – Wenn ihr mögt, schließt jetzt eure Augen.*
- Bevor wir fragen, was Menschen brauchen, wollen wir uns erst einmal die Menschen ansehen, wie wir sie kennen. Stellt euch einmal alle die Kinder/die Menschen vor, die ihr kennt. Laßt ihre Bilder an eurem inneren Auge vorbeiziehen. Schaut sie euch alle an, die ihr mögt und die ihr weniger mögt. – Dann stellt euch auch noch andere Kinder/Menschen vor, die ihr vielleicht nur von Fotos oder vom Fernsehen kennt. Schaut sie euch genauso an.
- Während die Bilder noch an euch vorüberziehen, bewegt die Frage in euch:

»Was brauchen all diese Kinder/Menschen, damit es ihnen gutgeht, damit sie bestmöglich gedeihen?« Sammelt, was euch einfällt.

- Dann öffnet die Augen, bewegt euch wieder. Nehmt nun die Stifte und tragt in eure Baumscheibe ein, was ihr gesammelt habt. Schreibt das, was ihr für das Wichtigste haltet, ganz in die Mitte und geht von da aus nach außen.
- Wenn ihr fertig seid, vergleicht eure Baumscheiben miteinander. Gibt es Unterschiede zwischen den Kindern, zwischen den Erwachsenen, zwischen den Kindern und Erwachsenen? Sprecht gemeinsam darüber.
- Ganz viel, was uns weh tut, Haß, Streit, Gewalt, Neid, Krieg, hat seine Wurzeln darin, daß Menschen unzufrieden sind. Sicherlich wären die Menschen zufrieden, wenn sie all das hätten, was ihr auf den Baumscheiben gesammelt habt. Doch das ist unerreichbar. Aber was haben wir davon? Können wir das teilen und etwas davon weitergeben, so daß andere davon ein Stück zufriedener werden? Was hilft uns, zufrieden zu sein?

Friede fängt damit an, daß wir zufrieden sind.

Variation 1: Ich wünsche dir Schalom

Eine Variation der vorangegangenen Übung kehrt die Blickrichtung um: Nicht, was alle Menschen brauchen, ist dann die Frage, sondern, was braucht dieser eine ganz konkrete Mensch. Die Hinführung kann ähnlich sein. Wir brauchen aber keine Baumscheiben und fangen an der oben gekennzeichneten Stelle an (*). Wenn wir uns jetzt nach und nach ganz bewußt die Menschen einzeln anschauen – beginnend bei denen, die wir gut kennen –, dann versuchen wir zu spüren, ob es etwas gibt, das wir diesem Mensch konkret wünschen. In dieser Weise können wir uns viele Menschen in unserem Innern vorstellen und ihnen mit unserem Wunsch *bestmögliches Gedeihen,* Shalom, wünschen.

Variation 2: (Für Erwachsene)

Eine Intensivierung erreicht diese Übung, wenn Sie sich einem einzigen Menschen in Ihrem inneren Bild nähern, seine Stärken und Schwächen annehmen, und ihm von Herzen Shalom wünschen.

Was ist unser Frieden?

Seit es Fernsehen in fast jedem Haus gibt, sind uns die Bilder vom Krieg alltäglich. Kaum eine Nachrichtensendung, in der nicht von einem Kriegsschauplatz berichtet wird, in der wir Leid und Not, Verfolgung, Zerstörung, Haß, Kriegstechnik und menschliche Niedertracht hautnah vor Augen geführt bekommen. Und dann gleich wieder die nächste Nachricht – kaum Zeit, der Betroffenheit Raum zu geben und auch der Erleichterung: zum Glück ist es ja nicht hier …

Wir möchten einladen, mit einem Bild von Marc Chagall (gegenüber S. 240) innezuhalten, uns dem Anblick von Krieg und Frieden zu stellen.

1. Zugang

– Schaut euch das Bild gemeinsam an. vielleicht möchtet ihr reden und erzählen, was ihr seht. Laßt euch Zeit, die vielen Einzelheiten wahrzunehmen.
– Geht nun ein klein wenig von dem Bild zurück, so daß es als Ganzes auf euch wirkt.
– Welches Gefühl vermittelt euch das Bild? – Verweilt mit den Augen bei dem Bild.

– Welches Gefühl, welcher Gedanke, welches Bild in euch antwortet auf dieses Bild?
– Wie könntet ihr mit einer Überschrift, einem Satz, die Aussage, die das Bild für euch hat, beschreiben.
– Schreibt euch diesen Satz als Erinnerung auf und dann hört aufeinander, was euch das Bild von Krieg und Frieden erzählt hat.

2. *Zugang*

– Mich bewegt die Frage, was der Gekreuzigte in all dieser Dunkelheit von Gewalt, Not, Zerstörung, Raub, Erniedrigung und Flucht sagt. – Vielleicht habt ihr im ersten Anschauen schon eine Antwort gefunden, hört, ob es noch eine zweite gibt.
– Wenn wir in der Mitte das Bild schräg ein wenig zusammenknicken, verschwindet alles, was im Licht ist. – Was für ein Bild bleibt übrig? – Laßt es genauso wie beim ersten Anschauen auf euch wirken. – Welche Stimmung vermittelt euch das Bild jetzt?
– Öffnet die Mitte wieder und deckt mit einem Papier alles dunkle Darumherum ab. Verweilt wieder vor dem Bild. Spürt, was es in euch bewegt, welche

Gedanken und Gefühle kommen. – Jetzt schaut es noch einmal als Ganzes an und hört, was es sagt.

Gemeinsam singen, hoffen, Frieden teilen

Es gibt den Spruch: Wo man singt, da laß dich nieder, böse Menschen kennen keine Lieder.« Dies ist leider so nicht ganz wahr, denn es gibt auch Lieder, die den Haß, die Gewalt verherrlichen und damit nicht gerade zum Frieden einladen. Doch drücken viele Lieder auch den Wunsch nach und die Hoffnung auf Frieden aus. Diese können uns, wenn wir sie gemeinsam singen, miteinander verbinden und stärken. In Liedern können wir unsere Hoffnungen und Träume verbinden und Kraft gewinnen zum Handeln. Wenn ich an die aktiven Zeiten der Friedensbewegung denke und die seitdem immer wieder zu verschiedenen Anlässen stattfindenden Friedenskonzerte, spüre ich, wie diese Lieder Zusammenhalt, Mut und Kraft zum Andersdenken gegeben haben. »Dem Haß keine Chance« heißt auch, gebt dem Frieden eine Stimme, gebt ihm Lieder.

Hier einige Anregungen:

Herr, gibt uns deinen Frieden,
gib uns deinen Frieden,
Frieden, gib uns deinen Frieden,
Herr, gib uns deinen Frieden.

Schalom Chaverim, schalom chaverim,
Schalom, schalom
le hitraot, le hitraot, schalom, schalom.

(Wir bringen Frieden für alle [2x], wir bringen Frieden, Frieden für die Welt.)

Es gibt ein altes hebräisches Lied, das ich sehr liebe: *»Hine ma tov uma naim, chevet achim gam jachad.«*

Dies ist der Beginn des Psalm 133,1: »Seht doch, wie gut und schön es ist, wenn Brüder miteinander in Eintracht wohnen.«

Ich denke, wo dies geschieht, daß Brüder, und natürlich auch Schwestern, in Eintracht leben, da strahlt ein Licht auf, das die Welt verändert. Dies nimmt der deutsche Text auf:

Kanon zu 3 Stimmen

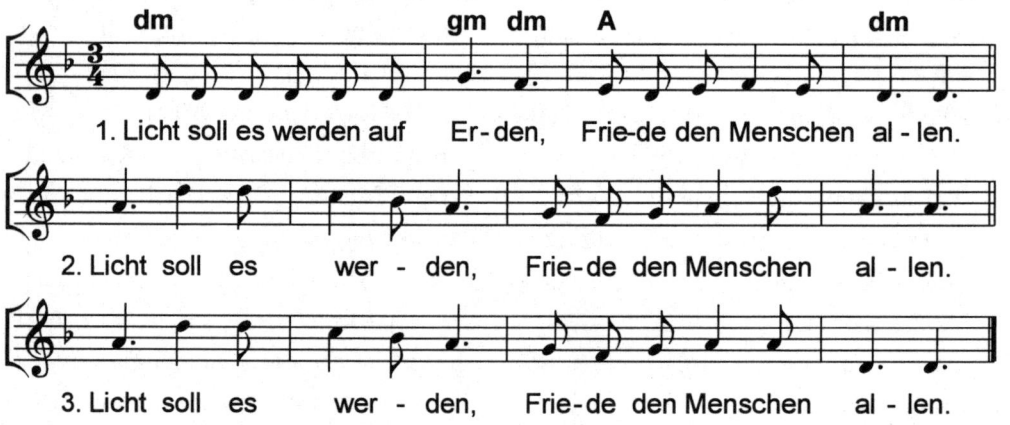

Text: traditionell aus Israel: Hine ma tov; deutscher Text: unbekannt / Musik: aus Israel

 **Rituale –
den Rhythmus leben**

Familienkonferenz

Frieden hat mit Zufriedensein zu tun. Kinder können ihre Wünsche und Vorstellungen eigentlich recht klar benennen. Es kann friedensstiftend sein, wenn wir uns immer wieder die Zeit nehmen, miteinander zu klären, was alle betrifft. Sicherlich dauert dies länger als eine Alleinentscheidung, sicherlich muß ich als Erwachsener dann auch bereit sein, Entscheidungen zu akzeptieren, die nicht unbedingt meine sind, doch der Gewinn ist groß. Wir wachsen gemeinsam mit den Kindern in unserer Fähigkeit, Bedürfnisse anzumelden und uns dafür einzusetzen, andere zu tolerieren und faire Lösungen zu finden.

Kreis der Versöhnung

Manchmal fragen wir uns vielleicht, woher wir die Kraft nehmen sollen, so zu handeln, wie wir es gerne möchten. Der *Händekreis* steht für eine einfache, in vielfacher Weise zu verändernde Grunderfahrung, daß wir durch eine lebendige Kraft in uns verbunden sind, die uns helfen und stärken kann … Ich möchte Sie einladen, immer wieder und ganz bewußt sich durch den Kreis Ihrer Hände miteinander zu verbinden. Dies kann zu zweit, zu dritt oder im Kreis mit ganz vielen sein. Immer wieder können wir spüren, daß sich über unsere Hände eine Verbindung auftut, die sich in Worten schwer ausdrücken läßt. Das Händereichen als Friedensgeste ist uns im großen und kleinen ja vertraut: Die Bilder ehemals verfeindeter Politiker, die sich die Hand reichen genauso wie die Geste zwischen Kindern, die sich ihre Freundschaft neu zusichern.

Sicherlich ist es eine Geste, die oft auch vom Effekt lebt, doch können wir der Grundbotschaft nachspüren. Reichen wir uns doch auch nach einem Streit wieder die Hände, nicht nur eben so, sondern lassen uns Zeit, diese Verbindung zu spüren. Und wie verändert sich unser Empfinden, wenn wir nicht nur eine, sondern beide Hände reichen und so den Kreis zwischen uns schließen? Dies tut nicht nur nach einem Streit gut. Da, wo Worte der Anteilnahme versagen, da wo Zuneigung und Sympathie keine Worte brauchen, da wo wir uns für einen anderen öffnen und mit ihm verbunden fühlen, können wir uns über den Kreis unserer Hände mitteilen.

Vielleicht spüren Sie in sich die Regung: »Da möchte ich nicht nur Hände reichen, sondern vielleicht in einer Umarmung meine ganze Nähe ausdrücken«. Ja, natürlich, auch dies tut gut und schafft eine intensive Verbindung zwischen uns. Mal wird das eine, mal das andere richtig und möglich sein.

Gemeinschaft spüren

Der Händekreis führt weiter zu der Erfahrung, daß wir uns über die Hände mit ganz vielen verbinden können. Vielleicht gibt es bei Ihnen schon Anlässe, zu denen Sie sich im Kreis die Hände reichen: vielleicht zu Beginn oder nach dem Essen, vielleicht zum Abschied, vielleicht am Abend. Nehmen Sie sich einmal etwas mehr Zeit und verweilen im Händekreis. Lassen Sie den Atem ruhig fließen und schließen Sie vielleicht die Augen. Bleiben Sie mit Ihrer Aufmerksamkeit ganz im Kreis. Drücken Sie zum Abschluß sanft Ihre Nachbarhände und lösen den Kreis in aller Ruhe.

Wenn Sie dies ein paarmal ausprobiert haben, können Sie noch ein wenig weiter

gehen. Achten Sie einmal darauf, daß alle im Kreis so verbunden sind, daß jeder mit einer Hand nimmt und mit der anderen gibt (Handfläche nach oben bzw. nach unten). Versuchen Sie dann einmal, nach einem Moment des Einspürens, Ihren Aus-Atem in der Vorstellung über Ihren linken Arm zu Ihrem Nebenmenschen fließen zu lassen und über den rechten Arm einzuatmen. Tun Sie dies, ohne den Atem in besonderer Weise anzustrengen, aber ganz aufmerksam. Spüren Sie die Verbundenheit mit den anderen? Lösen Sie die Hände wieder, wenn es genug ist.

Kreis der guten Wünsche

Die Kraft, die wir im Kreis spüren können, kann uns auch helfen, uns mit Menschen zu verbinden, die nicht anwesend sind. Zunächst sollten wir mit dem Anfassen und Verweilen im Kreis vertraut sein und uns so in aller Stille sammeln. Dann können wir einen Wunsch oder eine Bitte in unser Herz nehmen und ihn mit dem Ausatmen zu dem senden, dem der Wunsch, die Bitte gilt. Dies kann an eine konkrete einzelne Person oder auch eine große Gruppe von Menschen gerichtet sein.

Fürbitte

Wenn wir spüren, daß wir nicht nur Körperwärme und physische Energie im Kreis transportieren, sondern unsere Kraft in einer viel größeren Kraft aufgehoben wissen, werden unsere Bitten zum Gebet. Es ist gut, miteinander in dieser Form an all die Menschen zu denken und mit ihnen verbunden zu sein, die unsere Fürbitte brauchen. Dies kann genauso wie im Kreis der guten Wünsche im Schweigen geschehen, vielleicht mag manche(r) aber ihre/seine Bitte laut aussprechen. Dann können alle sich dieser Bitte anschließen.

 *Abschlußgeschichte*

Der alte Garten

Heute möchte ich euch noch einmal zu einer Phantasiereise einladen. Die Reise geht gar nicht weit und führt doch vielleicht in eine andere Welt.

– Wenn ihr Lust dazu habt, sucht euch einen Platz, an dem ihr ganz bei euch sein könnt. – Macht es euch bequem. – Schaut eurem Atem zu, bis er ganz ruhig und gleichmäßig fließt. – Spürt den Boden (den Stuhl, die Decke …) unter euch. Spürt, daß euer Körper dort sicher ausruhen kann, während eure Phantasie auf Reisen geht.

– Ich möchte mit euch heute in einen uralten Garten gehen. Er liegt ganz verborgen hinter hohen Hecken und Mauern, so daß von außen niemand hineinschauen kann. Könnt ihr euch das vorstellen? – Dann geht ein wenig außen um den Garten herum. Irgendwo, da bin ich ganz sicher, gibt es ein großes Tor. – Wenn ihr es gefunden habt, öffnet es und tretet in den Garten ein. – Wenn ihr nun das Tor hinter euch schließt, bleibt alles Gewohnte draußen.

– Geht nur weiter in den Garten hinein. – Schaut euch die Pflanzen, Blumen und Bäume an. Jede und jedes wächst und blüht so, als sei der Garten nur für sie gemacht. – Seid auch nicht überrascht, wenn da plötzlich Pflanzen nebeneinander wachsen, die eigentlich gar nicht zusammengehören. Geht und staunt, was ihr alles entdecken könnt.

– Schnuppert einmal in der Luft, wie viele Gerüche euch umgeben. – Könnt ihr auch etwas hören? Haltet einen Moment im Gehen inne und seid ganz Ohr.

– Während ihr lauscht, kommen einige Tiere vorbei. Es ist vielleicht eine bunte Mischung und von einigen wißt ihr, daß sie recht gefährlich sind. – Aber ihr spürt gar keine Angst, und auch die Tiere scheinen keine Scheu vor euch zu haben. – Die Tiere scheinen miteinander zu sprechen, vielleicht könnt ihr etwas davon verstehen.

– Wenn ihr lange genug bei ihnen verweilt habt, geht ruhig weiter.

– Habt ihr vielleicht Durst? Von irgendwo her ist das Plätschern von Wasser zu hören. Sucht einmal, ob ihr herausfindet, woher das Wasser kommt. – Wenn ihr es gefunden habt, trinkt ruhig davon, es wird euch guttun.

– Da hört ihr Stimmen. Jemand kommt auf euch zu, begrüßt euch freundlich und lädt euch ein, mitzukommen. – Ihr folgt ihm oder ihr und laßt euch durch ganz verschiedene Wege des Gartens führen. – Unterwegs begegnet ihr ab und zu Tieren und auch anderen Menschen. Ihr begrüßt sie und unterhaltet euch mit ihnen.

– Dann seid ihr am Ziel angekommen – im Mittelpunkt des Gartens. Es ist der Platz des Friedens. – Setzt oder legt euch dort hin und spürt, seht, hört, fühlt mit allen Sinnen den Frieden, der über diesem Ort liegt. – Während ihr so liegt, ziehen Bilder von Streit und Unfrieden an euch vorbei. Und immer, wenn ihr euch ein Bild genauer anseht, ist es, als ob ein Strahl von dem Platz, an dem ihr liegt, ausgeht und das Bild verändert. Friede wird möglich. – Langsam verblassen die Bilder und ihr spürt noch einmal den Frieden, der euch umgibt.

– Dann ist es Zeit, wieder zurückzugehen. Euer Begleiter oder eure Begleiterin führt euch zurück zum Tor. – Nehmt Abschied von ihm oder ihr und dem Garten. – Öffnet das Tor und kommt wieder hierher in den Raum zurück. Spürt euren Atem, spürt, wie ihr sitzt oder liegt. Bewegt euch ein wenig. Wenn ihr mögt, dehnt und reckt euch richtig, wie nach einem tiefen Schlaf. –

Was habt ihr aus dem Garten mitgebracht?

Zum Ausklang

Den Drachen anlächeln
– ein Märchen

Es war einmal eine Bauersfamilie, die lebte nahe an der Quelle eines großen Flusses. Sie hatten genug Boden, genug Wasser, und die Sonne schien ihnen weder zuviel noch zuwenig. Drei Kinder wurden den Eltern geboren, Heinrich, Walter und Elfi. Die Kinder wuchsen heran, genossen die Freiheit, arbeiteten, wo es sich nicht vermeiden ließ, und spielten in den Wäldern auf den Bergen.

Alle drei Kinder aber konnten etwas Besonderes, so wie jedes Kind etwas Besonderes kann. Heinrich war so stark, daß er den Bullen bei den Hörnern pakken und umwerfen konnte. Walter hatte viele Geschichten gehört und noch mehr gelesen. Er wußte mehr, als viele Gelehrte im ganzen Königreich. Elfi aber konnte lächeln, und wenn sie lächelte, dann wurde die Welt voll Freude ganz still. So hielt Elfi für einen Augenblick die Welt an.

Das Sonderbarste aber war, keiner bemerkte, daß die Kinder etwas Besonderes konnten. Vielmehr durften die Kinder so sein, wie sie waren.

Eines Tages geschah es, daß der Drache aus den Bergen wieder vom Schlaf erwachte. Er nahm sich, was er brauchte.

So holte er bei einer Kirmes einen ganzen gebratenen Ochsen. Ein anderes Mal fraß er bei einer Grafenhochzeit das ganze Hochzeitsmahl alleine auf.

Wenn er Feuer durch seinen Rachen blies, erschraken die Menschen und versteckten sich. Manch tapferer Mensch suchte den Drachen in den Bergen, um gegen ihn zu kämpfen, aber keiner konnte ihn finden.

Da landete der Drache an einem schönen Sonntag im Garten des Königs und sonnte sich. Keiner bemerkte ihn, bis er zum Mittagessen in dem Thronsaal erschien. Alle Türen hatte er durchbrochen, nun stürzte er auf den Tisch zu und fraß sich satt.

Der König war wütend. Er holte alle Soldaten zusammen, und mit Schwertern und Spießen rückten sie dem Drachen zu Leibe. Der trank gerade aus dem Becher des Königs und hatte sich die Krone aufgesetzt, die der König verloren hatte. Als der Drache das Angriffsgeschrei hörte, erschrak er, und als er die Menschen mit den Waffen sah, wurde er zornig. Er peitschte mit dem Schwanz, spuckte Feuer und flog durch die Glaskuppel davon.

Zitternd und wütend vor Angst befahl der König, den Drachen zu töten.

Der Drache war nun vorsichtiger, aber auch bösartiger geworden. Mal steckte er ein Haus an, mal schlug er mit dem Schwanz eine Burg zusammen. Soviel die Menschen sich auch bemühten, der Drache war zu alt und zu klug, um sich fangen zu lassen.

Auch Heinrich, Walter und Elfi hatten von dem Drachen gehört. Walter kannte die Höhle in dem Berg, in der der Drache wohnte. Heinrich war so stark, daß er ihn fangen wollte, und Elfi folgte ihnen, weil sie neugierig war.

Sie zogen heimlich und still des Nachts von dannen. Walter ging voran, Heinrich trug ein dickes Tau und Elfi folgte mit einem Korb voll Essen. Am nächsten Tag lagerten sie gerade in der Nähe des Berges auf einer Wiese, als der Drache geradewegs über sie hinwegflog. Er sah die drei und flog in einer Kurve zurück. Elfi sah ihn als erste und lächelte ihn an. Der Drache war verwirrt, die Welt um ihn herum blieb einen Augenblick stehen. Das Lächeln drang ihm ins Herz und er fiel zur Erde. »Plumps.«

Bevor er sich versah, lag Heinrich auf ihm und hielt ihn fest. Walter wußte, was zu tun war und fesselte ihn. Heinrich ließ den Drachen los und war mächtig stolz. Der Drache war erbost. Er zerriß die Taue wie einen Bindfaden. Heinrich konnte sich kaum auf ihn werfen. Nur Elfi schaute den Drachen an und lächelte. Sie spürte, daß der Drache einsam war, und streichelte ihm über den Kopf. Das Feuer blieb dem Drachen im Halse stecken. Zum erstenmal im Leben verbrannte er sich selbst den Mund. Heinrich drückte den Drachen mit all seiner Kraft zu Boden. »Lange kann ich nicht mehr«, keuchte er, und Walter schaute zu Elfi. Sie zuckte nur mit der Schulter: »Ich kann niemanden mit einem Lächeln festbinden.«

Plötzlich wußte Walter eine Antwort. »Wir müssen ihn zähmen«, rief er und erschrak gleichzeitig: »Aber ich habe noch nie einen Drachen gezähmt.«

»Gib ihm alles zu Essen, was wir haben, so habe ich es auch bei den Hunden gemacht«, riet ihm Heinrich. Der Drache aber fraß alles blitzschnell in sich hinein und fauchte ohne Flammen vor sich hin. Elfi sah, daß sein Mund von dem Feuer ganz rot war, und sie schüttete ihm alles, was sie an Saft mitgenommen hatte, zur Kühlung in den Mund. Dies kühlte herrlich. Der Drache schlug vor Verwunderung die Augen nieder und sah Elfi dankbar an. So war noch nie jemand zu ihm gewesen. Elfi entdeckte eine Träne in seinen Augen und lächelte ihn von Herzen an. Der Drache spürte, wie wieder alles still wurde. Ein Stein fiel von seinem Herzen. »Plumps« machte es zum zweitenmal.

Und da wußte Walter, wie man Drachen zähmt. Leise flüsterte er es Heinrich und Elfi ins Ohr. Mit letzter Kraft dreht Heinrich den Drachen auf den Rücken. So lag er hilflos und strampelte mit den Beinen, Elfi klopfte ihm freundlich auf den Bauch, Heinrich kitzelte ihn und flüsterte ihm etwas in seine großen Ohren. Der Drache war erstaunt: Er hörte seinen ureigenen Namen. Noch nie hatte ihn ein Mensch bei diesem Namen gerufen.

Er war überrascht und erfreut. Er spürte sofort, keiner wollte ihn töten oder fangen. Er schüttelte seine Angst ab. Eine Zeitlang sonnten die Kinder sich auf dem Bauch des Drachen und spielten miteinander. Dann sprang er wie ein Zirkushund mit einem halben Salto auf die Beine. Die drei kletterten auf seinen Rücken und flogen mit ihm zum König.

Mitten im Garten landete der Drachen. Sofort eilten alle Soldaten herbei. Ja, sogar eine Kanone wurde gebracht. Der König stürzte aus seinem Palast und befahl laut: »Tötet ihn«. Elfi aber lächelte den König und die Soldaten an, Heinrich machte einen Knoten in die Kanone, und Walter sagte: »Herr König, der Drache kann euer Freund werden.«

Der König spürte nur, daß die Welt um ihn herum still stand. Allmählich sah er die drei Kinder und fragte: »Was muß ich dazu tun?« Walter verbeugte sich und erwiderte: »Laßt dem Drachen seine Freiheit, lernt seine Sprache und ladet ihn ein, euch immer wieder zu besuchen. So wird er bei euch sein, wann immer es gut für euch ist.«

Der König blieb eine Weile nachdenklich stehen, dann öffnete er die größte Tür zu seinem Thronsaal, und er bat den Drachen herein. Behutsam schritt der Drache in den Saal und suchte sich seinen Platz, genau dem König gegenüber. So begann eine lange Freundschaft.

Und die Kinder? Sie saßen auf dem Drachen und aßen Erdbeeren mit Schlagsahne und tranken königlichen Apfelsaft.

Lassen Sie das Märchen nachklingen. Das Märchen nimmt vieles aus diesem Buch auf. Die Kinder Elfi, Walter und Heinrich vereinen ihre Möglichkeiten und Gaben zu einem Ganzen, so wie dies jeder Mensch tun kann. Wenn Lächeln und Heiterkeit, Wissen und Geist, Kraft

und Energie in der Stille zusammenfinden, kann jeder Drache gezähmt werden. Und das Geheimnis des Zähmens heißt Vertrautheit und Erkennen. Auf seine Art lädt dieses Märchen ein, das Unbewußte und die unbekannten Möglichkeiten in uns über den Drachen lebendig werden zu lassen.

Das Mandala nimmt diese Überlegungen auf seine Art auf. Sie merken beim Betrachten sicher sofort, daß es eine Fortschreibung der Mandalas aus dem Eingangsteil ist. Hier weist es auf die Fortsetzung der Stilleerfahrungen im Alltag hin. Die schützende Form wird verlassen, die Hinwendung nach Außen ergänzt dieses Bild. Es faßt Außen und Innen zusammen, führt aus der Mitte des Lebens hinein in den Alltag, hin zum Nächsten. So zeichnet es den Weg zur Fülle nach, ergänzt das Märchen und lädt Sie zum Gestalten ein.

Vielleicht möchten Sie aber auch Ihre fünf gemalten Mandalas einmal zusammenlegen? Wie haben sie sich entwickelt, was haben Sie entdeckt, und wie sprechen Sie die Bilder an?

Mit diesem Mandala klingt das Buch nun leise aus und lädt Sie ein weiterzugehen.

Literaturempfehlungen

Anregungen zu Stille und Kindheit:

Jörg Zink, Sieh nach den Sternen – gib acht auf die Gassen, Stuttgart 1992
Carl Gustav Jung, Erinnerungen, Träume, Gedanken, Olten [7]1990
Luise Rinser, Die gläsernen Ringe, Frankfurt 1993, Fischer TB
Brüder Grimm, Kinder- und Hausmärchen, Frankfurt 1985, insel TB

Meditation:

Karlheinz König, Hinter die Dinge schauen. Impulse zur bewußten Wahrnehmung des Alltags, München 1993
Gerda und Rüdiger Maschwitz, Geistliches Leben wagen – gemeinsam meditieren, Offenbach 1989, überarbeitete Auflage 1994
Das Jesusgebet, hrsg. und eingeleitet von Emmanuel Jungclaussen, Regensburg [2]1977
Hugo M. Enomiya-Lassalle, Zen-Unterweisung, München [3]1988

Leib- bzw. Körperarbeit:

Ulrich Brand, Eutonie – natürliche Spannkraft, München [2]1993
Elisabetta Furlan, Komm wir spielen Yoga, Freiburg 1991
P.S. Maheshwarananda, Yoga mit Kindern, München 1990

Traum- und Phantasiereisen:

Else Müller, Träumen auf der Mondschaukel, München [5]1994
Helga und Hubert Teml, Komm mit zum Regenbogen, Linz 1991
Maureen Murdock, Dann trägt mich meine Wolke, Freiburg [6]1994

Stille-Übungen:

Gerda und Rüdiger Maschwitz, Stille-Übungen mit Kindern. Ein Praxisbuch, München
    [5]1995
Reinhard Brunner, Hörst du die Stille, München [4]1994

Natur erleben:

J.B. Cornell, Mit Kindern die Natur erleben, Soyen 1979

Lieder:

Menschens Kinder LiederBuch
Die Kerze brennt ..., ein Liederbüchlein von Bernd Schlaudt

Beide Bücher sind preiswert. Nur erhältlich bei: Beratungsstelle für Gestaltung von Gottesdiensten, Eschersheimer Landstraße 565, D-60431 Frankfurt.

Bildnachweis

Die Mandalas stammen von Gerda Maschwitz. Sonstige Illustrationen: Eva Amode, München

S. 70: M. C. Escher, Wasserfall, 1961, Lithografie, 38 x 30 cm. © 1975 M. C. Escher / Cordon Art – Baarn – Holland. All rights reserved

Gegenüber S. 160: Marc Chagall, Der verlorene Sohn, 1975, Öl auf Leinwand, 162 x 122 cm. © VG Bild-Kunst, Bonn 1995

Gegenüber S. 192: Hans-Jürgen Wertens, Düsseldorf: Hand Gottes. Rechte beim Künstler

Gegenüber S. 224: René Magritte, Der Sieg, 1939. © VG Bild-Kunst, Bonn 1995

Gegenüber S. 214: Marc Chagall, Weißes Kreuz, 1938, Öl auf Leinwand, 155 x 139,5 cm. The Art Institute of Chicago. © VG Bild-Kunst, Bonn 1995

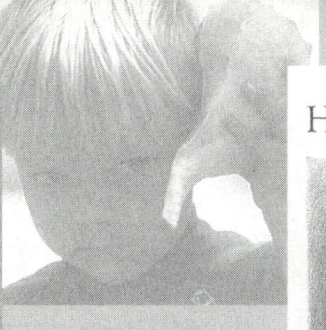